좌충우돌

직장인 레시피

직장인 비밀 에세이

박진우 저

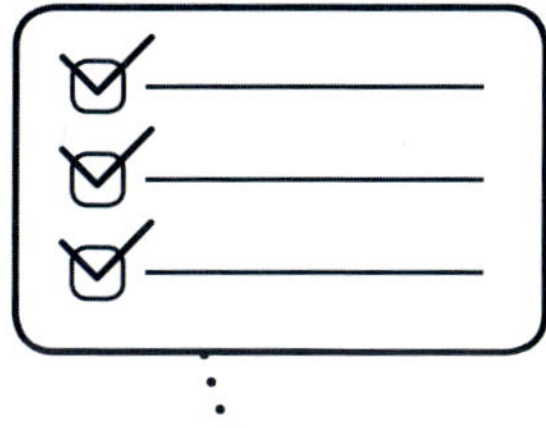

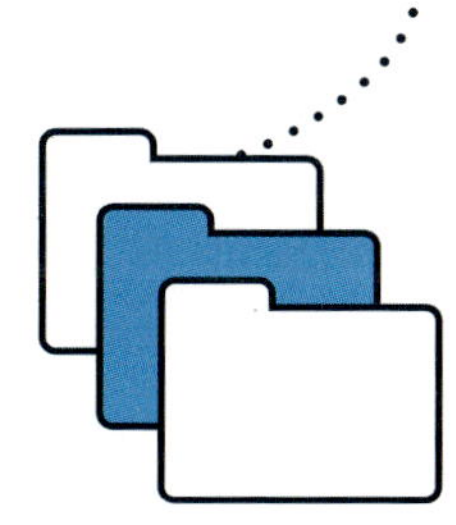

형설출판사
www.hyungseul.co.kr

행복하고 당당한
직장생활을 응원합니다.

__________________ 님께

머리말

직장생활이 이제 21년차로 접어들었다. 많은 우여곡절과 이벤트가 있었다. 우여곡절과 이벤트가 있을 때마다 메모장에, 때로는 머릿속에 넣어서 저장을 해뒀다. 시간이 지나 메모장에 넣어두었던 메모를 다시 꺼내 읽고, 기억 한편으로 남겨두었던 생각을 끄집어 올렸다. 또 한편으로는 하나씩 적어 두었던 글들을 다시 회고하고 정리했다. 기록한 시간이 벌써 20년이 되었다. 기록을 정리하면서 어떤 생각을 전달할지도 고민했다. 직장생활의 노하우를 드리려고 책을 쓴 것은 아니다. 책을 읽어보면 알겠지만 한 평범한 직장인이 경험했던 에피소드를 엮은 것이고 직장인의 애환이 담긴 글들이다. 평범했던 직장인이 경쟁과 싸워야 했던, 실적과 싸워야 했던, 상사와 싸워야 했던, 후배와도 싸워야 했던 좌충우돌, 고군분투의 이야기다. 몸담고 있던 조직의 이야기다. 직장인과 조직의 희로애락이 담겨있다. 그렇게 평범한 이야기를 써 내려갔다.

글을 쓰고 다듬으면서 기교를 부리지 않았다. 편하고 자연스러운 마음을 담으려고 노력했다. 그래야 같은 직장생활을 하는 평범했던 직장인의 마음이 그대로 전달될 것이란 생각을 했기 때문이다. 그래야 공감할 수 있을 거라 생각을 했다. 모두의 직장생활이 다 그렇지 않을까? 고비가 끊임없이 있고, 애환이 끊임없이 있고 갈등과 연민도 공존하는 공간이 직장이다. 그런 이야기를 나누고 싶었다. 이제 막 시작한 사원이, 사원으로 시작해서 대리가 된, 과장이 된, 이제는 부장이 된 그런 평범한 직장생활을 이어가는 모든 이들과 함께 읽고 공감하고 싶어서 글을 썼다. 건방지게는 조직이 돌아가는 현상을 보면서 내가 생각했던 모습도 담아 보았다. 그런 생각을 동료 직장인들이 응원해줬으면 하고 글을 썼다. 많은 사람이 아니더라도 나의 생각과 고민을 같이할 수 있다면 그걸로 행복할 수 있겠다.

나는 외식인이다. 음식점을 하면서 경험했던 사례를 기반으로 모든 글들을 작성했다. 사례를 담다 보니 좋은 이야기도 있고, 유쾌하지 못한 이야기도 담겨있다. 함께 했던 선배, 후배, 동료라면 누구의 얘기인지, 누구의 이벤트인지 모두 알 수 있을 거라 생각한다. 하지만 누구를 폄하하거나 누구를 욕보이게 하려고 쓴 글은 아니다. 좋은 글은 실명을 밝히고 싶었지만 어떤 특정 인물에게 편중되는 게 싫어서 실명도, 실제의 회사도, 브랜드도 밝히지 않았다. 혹시 내 이야기로 기분이 좋지못하다면 양해를 구한다. '한 직장인이 다른 생각을 가졌구나' 그렇게 너그럽게 양해를 부탁드린다. 좋은 글을 보면서 '아, 이건 내 얘기구나.'하는 분은 슬며시 미소만 지어주면 좋겠다.

음식점에서 서빙하고, 요리하면서 시작을 한 아주 평범한 이야기다. 그렇게 요리와 서빙으로 시작했던 사원에서 제법 큰 기업의 임원이 되었다. 할 수 있었던 것은 온연하게 동고동락했던 선후배, 동료들 덕분이다. 진심으로 감사의 말씀을 드린다. 과거가 주마등처럼 지나갔다고 표현한다. 나도 그렇다. 실력도 없었고, 인물도 좋지 않고, 역량도 없던 내가 이렇게 많은 성장을 했다. 배움에 길을 열어 주셨던 선배들에게도 다시 한번 감사의 말씀을 올린다. 회사의 교육이, 선배의 질책이, 후배의 충고가 없었다면 어려운 일이었다. 많은 분들이 함께 해줘서 푸근한 직장생활을 할 수 있었다. 벌써 21년이다. 늦은 나이에 시작해서 누구보다 열심히 하려고 했다. 배움도 게을리하지 않았다. 부족했던 사람, 감사한 마음으로 21년을 정리했다. 모든 독자분들이, 모든 평범한 직장인들이 편한 마음으로, 좋은 마음으로 읽어 주시고, 같이 웃을 수 있는 이야기에는 박수를 쳐 주시고, 아파해야 하는 부분에서 같이 눈물을 글썽이면서 봐주시면 좋겠다.

코로나19의 기세가 대한민국과 세계를 뒤덮고 있다. 글은 마무리되었지만 마음이 고통스럽다. 많은 직장인들이 실직하고, 많은 직장들이 폐업을 하고 있다. 그래서 더 고통스럽다. 그래도 희망은 잃지 말자. 다시 태양은 떠오를 거라 믿어 의심치 않는다. '어니스트 헤밍웨이'는 이렇게 말했다. '태양은 또 다시 떠오른다. 태양이 저녁이 되면 석양이 물든 지평선으로 지지만, 아침이 되면 다시 떠오른다. 태양은 결코 이 세상을 어둠이 지배하도록 놔두지 않는다. 태양은 밝음을 주고 생명을 주고 따스함을 준다. 태양이 있는 한 절망하지 않아도 된다. 희망이 곧 태양이다.'

우리는 반드시 답을 찾을 것이고, 희망찬 미래를 열어갈 것이다. 그렇게 믿는다.

희망은 소중하다. 희망은 전파되고 감염된다. 나는 그렇게 믿고 있다.

2021년 5월 광화문에서

Park Jin Woo

2강 가짜 리더십, 진짜 리더십

3강 차이 나는 서비스

4강 턴어라운드 경영

5강 브랜드가 되어 간다는 것

6강 본질의 발견

프롤로그

나에겐 꿈이 없었다

그렇게 방황의 사춘기를 보내고도 꿈이 없었다. 운동을 좋아해서 운동선수나 해볼까, 군인이나 돼 볼까 잠시 잠시의 생각은 있었지만 뭐가 되고 싶은 건지, 뭐가 되려고 하는 건지도 모르는 체 살아왔다. 그런 시간을 보내고 남들이 대학 갈 때 나도 대학을 갔다. 공부만 열심히 했다면 정치학을 전공했을 텐데 대학에서 받아주지 않았다. 궁여지책으로 음식과 관련된 학과를 전공했다. 음식과 경영학을 전공했다. 별 걱정을 하지 않으면서 학교를 다니고, 군대를 다녀오고 남들처럼 평균적 수준을 유지하면서 생활했다. 대학 4학년때 걱정이라는 것을 처음으로 해봤다. 군대를 다녀오니 여자 동기들은 졸업을 하거나 졸업 대기 중이었고 대부분이 특급호텔과 대기업에 좋은 몸값으로 선택을 받았다. 군대를 다녀왔던 나와 남자 동기들은 4학년 졸업반이 되었을 때 IMF가 왔다. 많은 사람들이 실직을 했고, 많은 회사들이 폐업을 했다. 그 때 처음으로 걱정이란 것을 해봤다.

'아! 나 이제 뭐하지? 뭐 먹고 살지?'

이런 생각을 한동안 했었다. 그러다 교수님이 "공부도 좋아하고, 책도 좋아하니 대학원 가서 공부를 조금 더 하는 게 어떨까?"라는 권유를 하셨다. (사실 교수님도 답이 없었던 것 같다. 모른체할 수도 없었던 것 같다.) 한 달 정도를 고민하다 취업보다 공부를 좀 더 하는 게 좋겠다 싶어 대학원으로 진로를 정했다. 도피처라는 잠시의 생각도 있었고, 그저 그런 직장에 가서 생활하는 게 못내 자존심도 상한다는 생각을 했었다. 그렇게 대학원을 가고, 또 열심히 대학원을 다녔다. 마지막 학기를 앞에 둔 3학기에 또 '아, 나는 뭐 먹고 살지?'라는 생각을 하게 된다. 삶에 있어서 두 번째 걱정이었다. 앞이 보이지 않았다. 걱정을 대신해주는 사람도 없었다. 이미 부모님은 부모님의 삶에 대해서도 벅차 하는 모습이었다.

내게 흐르는 시간은 두려움의 시간들이었다. 그 당시 두려움이 주는 큰 공포에 대해서 경험을 한다. 살아야 하고, 살려면 내 먹거리는 내가 해결해야 했다. 그런데 앞이 보이질 않았다. 두려움에 둘러싸인 내 현실 앞에 선 무력감이 무서웠다. 그렇게 시간을 보냈다. 일주일에 두 번 있는 수업을 제외하면 나머지 시간은 걱정의 시간이었다. 빈 자취방에서의 고독과 고통, 이틀은 수업으로 나머지 5일은 자취방에서 뒹굴기를 반복했다. 수업이 없던 어느 날, 홀로 자취방에 누워서 이리저리 뒹굴다 우연하게 신문을 펼쳐 들었는데 레스토랑 공채공고가 눈에 들어왔다. 보는 순간 '음식점이 적성에 잘 맞겠다.'라는 생각이 들었다. 급히 이력서를 써서 제출했고, 합격을 했다. 신생기업이기도 했고, 이제 초보자 걸음을 내딛는 회사였다. '회사는 괜찮은지, 미래는 담보할 수 있는지' 등의 상황을 고려할 만한 여유가 없었다. 그냥 그걸 해야겠다는 생각, 하고 싶다는 생각만 들 뿐이었다. 대학원을 졸업하고 회사를 그럭저럭 잘 다녔다. 음식도 배울 수 있고, 서비스도 배울 수 있고 해서 재미있는 직장생활을 했다. 첫 직장에서 10년의 시간을 보냈다. 마음으로 '그래도 먹고 살 수 있는 내가 되어주어 고맙다'는 생각으로 착실한 직장생활을 했다. 10년 동안 있으면서 4번의 진급을 했다. 진급의 횟수가 직장생활의 모든 것을 말해주지 않지만 참 재미있게, 그리고 열심히 했다는 생각이 든다.

대학원 다니는 시절까지 누가 나에게 "꿈이 뭐예요?"라고 물으면 "꿈이 없는데."라고 대답해야 했다. '왜 저런 걸 물어보지'라고 생각했다. 하고 싶은 일, 직업으로서의 하고 싶은 일이 없었다. 아주 간절히 하고 싶었던 그런 일, 직업이 내겐 없었다. 레스토랑으로 취직을 하고 누가 나에게 "꿈이 뭐예요?"라고 물으면 "훌륭한 점장이 되는 게 꿈입니다." "나중에 내 음식점 하나 차려야지요."라고 응수를 할 수 있는 내가 되었다. 비약적인 발전이다. 그런 내가 되어 있었다. 그래서 나는 외식업이 참 좋다. 어렵고 힘든 과정이지만 참 좋다. 내게 꿈을 가져다 준 그런 직업이었다. 꿈이 없던 나를 살게 해준 직업이었다.

비아냥거리는 소리도 많이 들었다. 음식점에서 근무하는 나를 인정하지 않으려 하셨던 부모님도, 금융계로, 법조계로, 대기업으로 갔던 친구들의 가냘픈 눈빛도 모두 견디는 시간이 필요했다. 그만큼 외식업은 열악했다. 근무조건의 열악보다 사회적 시선이 열악했다. 이 모든 시간을 버티고 견디는 인내도 필요했었다. 그래서 내가 외식업에서 해야 할 역할이 더 크다고 다짐도 했었다. 나를 버티게 해준 원동력이었다. 시간이 많이 흘러서 이제 외식업의 중역이 되었고, 이제 나에게 꿈이 무엇이냐는 질문에 "외식업에 뭔가 하나라도 기여를 하는 사람이 되고 싶다"고 넌지시 말을 던질만한 정도의 사람은 되었다. (하지만 아직 많이 부족해서 배움을 게을리하지 않는다.)

외식업이, 음식점을 운영하는 것이 얼마나 어려운지 지난 시간을 통해서 알게 되었다. 그래도 그 속에서 꿈을 찾는 사람들이 있고, 음식을 만드는 일이 얼마나 행복한 일인지도 알게 되었다. 그래서 꿈을 가지는 것은 행복한 일이고, 그 꿈이 나의 생활을 꾸며주는 것도 행복한 일이다. 그래서 나는 아직도 음식점을 사랑하고, 외식업을 사랑한다. 백수건달이 꿈이었던 내게 (아직도 유효하다.) 음식점은 희망을 주었다. 꿈을 가지게 해주었다.

늘 나한테 스스로 다짐했던 말이 있다.

'직장은 바뀌어도 직업은 죽을 때까지 바꾸지 않겠다.'

이런 말을 스스로 되뇌면서 지금까지 이 일을 하고 있다. 즐겁게 하고 있다. 오늘 문득 정우성의 데뷔작 영화 '비트'가 생각난다. 방황하는 젊은 청춘을 그리던 그 영화, 그 영화 속의 한 장면, 정우성은 오토바이를 타고 가면서 내레이션으로 말을 한다.

"나에겐 꿈이 없었다."

그랬다. 나도 꿈이 없었다. 그런데 이제 후배들에게 꿈을 심어주는 그런 깊이 있는 사람이 되고 싶다.

1

조직문화의 재구성

일이 모두의 놀이가 되게 하라

내가 모셨던 J대표님은 항상 'Happy People makes People Happy(행복한 직원이 고객을 행복하게 만든다)'를 외치셨다. 또 조직구조의 역피라미드를 설파하시면서 구성원들을 제일 위에, 최고경영자를 제일 아래에 배치하고선 현장직원들을 제일 우선시해야 한다는 말씀을 주셨다. 그리고 이를 몸소 실천하셨다. 이 말에 외식업의 철학이 고스란히 담겨있다. J대표님은 훌륭한 경영자이고, 훌륭한 외식인으로 우리 후배들의 귀감이 되었다.

이런 일련의 실천적 생활 속에 기억되는 3가지 용어가 있다. '해피룸(Happy Room)', '펀데이(Funday)', '팀하우스(Team House)'라는 용어다. 내게 이 단어는 잊혀지지 않는 단어이며 조직문화를 결정짓는 단어였다. 이를 말하려고 한다.

B레스토랑은 인테리어 설계하는 하는 단계부터 직원들의 휴식 공간을 먼저 할애한다. 거기에는 직원들의 탈의실과 직원들의 휴식공간 그리고 직원들이 식사를 할 수 있는 공간을 만든다. 공간이 허락하면 직원들이 여유를 즐길 수 있도록 운동기구를 놓기도 한다. 설계부터 구성원들을 배려한

구조라 할 수 있다. 레스토랑 대부분의 경영자들이 테이블 하나라도 더 넣기를 바라는 구조로부터 사고를 시작한다고 보면 B레스토랑의 경우는 직원을 먼저 고려하는 훌륭한 생각을 전해줬다.

우리는 직원들이 휴식하는 공간을 '해피룸'이라고 불렀다. 누가 이렇게 이름을 붙였는지 아직도 모른다. 그런데 '해피룸'이라는 이름을 붙여준 선배의 생각이 참 기발하고, 깊고, 기분 좋게 한다. 직원들이 쉬고, 식사를 하고 휴식을 취하는 공간이어야 한다는 발상 자체가 구성원들을 생각하는 아름다운 마음이다. '해피룸'이란 이름을 붙인 선배는 구성원이 외식과 서비스의 출발점임을 분명하게 알고 있는 듯 하다. 그래서 선배도 아름답고 그 공간도 아름답다.

매장 직원들은 한 달에 한번씩 모여서 월례회의를 진행한다. 점장을 필두로 하여 당월의 매출과 이익 목표 공유, 우수직원 포상, 다양한 게임과 회식 등 한 달간 쌓인 피로를 풀고 서로를 격려하는 자리이다. 우리는 이 월례회의를 '펀데이'라고 불렀다. 보수적이면서 형식적인 영업회의, 월례회의, 전략회의 이런 류의 회의가 아니었다. 그간 고생한 직원들의 노고를 풀기 위한 회의였고 서로를 격려하는 회의였다. 그 이름을 '펀데이'라고 했다. 모두가 즐거워하는 회의, 모두가 기다리는 회의, 그런 생각을 '펀데이'로 명명한 것이다. 기발한 생각이고, 명칭이다. 회의 이름만으로도 우리의 현장 직원들은 충분한 위로를 받고 있었다.

또 각 영업팀들은 분기별로 1회, 영업팀 모든 구성원들이 모이는 회의가 있었다. 우리는 이를 '팀하우스'라 명명했다. 작게는 150명에서 많게는 300명까지 모두 모여서 실적을 공유하고, 우수한 직원을 포상하고 서로를 격려하며 선배가 후배를 모시는 '서번트 리더십'을 발휘하는 회의였다. 구성원들을 위해서 점장들과 팀장들이 직접 구성원들의 식사를 준비하고, 선물도 준비했다. 팀원들을 위한 다양한 이벤트도 준비했다. '도전 골든벨'을 흉내 낸 '매뉴얼경진대회', 실내체육관을 대관해서 함께 즐기던 '팀 체육대회', 직원들의 다양한 끼를 볼 수 있는 '장기자랑 경진대회', 영화관을 대관해서 함께 보는 '무비 Day' 등 회의가 아닌 문화를 만들어 가는 시간으로 즐겼다. 이런 활동을 '팀하우스'라 했다. 구성원을 가장 우선하고, 사람을 우선하는 조직문화가 형성된다면, 서로가 함께 하고, 서로가 생각을 공유하는 문화가 만들어진다면 다른 일들은 모두 할 수 있다고 생각했던 사고의 발로였다.

아직도 그 때를 생각하면 마음이 설레고 가슴이 저려온다. 그 시간은 추억이고 선물이었다. 모두가 함께 하고, 모두가 한 곳을 바라보던 시기이다. 그래서 그 때 생각했다. 조직은 모두 한곳을 바라보며 생각을 공유하는 것이라고.

팀장 시절, 나는 많은 일을 하지 않았다. 다만 직원들의 면담에 많은 시간을 투자했고, 조직문화를 만들어 가는데 시간의 상당 부분을 사용했다. 매출을 올리기 위한 마케팅보다, 이익을 내기 위한 비용관리보다 오히려 구성원들의 시간을 만들어 주기 위해 시간을 투자했고, 구성원들이 즐길 수 있는 문화를 만들어 가는데 투자했다. 그리고 모두가 한 곳을 바라보게 했다. 모두가 함께하면서 일을 하고, 함께 하면서 성장하는 것이었다.

조직은 훌륭한 기풍이 있어야 하고, 구성원들은 기세가 올라야 하며, 스스로 기강을 세워야 했다. 나는 이런 조직문화에 절반의 시간을 투자했다.

그 결과 구성원들의 기세는 당당했고 우리는 다른 영업팀을 이길 수 있다는 승전의 기세를 가지고 있었다. 이렇게 형성된 영업팀의 조직문화는 구성원들이 일을 즐기게 했고, 고객들에게 훌륭한 가치를 전해주는 문화로 자리 잡았으며 모든 경쟁에서 승리하게 했다. 이것이 당시 우리가 일하는 방식이었다.

조직문화는 조직이 일을 대하는 태도와 구성원들간의 협력하는 수준을 말한다. 훌륭한 조직문화 속에는 협력이 있고, 토론과 학습과 성장, 인정과 존중이 있다. 이런 조직문화에서는 훌륭한 성과물이나 결과물을 도출할 수 있다. 그래서 리더는 조직문화에 집중해야 한다. 나는 그것을 하고 싶었다. 리더는 조직문화 창출자이며 선봉자다. 따라서 리더는 조직문화에 집중해야 한다.

강윤정 드플레이 컴퍼니 대표는 '당장의 매출과 생산성, 효율이 중요한데 조직문화를 논하는 것은 낭만적 도전이라 생각한다면, 그 조직엔 희망이 없다. 조직문화는 사실 조직, 그 존재 자체를 말하기 때문이다. (중략) 이에 무의식적으로 학습되고 공유된 가정들이 복잡한 실타래로 얽혀, 감히 어디서부터 손을 대야 할지 모를 난감함을 주는 것도 바로 조직문화다.'고 했다. 조직문화는 그 자체다. 보이지 않는 손이다. 형성된 조직문화는 파괴하기도 힘들고, 다시 만들기도 힘들다. 조직문화를 기품 있게 만들어가는 것이 훌륭한 조직이 된다.

"일이 놀이가 될 수 있는가?"라는 질문에 여전히 답하지 못하고 있다. 하지만 일을 사랑하지 않고 사랑하는 일을 하지 않고 성과물을 창출할 수 없다. 일을 사랑한다는 것은 일과 조직에 대해서 생각한다는 것이며 고뇌한다는 것이다. 모든 예술품이 그러하듯 조직 역시 생각과 고뇌를 먹고 산다. 결국 치열하게 일한다는 것은 치열하게 생각하는 것과 같다. 생각 자체가 일이 되는 것이고 일이 생각이 되는 것이다. 일과 생각에 몰입될 때 또한 일은 놀이가 될 수 있다. 그래서 일은 재미있고 자유로워지며 창의성이 발휘되고 아이디어가 생성되는 것이다.

일을 잘하기 위해서는 즐거워야 한다. 즐거움을 바탕으로 배우고, 목표와 목적을 굳건히 하고 모르는 것은 간절하게 물어야 하며 지금 이 자리에서 나의 일에 대해서 늘 생각하는 것이다. 그럴 때 일은 놀이가 될 수 있다. 조직과 브랜드를 사랑하지 않는 자에게 아이디어와 창의성은 발휘되지 않는다. 창의성과 아이디어는 조직을 사랑하는 사람에게만 나타나는 특징이다. 어떻게 조직을 사랑하게 할 수 있을까? 리더는 구성원들을 존중하며 그들이 일을 즐길 수 있도록, 사랑할 수 있도록 만들어줘야 한다. 기풍 있는 조직문화를 만들어줘야 한다. 그런 조직문화 토대 위에서 구성원들이 스스로 가슴에 불을 지를 수 있도록 해줘야 한다. 그래야 조직이 살아나고 브랜드가 살아난다.

리더의 역할 중 가장 핵심적인 것은 구성원들을 먼저 배려하고 생각하는 마음이다. 또 구성원들이 일을 놀이로 생각할 수 있게 만드는 것이다. 그런 조직문화를 구축하는 것이 리더의 역할이다. 늘 구성원들을 생각하면서 몸소 롤모델로 조직을 이끌어 주셨던 선배의 마음을 다시 한번 새겨본다.

'Happy People makes People Happy'

대장금과 선배매니저

2003년과 2004년 초, 대한민국을 뜨겁게 달구었던, 대한민국을 들었다 놨다를 반복했던 그 드라마 '대장금', 대장금의 드라마 내용보다 더 매력적이었던, 대한민국 남자의 심금을 울렸던 '산소 같은 여자' 이영애. 그녀와 함께 우리는 드라마 속으로 완전히 빠져 들었다. 총 54부작으로 방영되었던 이 드라마는 2003년 겨울로 가면서 그 정점에 달하는 듯 했다. 평균 시청률이 41.6%였으니 가히 기록적이었다. 민정호(지진희 역)와 사장금(이영애 역), 최금영(홍리나 역) 세 명의 갈등 구조 속에서 전개되었던 드라마. 명장면과 명대사도 무수히 탄생했다.

이 드라마로 인한 피해도 속출했다. 드라마 대장금은 우리 브랜드에도 영향을 미쳤다. 대장금이 너무 궁금한 나머지 레스토랑 마감작업을 진행하던 Y매니저가 업무를 중지하고 대장금을 시청했다. (얼마나 궁금했길래) 모두가 바쁜 와중에 혼자 앉아서 대장금을 시청한 것이다. 이를 괘씸히 여긴 직원 한 명이 Y매니저의 행위를 회사에 고발했다. 결국 Y매니저는 인사위원회에 회부되어 징계를 받았다. 어떤 징계수위인지는 묻지를 않았고 물을 수도 없었다. 서로가 서로에게 상처를 준 사건이었다. 대장금 드라마가 준 상처이기도 했다. 대장금은 실로 큰 드라마였다. 아직도 그 유명세가 가시지 않고 있으니 말이다. 내게 대장금은 그렇게 각인되어 있다.

아직도 대장금의 인기는 세계 속으로 뻗어 나가고 있고, 아직도 드라마를 돌려보는 사람이 제법이나 있다. TV를 통해서 가끔 이영애씨를 보게 되면 Y선배가 생각난다. 참 따뜻한 선배였다. 내게 대장금은 그러했는데 선배에게 대장금은 어떤 의미로 남아 있을까?

여하튼 대장금은 시청률에서 단연 독보적인 기록을 세웠다. 그리고 아직도 회자되고 있다. 그중 잊을 수 없는 명대사가 내게 또렷하게 각인되어 있다.

내금위 종사관으로 근무하던 민정호(지진희 역)에게 사장금(이영애 역)은 숙직 날 음식을 만들어 가서 전해주면서 이런 말을 던진다.

사장금 : "오늘 같은 날, 숙직을 하시면서 드시라고 먹을 걸 좀 해가지고 왔습니다."

민정호 : "제가 한 것이 무엇이 있다고요?"

사장금 : "아닙니다. 책을 빌려주신 것도 그렇고… 저는 음식을 만들면서 늘 먹는 분 얼굴에 미소가 지어졌으면 하는 작은 소망을 기원합니다. 부디 제 고마움이 이 음식으로 전해지길 바랍니다."

민정호 : "감사합니다."

"저는 음식을 만들면서 늘 먹는 분 얼굴에 미소가 지어졌으면 하는 작은 소망을 기원합니다."

음식을 하는 내게 울림을 주는 명대사였다. 그리고 나를 반성하게 하는 대사였다. 이후 음식을 만들 때도, 고객을 대할 때도 늘 나의 길이 되어주었다. 그래서 울림을 주는 명대사로 남아 있다. 드라마 대장금은 정말 중요하고 철학이 가득 담긴 촌철살인의 메시지를 남겼다. 음식은 정성이라고 생각하고 사랑이라고 생각한다. HMR도, 밀 키트도 발달하고, 편의점에 가면 없는 음식이 없지만 그래도 부모님이 해주는 따뜻한 밥 한 그릇, 사랑하는 사람이 해주는 정성스러운 밥과는 비교할 바가 못 된다. TV 광고에 나오는 대사도 이와 같다. "도대체 뭘 넣은 거야"라는 질문에 "정성"이라고 답한다. 아무리 좋은 식자재와 조리기술로 음식을 만들었다고 해도 정성과 사랑이 빠지면 훌륭한 맛을 내기는 힘들다. 그래서 음식은 사랑이고, 정성이다.

이 명대사, 다시 한번 마음에 담아보자.

"저는 음식을 만들면서 늘 먹는 분 얼굴에 미소가 지어졌으면 하는 작은 소망을 기원합니다."

정말 인생 명대사다. 음식점을 하는 우리가 새겨야 할 소중한 마음이다.

학습하는 조직

음식점에 근무하면서 늘 마음이 쓰였던 것은(나는 괜찮고 좋은데) 주의의 시선이었다. 부모님도 그러했고, 주위 친구들도 그러했다.

"음식점에서 일해? 다른 일 찾지."

"공부시켰더니 음식점에서 일하니?"

이런 말을 던지면서 보내는 이상야릇한 눈빛은 나의 마음을 불편하게 했다. 지금도 주위에서 그런 생각을 하는지 모르겠다. 외식이라는 직업이, 음식점에서 서비스하고 음식을 만들어 내는 직업이 왜 이렇게 하대를 받는지 모르겠다. 어느 점쟁이는 내게 "참 좋은 직업을 가졌네요. 맛있는 음식도 만들어주고, 또 돈도 벌고. 이런 직업이 어딨어요?"라고 말이다. 나는 점이나 사주팔자 등을 믿지 않지만 그 점쟁이가 내게 해줬던 말을 믿으며 아직도 음식점에서 근무를 하고 있다. 2012년 점쟁이가 내게 했던 말이다.

음식점은 굳이 점쟁이의 말을 빌리지 않아도 타인에게 선한 영향력을 미치는 직업이라고 생각한다. 과거에도 그랬고, 지금도 그런 생각에는 변함이 없다. 물론 음식점에 근무하는 분들이 다른 직종에 비해서 근사한 학력과 경력을 가지고 있지 않다는 것에는 동의한다. 이런 선입견과 주변의 생각을 희석시키고 싶었다. 음식점을 또 다른 시선으로 바라봐 주기를 희망하면서 공부도 열심히 한 편이다. 오히려 음식점에서 일하기 시작하면서 더 가열차게 공부를 했다. 남들이 놀러 다닐 때도 나는 공부에 매진했다. 공부가 학교의 졸업장을 의미하는 것만은 아니다. 독서, 강좌, 경험 등 다양한 배움의 장을 통해서 성장하는 것이 공부다. 나는 사비를 들이면서 공부에 매진했다. 공부하는 음식점 경영자가 되고 싶었고, 공부해서 음식점이, 외식업이 사회의 따가운 시선으로부터 자유로워지기를 바라기도 했다. 아니 존경받기를 바랐다. 내가 일정 부분 이런 역할을 해주기를 바라면서 공부를 게을리하지 않았다.

피터 드러커는 "교육을 받는 인간은 계속 공부하지 않으면 안 된다는 것을 자각하고 있는 사람이다. 예전에는 어느 대학을 졸업했는지 어디에서 유학했는지가 교육받은 인간의 지표였지만, 현대 사회에서 지식은 바로 진부해지고 만다. 지금은 끊임없이 공부하는 사람이 아니면 교육을 받은 인간이라고 할 수 없다."고 했다. 사회적 잣대로 보면 외식업에는 공부를 많이 못한 직원, 공부를 할 수 없었던 직원, 공부를 많이 한 직원이 공존해 있다. 사회적인 잣대인 학력과 대학 졸업장은 과거의 문제다. 하지만 학습의 문제는 현재이다. 좋은 학력과 대학 졸업장을 가진 이들이 일을 더 잘하는 것도 아니다. 다만 지금 우리가 미래를 위해서 학습하고 있느냐는 것은 또 다른 문제이다. 나는 평생교육을 강조한다. 나는 현재의 학습을 강조한다.

이런 생각들은 자연스럽게 조직에 침투되고 녹아져 내린다. 음식점의, 브랜드의 조직을 세팅할 때 가장 중요시하는 것이 교육과정과 교육 커리큘럼, 직원들의 교육을 통한 성장이다. 남들이 보기에 이상하리만큼 이 부분에 대해서 집착한다. 교육은 사람의 성장을 돕는다. 교육은 개인과 조직의 발전을 돕는다고 생각한다. 교육에 투자한 노력과 시간은 정비례해서 사람과 조직의 성장을 돕는다고 생각한다. 교육에 집착하는 이유다.

'배민다움'이라는 책에서 '배달의 민족'이라는 회사는 직원들에게 무제한 도서비를 제공한다고 했다. 나는 복리후생 중 가장 으뜸인 제도라 생각했다. 김봉진 대표의 생각이 참으로 훌륭하고 좋다. 직원들을 위한 최고의 복지라 생각한다. 멋진 경영자를 둔 '배달의 민족'이 부러운 대목이다. 생각이 열린 경영자가 있는 조직은 성장한다. 읽고 쓰고 생각하다 보면 개인도, 조직도 성장한다. 필요한 부분이다. '21세기의 문맹자는 글을 읽을 줄 모르는 사람이 아니라, 학습하고 교정하고 재학습하는 능력이 없는 사람이다'라고 한 앨빈 토플러의 말에 동의한다.

프로 운동선수도 마찬가지다. 프로 운동선수들은 자기 시간 중 20%를 시합에, 80%를 훈련에 투자한다고 한다. 한 조사에서는 대부분의 직장인들은 자기 시간의 99%를 일에, 1%를 자기계발에 투자한다고 했다. 운동선수로 치자면 거의 연습도 하지 않고, 시합에 임하는 것과 마찬가지다(혼다 나오유키의 '레버리지 씽킹'중에서 인용). 우리는 어떤가? 프로라고 말할 자격은 있는지 돌아봐야 한다. 나도, 우리도, 우리 팀도, 우리 조직도 부단히 학습하고 연습해야 한다. 그 중 독서는 가성비면에서도 자기계발 면에서도 으뜸의 방법이다. 많은 리더와 경영자들이 다 독서를 하는 것은 아니지만 훌륭한 리더와 경영자 중 독서를 게을리한 사람은 없다. 그래서 나는 후배들에게, 선배들에게도 독서를 권장한다. 독서와 자기계발, 시장에서 생존할 수 있는 방법이다. 연습하지 않고 시합에 들어가는 어리석은 선수가 되지 않기를 바란다. 그리고 조직을, 교육을 이렇게 정의한다.

'조직은 리더의 크기 이상 성장하지 못한다. 교육한 만큼만 성장한다.'

외식업은 직업으로 어떻게 정의되어야 할까? 의사, 변호사, 판사, 교수 등 사회의 지식인들의 직업처럼 음식점도, 외식업도 전문직이라 생각한다. 최근 유명한 셰프 위주로 외식이라는 직업이 잘 포지셔닝 되고 있지만 아직도 가야 할 길이 멀다. 외식업은, 음식점업은 전문직이다. 누구나 할 수 있는 직업이 아니다. 하나의 레시피와 하나의 서비스, 공간적 훌륭함이 결합되면 음식점은 종합예술이 된다. 종합예술은 아무나 할 수 있는 것이 아니다. 그래서 나는 외식업을 전문직으로 부르고 싶다. 만약 내게 복리후생비를 집행할 전권이 주어진다면 나는 50%를 교육에 투자할 생각이다. 구성원이 성장해야 조직이 성장한다는 생각이기 때문이다. 이런 생각에 동의해주는 많은 선후배들이 있어주면 좋겠다.

나는 점 자체를 믿지 않는다. 점쟁이를 안 믿는 것이 아니라 정해진 운명을 믿지 않는 것이다. 하지만 내게 좋은 직업을 가졌다면서 말을 건네준 파고다공원 옆의 한 점쟁이의 말은 지독하게 믿고 있다. 잘 지내고 계신지 가을이 오면 파고다공원으로 가봐야겠다.

좋은 직업을 가진 우리 외식인들이 모두가 성장했으면 하는 바람이다.

지금 팩트만 얘기하고 있습니다. 팩트만

오늘도 나는 M패스트푸드점에 들렀다. 들러서 햄버거만 먹지 않고 햄버거와 포테이토와 음료가 함께 들어가 있는 세트메뉴를 선택했다. 세트메뉴를 먹지 않으면 손해를 본다는 느낌이다. 세트는 음료, 포테이토, 햄버거까지 다양하게 먹을 수 있고 금액도 할인된다. 고객의 입장에서는 가성비가 최고인 선택이다. 음식점을 운영하는 입장에서도 이득이다. 구성으로 보면 햄버거는 식자재원가가 높고, 음료와 포테이토는 원가가 상대적으로 낮기 때문에 세트로 묶으면 전체원가가 낮아진다는 장점도 있다. 또 객단가도 높아져 매장의 수익에 도움이 되는 제도가 바로 세트메뉴다. 그래서 나는 세트메뉴가 참 좋다. 고객으로서도, 음식점을 하는 입장에서도.

나는 세트메뉴 추종자다. 오늘도 패스트푸드점에 들러 세트메뉴를 주문한다. 세트메뉴는 간혹 설렘을 준다.

어느 늦은 밤, T카페에서 점장들과 커피를 마시며 점장 회의를 마무리하고 있었다. 이 늦은 시간에 사업부장으로부터 전화가 왔다. (나는 당시 팀장이었다.) 갑자기 나에게 화를 냈다. '어디서 무슨 얘기를 들은 모양이다'는 판단이 들었다. "너네 영업팀 왜 식자재 원가가 이렇게 낮게 나오냐?" "원가 가지고 장난치고 있는 거 아냐" 이런 얘기였다. 순간 나도 몹시 흥분했다. 사업부장은 다시 말이 되지 않는 얘기를 계속 던졌다. 그래서 내가 "그게 말이 되느냐? 뭔 식자재 원가를 가지고 우리가 장난을 치느냐" "우리는 로스량 관리, 발주관리, 세트메뉴 판매 활성화 등을 통해서 2%의 원가 줄이기 목표로 활동했고 이를 달성했다"고 답변을 했다. 그러니 갑자기 "팩트만 얘기해라, 팩트만"이라고 사업부장이 소리를 질렀다. 나를, 우리를 못 믿는 것이다. 분명히 어디서 무슨 얘기를 들었다고 생각했다. 타 영업팀이 옳고 너희들이 틀렸다는 논리다. 나도 화가 나서 "지금 팩트만 얘기하고 있습니다. 팩트만"이라고 같이 소리를 질렀다. 옆에 있던 점장들이 놀란 마음으로 내 표정을 살폈다. 상사에게 이렇게 소리지르면서 대답해도 되느냐는 표정으로 걱정스런 한숨을 쉬기 시작했다. 잘 흥분하지 않는 나도 당시 화를 참지 못했다. 그리고 20여 분을 나는 오로지 팩트만 얘기하고 전화를 끊었다.

식자재 원가에 대한 사업부장의 생각은 바람직하다. 식자재 원가는 떨어지면 메뉴의 가치가 훼손된다는 생각으로 나에게 원가가 떨어진 것을 질책한 것이다. 나는 그런 생각을 가진 사업부장의 생각에 충분히 동의한다. 재료의 레시피가 정해져 있고, 단가의 변동이 없다면 다른 영업팀과 같은 식자재 원가가 나오는 게 당연한데 왜 원가가 2% 이상 낮게 나오냐는 것이다. 세부적으로 보지 않으면 이 논리는 맞다. 브랜드를 걱정하는 사업부장으로서 당연하고 확신할 수 있는 말을 한 것이다. 식자재 원가가 이유 없이 낮아지면 저품질의 메뉴가 제공되고 고객 가치가 훼손될 수 있다는 논리로서 상당히 설득력 있는 얘기이다.

하지만 나는 식자재 원가는 잘 관리(로스율 관리, 폐기율 관리, 발주량 관리, 버려지는 식자재 최소화하기)해서 1%를 낮추는 것은 가능하다는 판단이었고, 세트메뉴를 활성화하면 1% 이상의 원가를 절감할 수 있다는 것이 내 논리였다.(세트메뉴는 위에서 언급했듯 고객과 매장이 윈-윈할 수 있는 전략이다.) 그래서는 나는 타 영업팀보다 2% 이상 식자재 원가를 낮추어서 이익을 보존하겠다는 논리였고 실제 그렇게 했다. 그게 세부적으로 들여다 보지 않으면 볼 수 없는 사실이었다. 그래서 나는 팩트만 얘기를 한 것이다. 사업부장의 생각도, 내 생각도 모두 옳다.

나는 외식업을 하면서 식자재 원가에 대해서 봐야 할 것과 보지 말아야 할 것들을 많이 보며 지냈다. 식자재 원가를 맞추려고 새우가 열 마리 들어가야 할 메뉴를 아홉 마리만 넣어서 요리를 하고, 소스가 100ml 들어가야 할 메뉴를 80ml만 넣어서 메뉴를 만들고, 업체에 전화해서 식자재 원가의 일부를 이월에서 다음달로 청구하게 해달라는 요청을 하면서 원가를 맞추는 것을 보기도 했다. 업체에서 정확한 스펙의 재료를 받아야 할 것을 마트에 가서 행사용품으로 대체해서 요리를 하는 과정도 보았다. 원가를 맞추려고 매일 마트에 가서 낮은 식자재를 사오는 광경이 그리 낯설지가 않았다.

어떤 것이 맞는지는 외식업을 직업으로 삼는 우리는 잘 안다. 식자재 원가를 줄인다는 것은 결국 메뉴의 퀄리티를 낮추고 고객가치를 훼손하는 행위이다. 이익을 위해서 편법으로 식자재 원가를 자꾸 줄이는 것은 음식점에서 절대 해서는 안 되는 행위이다. 최근 후배가 찾아와서 회사에서 자꾸 식자재 원가가 낮은 메뉴를 만들라 하고, 원가를 줄이라고 한다고 하소연

했다. 도저히 요리하는 요리사로 부끄러워 메뉴를 내놓지 못하겠다고 했다. 내가 있는 회사로 오고 싶다고 했다. 참으로 부끄러운 행위를 후배들에게 시키는 음식점의 리더들은 반성해야 한다. 식자재 원가, 자꾸 줄이는게 절대 아니다. 좋은 식자재를 가지고, 주어진 레시피대로 고객에게 훌륭한 맛으로 제공하는 것이 우리가 지향해야 할 모습이다. 성공으로 가는 바로미터다.

지금 나는 팩트를 가지고 팩트만 얘기합니다.

"식자재 조금 아끼려다 정말 쫄딱 망합니다." 이건 팩트입니다. 팩트.

그것만이 내 세상

지방으로 발령을 받고 5일만에 짐을 싸서 내려갔다. 대표이사의 명은 이러했다. '영업 활성화, 다시 말하면 영업팀을 Turnaround 시키라'는 것이었다. 부진 속에서 벗어나게 하라는 명이었다. 많은 긴장감과 설렘으로 지방으로 투입되었다. 새로운 구성원을 만나서 풀어야 하는 긴장감과 새로운 조직을 구축하는 설렘을 동시에 느끼면서 내 차에 몸을 실었다.

발령 후 바로 점포투어를 시작했다. 10개의 점포 중 먼저 P점포로 들어가서 점장과 대면식을 했다. P점포 점장은 나와 마찬가지로 서울에서 발령을 받아서 2년 전 내려온 경우다. (지방 발령 후 1년이 넘어가면 다시 서울로 올라가지 못할까 노심초사한다. 이대로 좌초된다고 생각을 하기도 하고 고향이 그리워지기도 한다. 그래서 지방 발령의 경우 돌아가면서 하는 경우가 일반적인 기업의 모습이다. 우리도 그랬다.) 지방발령의 경우 2가지로 해석된다. 하나는 회사에서 인정받아 영업의 활성화를 위해 발령받은 경우이며 두 번째는 좌초의 성격을 가지고 있는 경우다. P점장은 어떻게 먼 곳까지 내려와서 2년을 머물러 있을까? 이유가 있었을 것이다. 그의 말에서 나는 후자라고 생각했다.

현장으로 가서 대면식을 하면 점장은 점포 구성원들의 소개, 점포의 매출

현황, 점포의 이슈상황 등에 대해서 브리핑을 해준다. P점포 점장도 잠깐 동안 나에게 브리핑을 해줬다. 잠깐의 브리핑이 끝나고 첫 대면인 그 순간 '언제 서울로 올려 보내줄 것이냐'고 얘기를 한다. 새롭게 영업팀을 꾸려 나가려고 가족을 두고 지방으로 내려온 나에게 "서울로 보내줘요"라고 첫 대면에서 얘기를 하는 것은 예의가 없는 것이다. 첫 대면식인데. 그리고 나는 알아차렸다. 이 점장을 데리고 점포를 살릴 수 있는 방법은 없다. 자신의 점포에 대한 꿈과 미래를 생각하지 않는 점장을 데리고 미래에 희망을 걸기는 힘들다. 꿈이 없는 자에게 미래가 있을 수 없었다. 그리고 바로 후속작업에 들어갔다. 불과 1개월만에 인사 관련한 모든 업무를 정리했다.

P점포는 손익분기점이 월 2억인 점포이다. 처음 내가 맡았을 때 P점포는 월 1.8억 정도의 평균 매출을 보였으니 결국 매월 2천만 원의 적자, 연간 2억이 넘는 적자를 보는 점포였다. 구성원들의 일하는 방식, 일할 의욕, 어떤 일을 해야 하는지에 대해서 전혀 관심이 없어 보였다. 각종 QSC(Quality, Service, Cleanliness/음식점의 고객평가지표) 지표는 전국 최하위를 달리고 있었고 직원들은 어떤 일을 어떻게 해야 할지 모르고 있었다. 말 그대로 패배의식에 찌들어 있었다. 리더의 생각과 리더의 행동이 구성원들에게 그대로 전이되어 있다고 생각했다. 아주 심각한 부진점포다. 전장의 장병들이 싸울 기세가 없다는 것은 이미 패한 전쟁이 아닌가? 그래서 1개월만에 서둘러 인사를 정리할 필요성이 있었고 새로운 점장으로 교체한 것이다. 사람을 교체하는 것이 가장 빠르다는 인사배치의 원칙을 나는 실천했다. 하지만 원칙을 고집하는 것이 가장 좋은 방법은 아니다.

그리고 L점장이 배치되어 왔고 L점장에게 모든 것을 위임했다. 발령을 내고 어느 정도의 시간은 필요하리라 판단한 것이다. 나는 주간 별로 보고를 받았지만 거의 1개월 정도는 적응하는 시간을 주며 지켜보았다. 그리고 2개월 때부터 매일 전화를 주고받으며 업무에 대한 논의를 이어갔다. 그런데 L점장은 매일 밤 직원들과 술을 마시고 노래방에서 노래를 부르며 시간을 보내고 있었다. 한 달에 회식비로 올라오는 돈이 제법이나 많았다. 그래서 한 날 나는 "왜 매일 술만 마시고, 그렇게 놀기만 하냐"고 질타를 했다. 그랬더니 L점장은 "몇 달만 그냥 둬달라"고 부탁을 한다. 강한 어조다. 조금 신경질적인 반응이었다. 그래서 상사지만 그냥 두고 보기로 했다. 그리고 얼마의 시간이 흐른 후 P점장은 나에게 "이제 직원들이 나에게 반했다"라고 얘기를 해줬다. 그래서 지금부터 점포의 QSC의 수준을 높이기 위해서 최선을 다하겠다고 한다. 얼마 후 P점포는 최고의 QSC 점수를 보이기 시작했다. 그리고 L점장은 이제 모든 것을 직원들이 알아서 할 수 있는 역량이 되었다고 했다. 지금부터 본인은 마케팅에 집중할 시간이라며 모든 역량을 마케팅에 집중했다. 외부에 나가서 제휴업체를 섭외하고, 지역의 모든 행사를 다니기 시작했다. 지역행사장에서 음료도 나눠주고, 커피도 나눠주고, 지역업체의 스폰서를 자처하며 모든 행사를 주관해갔다. 그리고 불과 1년이 지나지 않아서 P점포의 매출은 3억 중반 때까지 올라섰다. 두 배 가까운 매출이 성장한 것이다.

이 결과를 지켜보면서 나는 나의 생각을 아주 명확하게 정리했다. 구성원과 함께 생각을 공유하고, 목표를 공유하는 방식 그리고 모든 브랜드와 조직이 가지고 가야 할 기본 지키기 그 바탕 위에서 매출과 이익을 챙기는 밸런스 있는 운영에 대한 것이다. 모든 브랜드와 조직의 운영에 있어서 선결과제와 후결과제, 상수와 변수가 있다. 상수를 제외한 채 변수에만 집착하면 안 된다. 이를 적절하게 조화를 이루게 하는 것이 조직이다. 그 당시 나는 후배를 통해서 배움을 얻었다.

나는 조직을 맡으면 우리들의 리그를 만든다. 이 조직이 우리들의 모든 것이 되게끔 한다. 모두 우리 조직만 생각하게, 모두가 우리 브랜드만을 생각하게 하려고 노력한다. 모두가 한 곳을 바라보는 조직, 그 조직이 강한 조직이다. 강한 조직은 강한 정신에 있다. 성공은 실력으로부터도 나오지만 사실 마음으로부터 나온다. 건강한 육체에 건강한 정신도 깃들지만 건강한 마음에 건강한 육체도 만들어진다고 생각한다. 정신적 강함이 육체적 강함을 이기는 경우가 자주 있다. 강한 정신이 위대한 직장인과 위대한 사회인을 만든다고 생각한다. 캐럴 드웩은 자신의 책 '마인드 셋'에서 '챔피언의 정신은 무엇이 다른가. 근성, 정신력, 의지력, 챔피언의 정신. 부르는 이름은 다르지만, 사실 다 같은 거다. 당신을 연습하게 만들고, 깊이 파고들어 가장 필요한 순간 성취하게 만드는 힘'이라고 정의했다. 나는 정신이 환경을 극복할 수 있다고 믿는다.

그것만이 내 세상인 브랜드와 조직, 참 멋지다.

우리는 그 당시 전인권의 '그것만이 내 세상'을 함께 그리고 항상 불렀다. 눈빛만 마주치면 불렀고, 노래방에 가서 불렀고, 운전을 하면서도 불렀다. 오로지 우리 브랜드만이 내 세상이 되길 바랐다. 오로지 우리 세상이 되길 바랐다. '그것'에 브랜드 이름을 넣어서 말이다. 우리에게 브랜드는 모든 것이었다. 그렇게 조직은 완성된다고 생각했다.

'하지만 후회 없죠. 울고 웃던 모든 꿈. 그것만이 내 세상." 정말 무수히 불러봤다. 오늘 다시 들어보니 눈물이 핑 돈다.

공포의 외인구단

1986년 개봉한 이장호감독의 '외인구단'이라는 영화는 적어도 내겐 획기적이었다. 당시 프로야구붐을 등에 업고 당대 최고의 영화로 자리를 잡았다. 주인공이었던 오혜성과 최엄지의 사랑 얘기와 정수라의 OST '난 너에게' 역시 폭발적인 인기를 누렸다. 하지만 이런 배경을 제외하고서도 다른 메시지도 충분했다. 사회의 아웃사이더였던 이들이 모여서 어떻게 성공방정식을 그려가는지에 대한 반향도 제법이나 그럴싸했다. 나같이 가난한 어린 시절을 보낸 이로서는 '공포의 외인구단'의 줄거리는 한줄기 희망이 되어 주었다.

줄거리는 이렇다. 손병호 감독은 어깨 부상으로 야구를 포기했던 오혜성을 비롯하여 사회의 낙오자였던 6명의 인원을 모은다. 감독은 이들을 섬으로 데리고 가 혹독한 지옥훈련을 시킨다. 지옥훈련 마친 후 50연승과 코리안시리즈 4연승을 장담하며 서부구단과의 계약을 통해 프로야구에 등장한다. 그리고 바로 50연승과 더불어 코리안시리즈 3연승을 이어간다. 하지만 코리안시리즈 4경기째 오혜성이 마동탁의 필살타법으로 실명하게 된다. 이로 인해 마동탁과 결혼했던 최엄지는 실신하여 정신병원에 입원하게 된다. 경기 도중 손병호 감독도 심장마비로 죽게 된다. 하지만 다음 경기에서 이들은 코리안시리즈 우승을 하게 되고, 마지막 오혜성과 최엄지는 사랑의 결실을 맺게 된다. 큰 줄거리는 이러했다. 이 영화 속에 사랑이 있고, 경쟁이 있고, 갈등이 있었다. 나는 경쟁에 집중했다. 경쟁이라는 단어를 통해서 보면 지옥훈련을 통한 경쟁에서의 생존 방법 그리고 가난과 어려움 속에서도 사회의 승자가 될 수 있다는 메시지로도 충분한 매력을 던져 주었던 영화로 기억된다.

2008년 나는 C사로 회사를 옮기고 영업팀장으로서 서울의 가장 중심부라고 하는 지역을 맡게 되었다. 하지만 그 생각은 길지 않았다. 맡은 지역명만 그러했다. 영업팀의 점포를 세세하게 들여다보면서 내 상상이 틀렸음을 확인했다. 맡았던 점포의 절반이 부진 점포(영업이익이 나지 않는)였던 것이다. 마음으로 생각했다. "그렇지, 나에게 그런 행운이 올 일이 없지."라며 또 한 번 승부를 던져야겠다고 다짐을 했다. (조직 생활 내내 부진 점포와 부진 브랜드를 맡았던 내 과거에 대한 회한이 아직도 있다.) 내게 숙명처럼 맡겨졌던 나의 지난 시절의 악역사. 그리고 다시 시작이다. 적자 매장을 흑자로 전환시키기는 일은 사실상 너무 어려운 작업이다. 그리고 거의 절반의 매장이 영업이익이 나지 않는 상황이면 이건 더더욱 어려운 일이다. 어려운 시기와 오면 늘 스스로에게 이야기한다.

'나는 반드시 답을 찾을 것이다.'고 말이다.

회사를 옮기고 구성원들과의 만남과 적응, 다른 조직문화에 대한 적응 거기에 부진 점포가 절반이라면 나를 몰아 세우지 않으면 안 된다. 이런 생각을 하게 된다. '강함이 통할까? 아니면 부드러움이 통할까? 패배의식에 젖은 영업팀을 어떻게 극복할까? 또 성공이라는 대전제에서 어디서부터 출발할까'를 고민했다. 2개월 이상의 시간을 투자하며 밑그림을 그렸다. 그리고 이들과 많은 시간 함께하기로 했다. 패배의식을 버리기 위해서 작은 성공부터 하나씩 써나가야겠다고 생각을 했다. 나는 늘 그랬듯이 주위에 이겨야 할 대상을 명확히 명시한다. 경쟁 상대를 명확히 명시한다. 버릇이다. 표현하지 않지만 늘 경쟁상대를 두고 경쟁을 즐기는 버릇이 있다. 승부를 즐긴다. 그리고 경쟁상대를 이기는 방법을 연구한다. 내가 맡은 영업팀도 그래야 했다. 당시 모든 영업팀이 나의 경쟁 상대였다. 이겨야 했다.

그렇게 영업팀을 구상하고 있던 중 전사 프로모션이 진행되었다. 우리 영업팀의 지난 3주간의 실적이 꼴찌를 기록했다. 영업팀 구성원들은 하던 대로 한 것이다. 사업부장님이 나를 질책했다. 며칠 뒤 매장영업이 끝나고 점장들을 모두 불러모았다. 저녁 10시였다. 그리고 프로모션에서 1등 하는 방법을 찾자며 새벽 2시까지 릴레이 회의를 진행했다. 졸린 눈을 비벼가며 회의를 통해서 방법을 찾고 정리를 했다. 길고 긴 회의였다. 일주일 후 우리는 경험해보지 못했던 주간실적 1등을 했고 프로모션이 끝날 때까지 우리는 1등을 한번도 놓치지 않았다. 우리 영업팀은 아주 작은 성공경험을 그때부터 느끼기 시작했다. 실수가 자꾸 반복되면 주눅이 든다. 주눅은 간혹 실력으로 이어지며 실력이 된다. 그래서 패배경험을 극복하는 것은 중요한 프로젝트다. 프로는 슬럼프를 길게 갖지 않는다.

그날 했던 미팅은 나름의 생각을 전제로 한 것이었다. 하나는 반드시 답을 찾자는 것이고, 하나는 팀의 목표가 개인의 목표를 이긴다는 명제로부터 출발한 것이다. 늘 버릇처럼 하는 방식이다. 개인목표보다 팀의 목표를 주는 것을 선행한다. 도요타로 연수를 다녀온 후 생긴 사고방식이다. 도요타는 목표를 개인에게 주지 않는다. 그룹과 팀에게 목표를 부여한다. 개인은 하지 못하지만 팀은 한다는 전제로부터 출발한다. 나도 그와 같은 생각을 했다. 팀은 개인을 이긴다는 명제.

프로모션 1등 영업팀이 된 작은 성공, 이것은 시작이었다. 우리는 부진점포 활성화 프로그램, QSC 향상 프로젝트, 고객가치 제공 프로젝트 등 기본을 다지는 작업을 했고 또 '조직문화 활성화 프로그램' 등을 통해서 자신감을 회복하는 노력을 기울였다. 꼴찌 영업팀에서 1등 영업팀으로 달려가고 있었다. 그리고 마침내 2008년 매출과 영업이익, QSC 모든 부분에서 최고의 점포가 되었고, 영업팀이 되어 있었다. 영업팀의 조직문화와 팀워크, 자긍심은 구성원들로부터 나오기 시작했다. 불과 1년만의 일이었다. 가능하지 않았던 일이 가능하게 되었다. 이런 기분은 살면서 몇 번 느끼지 못하는 절정의 쾌감이다.

후배들의 노력, 선배였던 사업부장님의 지원, 대표님의 후원이 아니었다면 불가능했을지도 모르겠다. 그 당시 점장이던 Y점장이 내게 이렇게 말했다. "팀장님의 리더십도 훌륭하지만 우리들의 팔로십도 훌륭하지요?"라고 말이다. 아직도 나는 이 말이 잊혀지지 않는다. 조직의 모든 성과와 결과는 그렇다고 생각했다. 리더십 하나만 가지고 되지 않는다. 팔로십 하나만 가지고도 되지 않는다. 리더십과 팔로십의 적절한 조화가 조직에서의 성공을 보장한다. 흔히 우리는 리더십만을 얘기하는 구성원과 조직을 많이 본다. 그게 답이라고 생각을 한다. 하지만 나는 리더십과 팔로십의 적절한 조화가 최하위 조직에서 최상위 조직으로 갈 수 있는 바로미터임을 그 당시 느꼈다. 리더가 가리키는 정확한 방향과 목표, 팔로워들이 가지는 주도적이고 능동적인 행동들이 바로 성과의 지름길임이 당시의 교훈이었다. 그리고 '우리는 반드시 답을 찾을 것이다.'는 명제도 다시 한번 강하게 새겼다.

모든 조직은 팔로십과 리더십이 공존해야 한다. 이를 잘 구사하는 구성원들이 있는 조직은 영화 '공포의 외인구단'처럼 가공할만한 파워를 발휘한다.

그렇게 우리는 '공포의 외인구단'이 되어 있었다. 다른 이들의 시선이 그러했다.

당시 함께했던 점장들과 구성원들이 보여준 마음과 사랑, 투지를 잊지 않고 지내고 있다.

마지막 승부

마흔 살이 넘는 사람이라면 기억하고 있을 드라마, 장동건, 손지창, 심은하, 이종원이 주연한 '마지막 승부'라는 드라마다. 농구라는 스포츠를 통한 인생과정과 갈등과정 그리고 승리의 순간까지를 그린 드라마다. 당시의 최고의 아이돌 심은하가 나와서 인기절정이었다. 장동건은 지금도 가끔 보지만 그때부터 지금까지 잘 생겼다.

OST도 인기가 절정이었다. OST로 나온 김민교의 '마지막 승부' 노래가사는 이러하다.

처음부터 알 순 없는 거야 / 그 누구도 본 적 없는 내일
기대만큼 두려운 미래지만 / 너와 함께 달려가는 거야
힘이 들면 그대로 멈춰 눈물 흘려도 좋아
이제 시작이란 마음만은 잊지 마 / 내 전부를 거는 거야 모든 순간을 위해
〈중략〉
마지막에 비로소 나 웃는 그날까지 / 포기는 안 해 내겐 꿈이 있잖아

'마지막 승부'라는 노래가 우리 회사의 사가(社歌)가 되어 있었다.

K대표께서 취임하셨다. 취임 후 우리는 동분서주, 정말 바쁜 일상을 보냈다. 작은 체구와 명확한 발음과 웅변력을 갖춘 훌륭한 리더였다. 그 분의 생각도 뚜렷했다. '반드시 우리 회사를 턴어라운드 시키겠다. 이번이 마지막 기회다.'라는 분명한 메시지도 전해주었다. 나는 당시 '마지막'이라는 메시지에 주목했고, 철저하고 뚜렷한 의지를 느낄 수 있었다. 그 의지가 어느 정도였는지 구성원 모두의 핸드폰 컬러링이 '마지막 승부'가 되어 있었다. 컬러링에 대해 모두가 동의했고, 모두가 환호했다. 정말 한번 바꿔보자고 아우성이었다. 대단한 의지와 열정이었던 것으로 생각한다. 모두가 모이면 '마지막 승부'를 불렀다. 회사의 대표곡이 되었고, 회사의 사가(社歌)가 되었다.

그 해 나는 많은 가르침과 많은 배움을 얻었다. 새롭게 조직문화에 대한 생각도 하게 된 한 해로 기억한다. 조직문화가 어떻게 조직성과에 기여하게 되는지도 눈으로 확인하고 배우게 된 한 해였다. 사람을 중시하는 것이 어떻게 조직성과에 기여하는지도 배우게 되었다. 모두가 한 곳으로 집중할 때 조직의 성과는 어떻게 되는지도 배웠다. 그리고 상사의 말 한마디가 내 모든 것을 걸게 한다는 것도 배웠다. K대표님은 그런 말씀을 내게 주셨다.

"당신이라면 잘 할거야, 이 일을 할 사람은 당신 밖에 없어. 내가 도와줄 일이 있으면 말해."

"역시 당신은 달라. 당신이니까 이렇게 한 거야."

"다른 생각하지 말고, 당신 생각대로 조직을 세팅해봐."

그런 말씀이 내 마음과 가슴에 불을 질렀다. 내 모든 것을 걸게 했다. 최선을 다해야 했다. 적어도 믿어주는 선배와 상사에 대한 예의라고 생각을 했다. 우리도 그렇게 했다. 그 해 우리는 다양한 방식을 통해서 최고의 성과를 창출했다. 그래서 나는 이렇게 정의했다.

"믿음을 주는 선배의 한마디가 내 모든 것을 걸게 한다.'
'모두가 한 곳을 바라보고 향할 때 조직은 성공한다.'

당시 K대표께서는 조직문화에 강한 의지를 보여주셨다. 사람에 대한 강의 의지를 보여 주셨다. (물론 다른 방면도 너무 훌륭하게 경영을 하셨고) 그런 것들은 이렇게 정리가 되었다. '목표 필달, 성과에 강하고, 변화에 유연한, 변화, 혁신, 사람의 중요성, 강하지만 부드러운, 남들이 하지 않는' 조직에서 리더의 생각과 습관, 행위는 그 조직에 고스란히 스며든다. 그리고 그 조직의 문화가 된다. 그래서 우리는 리더가 갖추어야 할 자질로 경영학적 지식뿐만 아니라 인문학적 사고, 철학, 바른 가치 등이 필요하다고 한다. 그래야 바른 조직문화가 형성되고 이어지기 때문이다.

'리더가 조직문화의 바로미터다.'
'리더가 브랜드다.'

이 말과 일맥상통하는 이유는 이와 같다.

조직문화는 조직 구성원이 공유하는 신념과 가치관, 이념, 규범, 전통, 행해지는 행위와 습득한 기술과 지식 등을 포함하는 조직과 조직시스템을 움직이고 운영하는 요소라 할 수 있다. 즉 작게는 회의문화부터, 일하는 방식, 사람을 대하는 방식 등 다양하게 조직에 나타나는 것들을 우리는 조직문화라고 한다. 조직문화는 보이지 않는 곳에서도 미묘하게 흐른다. 만약 성공을 꿈꾼다면 우리의 조직문화부터 바로 잡아야 한다. 조직문화가 시작이고, 매출과 이익은 그에 따르는 후행변수라 생각한다.

모든 것을 던져야 할 시기가 온다. 그 때 내 모든 것을 걸어보는 용기도 필요하다. 선배로부터 출발이던 내 마음에서 출발이던 반드시 그런 시기는 온다. 후배들이 모든 것을 걸고 한번 시작하게 하려면 이런 말을 후배들에게 던져보자. 아마 온 몸을 바쳐서 충성할 것이다. 온 몸을 바쳐서 성과를 만들어 올 것이다.

"당신이라면 잘 할거야, 이 일을 할 사람은 당신 밖에 없어. 내가 도와줄 일이 있으면 말해."
"역시 당신은 달라. 당신이니까 이렇게 한 거야."
"다른 생각하지 말고, 당신 생각대로 조직을 세팅해봐."

나는 한번씩 이 노래를 부르며 과거를 회상한다.

"내 전부를 거는 거야, 모든 순간을 위해…

마지막에 비로소 나 웃는 그날까지, 포기는 안 해 내겐 꿈이 있잖아."

"대표님 사랑합니다. 존경합니다."

애별리고(愛別離苦) 원증회고(怨憎會苦)

지금으로부터 12년 전 첫 직장에서 이직을 했다. 첫 직장을 떠날 때 후배였던 점장들은 많은 감격과 걱정을 안겨주었다. 첫 직장을 떠나는 것은 쉽지가 않았다. 은퇴를 하거나 명예퇴직을 하고 자영업의 세계로 내몰리는 것만큼 두려움을 느낄만한 것이다. 10년의 시간을 보냈으니 그런 생각이 들만도 하다. 스스로 떠나는 것과 어쩔 수 없이 떠남을 선택해야 하는 것은 차이가 존재한다. 그 차이를 실감하면서 떠나기 싫은 조직을 떠났다. 서운한 느낌이 많이 남아 있던 것은 브랜드에 대한 애정과 수년을 함께해 온 남겨진 후배들 때문이었다.

내가 떠나는 날 모두가 모였다. 가는 이의 아쉬움과 남는 이의 허전함을 공감하는 자리를 후배들이 마련한 것이다. 그렇게 석별의 정을 나누는 시간을 가졌다. 송별식이라는 것이 누구를 위한 자리인지는 모르겠다. 서로가 아픈 자리이다. 후배들이 준비한 옷가지와 정성스럽게 마련한 음식들, 마지막 헤어짐에 후배들은 마음을 더 아프게 했다. 또 미완의 상태로 남겨둔 브랜드와 아껴야 할 후배들을 그대로 남겨두고 떠나는 것은 큰 고통이었다. 그런 시간의 경험은 지금 정(情)을 주지 않으려는 내 습관으로 남아 있다. 당시의 헤어짐이 이렇게 습관을 만들어 주었다.

그 아쉬운 헤어짐에 후배 K가 비수 꽂는 말을 한다. 술이 되었나, 안되었나? 악수를 하고 헤어지는 찰나에 말을 던졌다.

"선배, 나 선배 엄청 좋아하고 존경하는데 그래서 밖에서 만나고 싶고 연락하고 싶어. 그런데 다시는 같이 일은 안 했으면 좋겠다."

사실 당황했다. 헤어지면서 훈훈하게 마무리가 되어야 할 분위기에 '다시는 같이 일을 안하고 싶다는 말'에 당황했다. (나는 후배의 발전을 위해서 엄청 노력했고, 그 와중에 인간적인 너무나 인간적인 마음을 전했다고 생각했기 때문이다. 물론 내 생각이다.) 그리고 후배는 술이 취한 듯 안 취한 듯 나에게 그 동안 같이 일하면서 힘들었던 일(죽을 만큼 힘들다고 했다.), 왜 이렇게 매출과 경쟁에 매달리면서 사느냐는 둥, 함께한 시간만큼이나 길게 나에게 넋두리를 했다. 잠시 당황했던 나는 얼른 택시를 잡아탔다. 빨리 도망가고 싶었다. 후배들을 뒤로하고 나는 택시 안에서 붉어진 얼굴로 많은 생각을 했다. 후배들을 교육시킨다는 명목으로, 반드시 우리는 타 매장, 타 브랜드와 싸워서 이겨야 한다는 명목으로, 절대 적자는 나서 안 된다는 나의 논리로 그리고 강요된 열정으로 후배들을 얼마나 괴롭혔던가? 반성했다. (그런데 12년이 지난 지금도 그러고 있다. 반성 안 한 모양이다. 지극히 자본주의적 인간이다.) 후배는 나에게 힘듦을 분풀이하고 싶었고, 또 함께 한 시간이 좋았다는 얘기를 그렇게 얘기했다고 생각하며 마무리했다.

'존경하는데 같이 일하고 싶지는 않다'

우리는 태움, 열정, 희생, 주인정신, 사장의 마음 이런 류의 말들로 후배들을 대하고 있지는 않나 반성을 하게 된다. 나는 후배들을 경쟁에서 이기게 하기 위해서, 남보다 앞서가게 하기 위해서 어떻게 일해야 하고, 어떻게 공부해야 하는지를 나의 논리로만 풀어 나갔다. 또 그 와중에 '많은 희생을 강요하지 않았나'라는 생각으로 반성했다. 하지만 돈을 버는 의미보다는 일에 대한 철학, 직업에 대한 생각, 일의 의미에 대해서 후배들에게 많은 것들을 전해주기 위해서도 노력했었다. 그런 노력의 말과 행위들이 후배의 그 말로 압축되었다고 본다. 그래서 아주 나쁜 선배는 아니었다는 생각이다.

'존경하는데 일은 같이 하기 싫다'는 말은 그래서 긍정과 부정의 의미가 같이 섞여 있다.

가끔 그 말의 의미를 되새기며 나는 리더로서 어떻게 후배들을 훈련시키고 또 교육시켜서 경쟁사회에서 살아남을 수 있는지를 행동으로 보여주려고 하고, 일의 순수한 의미에 대해서 알려주려고 노력하고 있다.

조직에서는 어쩔 수 없는 각자의 역할과 책임이 있고(이를 R&R, Role & Responsibility, 역할과 책임) 선후배와의 관계가 있다. 그것이 나는 '애별리고, 원증회고'라고 생각한다. 애별리고(더불어 사랑하는 사람과 함께 있지 못하고 헤어져야 하는 고통)와 원증회고(다시는 만나고 싶지 않을 만큼 미워하는 사람을 만나 함께 있어야 하는 고통)이다. 이런 모습이 나는 아주 바람직한 선배와 후배와의 관계,

조직의 역학관계라 생각한다. 선배는 후배에게 '어떻게 일하는가? 또 일의 의미는 무엇인가? 어떻게 성장해야 하는가?'에 대해서 말해줘야 한다.

직업의 의미와 일의 철학과 가치에 대해서 알려줘야 한다고 생각한다. 내가 일하는 이유는 무엇이고, 조직과 함께 어떻게 성장해야 하는가에 대해서도 명확히 알려줘야 한다. 그래서 그들이 애별리고와 원증회고를 체득해야 한다고 생각한다.

함께 있어서 힘들고 어렵지만 헤어지는 고통 또한 힘든 조직구조 속의 선후배 모습. 그 안에서 애정과 미움이 공존하게 하는 관계, 이것이 우리가 가지고 가야 할 모습이다.

리더는 무조건 편한 존재가 되어서는 안 된다. 그리고 인기영합주위에 편승해서 안일한 조직을 만들어서도 안 된다. 무작정 관계 지향적인 모습이 되어서도 안 된다. 무작정 업무지향적이서도 안 된다. 경쟁사회 안에서도 반드시 애정과 애증이 공존하게 해야 한다. 그게 조직에서의 선배의 모습이고 리더의 모습이다.

애별리고, 원증회고. '존경하지만 같이 일하기 싫다.'

그래서 생각한다. 나는 아주 빵점 짜리 리더와 선배는 아니었다고.

직원을 정의하라

직원 한 명을 권고사직 시킨 적이 있다. 그 직원이 어떠했고 잘했다 못했다는 논리를 펴고 싶지 않다. 일을 잘하고, 못함도 논하고 싶지는 않다. 어차피 일의 평가도 주관적일 수 밖에 없고, 논리적으로 객관화시키기도 힘들다. 다만 보편적인 시각으로 평가할 뿐이다. 한 인간으로 보면 마음이 아픈 이야기이다. 모두가 똑똑하지 않듯이 모두가 일을 잘 하지도 않는다. 그런 기준으로 세상을 바라봐야 하는 것은 당연한 이치임에도 불구하고 나는 권고사직을 시켰다. 평생을 두고 마음이 쓰일 일이다. 권고사직보다 더 큰 마음의 상처는 다른 직원 L이 와서 한 말 때문이었다.

"맨날 직원복지, 직원만족 이런 거 얘기하시면서 이렇게 해도 돼요?"라는 그 말.

주변의 시선으로 보면 나는 이런 말을 들을 수밖에 없다. 직원의 입장에서 보면 동료의 입장에서 보면 그들의 생각이 맞는 것이다. 잘못을 했다 하더라도 이건 아니지 않냐는 생각. 동료를 생각하는 마음으로 보면 그들은 맞다. 모두가 동조하지 않더라도 그런 생각을 가진 직원이 있다는 것으로도 큰 부담이다. 조직에 미칠, 조직원들에게 미칠 영향을 생각하면 말이다. 미안했고, 미안했고 또 미안했다. 아직도 생각한다. 그가 다른 곳에서 잘 되기를 바란다고.

그리고 돌아와서 직원들에게 메일을 보냈다. 미안함과 직원에 대한 재정의로 말이다. 늘 나는 'PSP'를 주창했다. 'People → Service → Profit', 즉 만족한 직원이 훌륭한 서비스를 선사하고 이의 결과로 이익이 생긴다는 짧지만 핵심적인 이야기다. 우리가 잘 알고 있는 페덱스(Fedex)의 경영철학으로 유명하다. 페덱스는 경쟁력의 핵심으로 'PSP 철학'을 말했다. '내부 고객인 직원들이 근무에 만족하면 그만큼 서비스의 질도 함께 향상되며 이는 곧 소비자의 만족을 이끌어 회사의 수익을 창조한다.'는 이론적이지만 실천하기 힘든 경영철학이다. 이런 경영철학을 가진 페덱스는 매년 포천(Fortune)이 선정한 '가장 일하기 좋은 기업' 10위권 안에 머물러 있다. 그리고 구성원의 만족도도 세계 정상을 달리고 있다. 나는 항상 후배들에게 이런 이야기를 전달했고, 직원들을 위해서 할 수 있는 것들은 모두 다하려고 노력했다.

그러고 보니 직원, People에 대한 생각이 달랐던 것이다. 여기서 People은 모든 직원을 의미한다고 구성원들은 생각했다. 나도 그와 같이 생각을 했다. 하지만 다시 생각을 정리해서 의미를 전달해야 했다. 일을 열심히 하지 않고, 오로지 개인의 생존과 이익만 생각하고 회사의 발전과 조직의 발전에는 아무런 관심이 없는 직원을 직원으로 정의할 수 있을까? 아니라고 생각했다. 그래서 개인만을 생각하고, 오로지 본인의 보신(保身)만을 추구하는 직원을 나는 그냥 '종업원'이라고 했고, 일을 주도적이고 주체적으로 하면서 본인의 역할과 책임에 대해서 명확한 업무수행, 회사와 조직의 발전, 동료들에게 긍정적인 영향력을 구사하는 직원을 '구성원'이라고 명명했다. 그렇게 종업원과 구성원을 구별해서 People을 다시 정의한다고 메일을 보냈다. L직원이 내게 건넨 말로 인해 People에 대해서 다시 정의를 내릴 수 있었다.

직장생활과 조직생활을 하다 보면 모든 사람이 동일하지 않다. 특히 조직 내에는 자신만을 생각하고, 자신만의 보신을 위해서 몸담고 행동하는 사람이 있다. 책임을 멀리하고, 혜택만 누리려고 하는 구성원들도 있다. 우리는 이를 직원, People로 명명해서는 안 된다. 다시 말해 우리가 정의하는 People은 자신의 역할과 책임을 다하고, 주체적이고 주도적으로 업무를 수행하여 본인뿐만 아니고 동료들과 조직에 긍정적인 영향력을 행사하는 사람으로 정의를 내려야 한다. 이것이 내가 생각하는 People이다.

직원이 생각하는 수평적인 조직문화도 마찬가지다. 주체적이고 주도적인 직원들만이 수평적인 조직문화를 말할 자격이 있다. 자율적인 조직문화도 마찬가지다. 자율적인 조직문화를 만들어 갈려면 구성원들이 본인의 일에 대한 역량과 책임을 가졌을 때 가능하다. 누구나 수평적이고 자율적인 조직문화를 말할 수 없다고 생각한다.

조직 내에서 People에 대한, 수평적이고 자율적인 조직문화에 대한 나의 정의다.

'만족한 사람이 좋은 서비스를, 좋은 서비스가 이익을 가져다 준다'는 내 사업에 대한 생각은 아직도 유효하다. 모든 조직에 유효하다고 생각한다.

급이 다르다는 얘기

매월 '브랜드 월례보고'가 진행된다. 사실 일주일 전부터 식음을 전폐하고 고도의 긴장감을 가지게 된다. 업무에 대한 고농축 학습을 하게 되는 시기이기도 하다. 이리도 한 달은 빨리 오는지 모르겠다. 내 브랜드 자랑도 하고, 우리 구성원들이 훌륭하게 수행했던 업무도 자랑해야 한다. 그리고 익월에 대한 계획도 보고해야 한다. 보고가 끝나고 나면 나는 "쉬어야겠다"고 직원들에게 얘기를 한다. 그만큼 긴장하는 시간이다. 직장인들에게는 간혹 이런 시간이 필요하다.

얼마 전 직급이 대리인 후배에게 "월례보고에 같이 들어가서 월례보고의 내용을 같이 듣는 게 좋겠다"고 했다. (나는 후배가 대리 직급이라도 직무능력이 탁월하다고 생각을 했다.) "대리인 자신이 급이 다른데 임원회의에 어떻게 들어가냐고"고 한다. 그래서 나는 "보고 시 나오는 얘기를 직접 같이 들으면 회사의 방향과 전략을 알 수 있으니 더 좋지 않겠냐"고 제안했다. 또 다시 "대리급인 자신이 들어가면 안 된다"고 말을 하는 것이다. 기분이 썩 좋지 않았다. 그리고 이렇게 말을 던졌다. "선진국에서 공부한 당신이 왜 직무 중심으로 일을 할 생각을 않고, 서열 중심으로 업무를 하려고 하느냐? 우리가 일을 직무 중심으로 해야지, 직급중심으로 하면 안 된다"고 했다. (나도 임원인데 나에게는 말을 다하지 않느냐의 반문이기도 했다. 나에게는 평소에 이 말 저 말 다한다. 아주 편한가 보다.)

이 일은 이렇게 일단락되었다. 나는 예전과 같이 월례보고 회의에 후배를 동석 시키지 않았다. 하지만 아쉬움이 컸고, 반드시 올해 안에 '브랜드월례보고' 회의석상에 같이 해야겠다는 생각으로 나의 마음을 정리했다. 브랜드를 기획하는 담당자이기에 사실 대리던 과장이던 부장이던 직급은 중요치 않다는 게 나의 생각이다. 오로지 직무 중심, 조직 관점에서 업무를 해야 한다고 생각했다. 아직도 과거의 직급 중심의 업무를 버리지 못하고 있다. 직급 중심의 업무 문화가 형성이 되면 조직 내의 창의성과 자율성은 급격하게 떨어지고 수동적인 업무 형태를 띠게 된다. 오히려 조직의 발전을 저해하는 요소가 된다는 것이 나의 생각이다.

C신문의 기사에 따르면 최근 청년층에게 나타나는 현상 중 하나가 청년층이 선호하는 기업은 빅브랜드 회사의 높은 연봉과 복리후생이 아니고 전통 기업과 달리 수직적 보고 체계가 없고, 자유롭게 의견을 제시할 수 있는 기업문화라고 했다. 이 기사에서 나온 설문조사의 내용을 보면 신입 구직자들이 스타트업 취업 시 가장 중요하게 보는 기준 역시 '수평적인 조직문화(34.6%)였다. 스타트업에 취업하려는 가장 큰 이유는 '기업문화가 자유로울 것 같아서(49.4%)'로 압도적인 1위를 차지했다고 전했다.

한국기업의 조직문화 중 가장 큰 오류는 역시 연공서열 문화와 수직적 문화에 있다. 수직적이고 연공서열적인 문화가 지속되는 곳에는 몸의 피가 역류하듯이 창의성과 협업, 소통이 가로 막힌다. 그래서 우리는 비단 수직적 조직문화뿐만 아니라 여러 가지 부조리한 조직문화를 개선하고 변화시켜 나가야 한다. 수익을 추구하는 기업은 10년을 가지만 조직문화를 추구하는 기업은 100년을 간다. 그래서 우리는 조직문화를 관리하고 변화시켜 나가야 한다. 이게 '백 년 기업'이 일하는 방식이다.

나는 항상 조직을 바라보면서 수평적 조직문화를 생각한다. '우리는 어떻게 수평적 조직문화를 만들어 가야 하는가'하고 말이다. 나는 대리이던 후배를 바라보면서 또 수평적 조직문화에 대해서 생각했다. 직무 중심, 연공서열 중심이 아니고 직급 중심, 조직 중심에 대해서 생각했다. 이런 사고들의 전환이 있지 않고는 조직은 썩어갈 것이라고 생각했다. 수직적 조직문화를 겪었던 그 생각만 하면 몸의 피가 역류함을 느낀다. 답답함을 느낀다. 나는 '수평적 조직문화를 구성원 간의 직급과 서열의 구분 없이 각자의 직무 중심으로 조직의 발전 중심으로 사고하고 말하고 행하는 그래서 일하는 방식이 수평적인 문화를 수평적 조직문화'라고 한다. 수평적인 조직문화는 우리 몸의 피와 같이 조직이 잘 흐르게 하여 몸을 지탱하는 역할을 하게 한다. 그래서 리더는 조직문화를 관리해야 한다.

권력간격지수와 히딩크의 성공사례에서 수평적 조직문화의 우월성을 살펴볼 수 있다. 경영학에는 '권력간격지수'라는 게 있다. 특정문화가 위계질서와 권위를 얼마나 존중하는지를 나타내는 지수이다. 조직에서 구성원들 사이에 권력의 불평등성을 어느 정도 수용하는지를 두고 권력간격지수의 높고 낮음을 파악할 수 있다. 권력간격지수가 높은 문화를 가진 조직에서는 최고경영층이나 경영층이 특권을 누리고 격식을 차리는 것에 관대하지만 권력간격지수가 낮은 문화에서는 그런 모습을 구성원들이 받아들이기 어렵다. 권력간격지수는 낮을수록 좋다. 히딩크의 2002년 월드컵의 성공 요인을 한국 운동계의 서열중심, 라인 중심 등 경직된 조직문화를 무너뜨리는 수평적 조직문화에서 찾을 수 있다. 그라운드 내에서는 선후배 호칭 없이 이름을 부르라는 그의 방식은 결국 축구실력이라는 본질에 집중하게 했고 연공서열을 타파했기에 가능했던 부분이다.

기업조직도 마찬가지라는 생각이다. 수평적 조직문화는 창의성, 협업, 소통이 원활하게 이루어지게 하여 결국 성과에 더 가까이 다가가게 하는 바로미터가 된다. 리더는 현재와 미래에 구성원들을 책임져야 한다. 그래서 성과를 창출하여야 한다. 그러기에 우리는 지금의 비용관리보다 조직문화 관리에 더 투자를 해야 하는 이유이기도 하다. 물론 자율적이고 수평적인 조직문화의 전제조건도 있다. 수평적인 조직문화는 역량을 기본으로 갖추어야 하고, 자신의 일에 책임을 가진 사람들로 구성될 때 가능하다. 자율과 책임을 구분하지 못하고, 수직과 수평의 경계점을 구분하지 못한다면 누구도 책임지지 않는 조직문화가 형성되고 조직에는 원칙이 없고, 서로에게 신뢰가 없는 최악의 조직문화가 만들어지기 때문이다.

월례보고가 끝났다. 오늘도 조금 쉬어야겠다.

나의 성장일기

체인사업을 하는 외식회사에 있었을 때 일이다. 당시 직책은 영업팀장이었다. 영업팀장의 주된 역할은 점포의 코칭과 운영의 코디네이터이다. 당시 영업을 하면서 소중하게 생각했던 것들은 여럿 이었지만, 운영의 핵심 논리로 생각했던 것은 2가지였다. 하나는 Team Spirits, 즉 점장들의 팀워크를 바탕으로 한 영업팀이 함께 움직이는 '팀정신'이었고, 두 번째는 구성원들이 가지는 자신감이었다. 점장들과 구성원들의 '팀정신'과 '자신감'을 충만하게 해주는 것으로 운영의 묘미를 살려 가려고 했다.

이 중 팀정신은 결국 리더인 나의 몫이었다. 그래서 '팀정신'을 함양하기 위해서 많은 활동을 수행하고 지원함을 아끼지 않았다. 이런 활동이 성공적이기 위해서는 점장들의 자발적인 참여와 점장들끼리의 융화합이 우선시 되어야 함은 당연한 것이었다. 다양한 방법을 시도했다. 회식, 여행, 등반 등 해볼 수 있는 모든 것을 동원해서 진행했다. 그런 고민을 이어가던 어느 날, 서로의 과거와 삶에 대해 공유하는 시간이 서로에게 관심, 공감 나아가 이해의 시간이 되리라 생각했다. 나는 일주일 동안 이런 자리를 준비했다. 같이 들을 노래도, 함께할 페이퍼도, 그리고 장소까지도. 모든 준비를 마치고 점장 13명 모두를 회사 외부로 불러 모았다. 회의 장소를 대여했고 그 장소에서 하루 종일 해야 할 일과를 작성하고 발표를 하게 했다. 내가 붙인 이름하여 '나의 성장일기'였다. 5살, 10살, 15살 등 자기의 인생주기에 있어서 기억나는 시간과 핵심적인 사건을 중심으로 우리 모두에게 얘기하자고 했다. 그 사건이 왜 기억이 남으며, 당시 어떤 생각을 했는지를 모두 말하게 했다. 발표하게 했다. 서로의 삶에 대한 공감을 가지려는 마음으로 시작했다. (나는 이렇게 해야 하는 이유를 미리 알고 시작했다.) 공감은 팀정신의 시작이기 때문이다.

오전 10시에 모두가 모였다. 하루 종일 해야 할 것들에 대해서 내가 먼저 모두발언을 하고 오늘의 일정에 대해서 설명을 했다. 그런 후 모두 눈을 감겼다. 준비된 최성수의 [동행]이라는 노래를 함께 들었다. 이유가 있는 선택이다. 이제 시작이었다.

최성수 [동행]
아직도 내겐 슬픔이 / 우두커니 남아 있어요
그날을 생각하자니 / 어느새 흐려진 안개
빈 밤을 오가는 마음 / 어디로 가야만 하나
어둠에 갈 곳 모르고 / 외로워 헤매는 미로
누가 나와 같이 함께 / 울어줄 사람 있나요
누가 나와 같이 함께 / 따뜻한 동행이 될까
사랑하고 싶어요 / 빈 가슴 채울 때까지
사랑하고 싶어요 / 살아 있는 날까지

그리고 나부터 '나의 성장일기'를 발표했다. 너무 오랜만에 나의 살아온 시간에 대해서 누군가에게 얘기했다. 부끄럽고 힘들었지만 그리고 슬펐지만 모두가 나를 안아주리라는 생각으로 발표를 했다. 내가 솔직해야 그들도 솔직하게 발표를 할 것이다. 진솔하게 나의 과거를 들려 주었다. 발표를 하면서 눈물이 멈추지가 않았다. 나도 처음이었다. 어린 시절의 나를 누군가에게 말하는 것이.

가난했던 어린 시절에 대해서 얘기를 했고, 운동이 너무 하고 싶었는데 집이 가난해서 그럴 수 없다는 얘기, 아버지와 어머니에 대한 얘기도 했다. 고등학교 시절 방황하면서 술, 담배를 했던 얘기도 했다. 나도 슬펐지만 후배들도 같이 슬퍼해 주었다. 그렇게 발표하면서 울고 나니 부끄러웠던 마음은 가시고 '팀장도 한 명의 인간이구나'라는 눈빛으로 후배들은 나를 바라봐 주었다. 그렇게 시작부터 힘들었지만 이해하는 시간이 다가오고 있었다. 항상 모이면 많이 먹던 친구가 자신이 왜 많이 먹는지에 대해서도 얘기를 했다. '부모님과 떨어서 살면서 이모 밑에서 커서 먹는 것만 보면 먼저 챙겨야 한다는 어릴 적 바람 때문에 그리했다'고 했다. 우리는 또 다시 함께 울었다. 어떤 점장은 조부모님 밑에서 컸던 어려움을 이야기하면서 펑펑 울기도 했다. 항상 말없이 모임에 참여하던 어떤 점장은 자기가 왜 말이 없을 수밖에 없는지를 얘기하면서 어릴 적 눈치 보면서 자랐던 얘기도 숨기지 않았다.

그렇게 우리는 눈물로 하루를 보냈다. 함께 울고, 함께 웃으면서 8시간을 같이 보냈다. 서로가 서로를 이해하는 너무나도 감동적이고 아름다운 8시간을 보냈다. 함께 울어줄 누군가가 옆에 있다는 것, 함께 웃어줄 눈가가 옆에 있다는 것만큼 행복한 것이 있을까? 우리는 그날 8시간 동안 서로의 시간에 함께 웃고, 함께 울었다. 그렇게 팀워크는 완성되어 갔고, 서로를 이해하는 강한 시간을 가졌다. 그 해 년도 우리는 사업 성장률과 영업 이익률, 고객만족도에서 역대 최고가 되어 있었다. 그 밑 바탕에는 우리가 만들고자 했던 '공감'이 있었고, 'Team Spirits'이 있었던 것 같다.

팀 스피릿(Team Spirits)은 조직을 운영함에 있어서 성과창출을 위한 기본적인 원동력이 된다. 함께 하는 동료에 대한 이해, 함께 하는 동료와의 팀워크 없이는 성과창출을 기대하기 힘들다. 특히 외식업과 음식점업은 누구하나 특출나서 되는 것이 아니다. 모든 것이 팀워크가 전제되어야 한다.

피터 캐펠리 와튼 경영대학원 교수는 '동료 간의 유대가 우수 인재를 유지하는 중요한 전략이 된다. 회사에 대한 충성은 사라질지 몰라도 동료 간의 유대는 쉽게 사라지지 않는다. 그렇기 때문에 핵심 인물 간의 감정적 유대를 발전시킨다면 우수 인재의 이직률은 현저히 감소시킬 수 있다'고 했다. 서로의 팀워크와 감정공유는 조직을 이끄는 밑거름이 된다. 그 밑거름을 그날 내가 만들어주었다. 돌아보면 영업팀장을 하면서 가장 잘 한 일중 하나가 점장들과 함께 했던 '나의 성장일기'라는 프로그램으로 서로를 이해하는 시간을 만들어 준 게 아닌가 생각한다.

그날 모두 눈을 감고 마지막으로 이 노래를 들었다. 강산에의 '넌 할 수 있어'

후회하고 있다면 깨끗이 잊어버려
가위로 오려낸 것처럼 다 지난 일이야

후회하지 않는다면 소중하게 간직해

언젠가 웃으며 말할 수 있을 때까지

너를 둘러싼 그 모든 이유가 견딜 수 없이 너무 힘들다 해도

너라면 할 수 있을 거야 할 수가 있어

그게 바로 너야 굴하지 않는 보석 같은 마음 있으니

어려워 마 두려워 마 아무것도 아니야

천천히 눈을 감고 다시 생각해 보는 거야

세상이 너를 무릎 꿇게 하여도

당당히 내 꿈을 펼쳐 보여줘

너라면 할 수 있을 거야 할 수가 있어

그게 바로 너야

굴하지 않는 보석 같은 마음 있으니

황룡사 9층 목탑

출근을 하다 보면 좌로 남산타워가, 전방으로는 OO타워가 눈에 들어온다. 늘 보는 출근길의 모습이지만 한번씩 이 OO타워가 너무 도회적이라 좋아 보이다가도 또 어떤 때에는 '해와 하늘과 강, 산을 있는 그대로 놓아두지 왜 이리 흉물스럽게 경관을 해치나'라는 생각도 하게 만든다. 아마 내가 이 회사 직원이 아니라 그런지 모르겠다. 이 회사 직원들은 이 타워를 보면서 얼마나 강한 자부심과 얼마나 강한 비전을 느끼고 있을까? 아마 그들은 알 것이다. 목적물을 통한 강한 비전을.

황룡사 9층 목탑이 그러했을 것이다. 아침 농사를 지으러 나가는 신라인들은 80미터(지금의 아파트로 비교하자면 30층 높이다.)나 되는 황룡사 9층 목탑을 보면서 신라인으로서의 자부심과 신라라는 국가에 대한 비전을 생각했을 것이다. 그리고 이 탑을 건립하게 한 선덕여왕은 아마 이런 자부심과 국가적 비전을 황룡사 9층 목탑을 통해서 신라인들의 마음을 하나로 뭉치게 하였을 것이다. 높이도 높이이지만 목탑 층층마다 신라를 괴롭혔던 국가인 일본, 당, 탐라, 백제, 오월, 거란, 여진, 고구려의 이름을 적어두었다고 하니 신라의 분노가 느껴진다. 반드시 신라의 속국으로 두겠다는 의지도 느껴진다. 그랬다. 신라는 다른 나라의 괴롭힘을 당한 나라였고, 아주 작은 소국에 불과했다. 그러나 결국 삼국을 통일하고 번성하게 만든 나라는 작은 소국이었던 신라였다.

신라가 이런 통일주체의 국가가 되었던 이유를 우리는 선덕여왕이 만든 황룡사 9층 목탑을 통해서 배울 필요가 있다. 황룡사 9층 목탑은 단순한 탑이 아니라 신라인들의 자부심과 신라라는 국가에 대한 비전을 심어주는 목적물이었다. 정신을 하나로 모으는 것만큼 중요한 것은 없다. 신라의 삼국통일의 시발점을 황룡사 9층 목탑이라 생각하는 것은 너무 비약적인가? 나는 그렇지 않다고 생각한다. 모든 조직에서 가장 초석이 되는 것은 조직에 대한 자부심과 모두가 공감하는 한 방향의 꿈이라 생각하기 때문이다. 신라의 수도였던 경주, 그 경주의 전역에서 보였을 황룡사 9층 목탑. 그것으로 모든 신라인들은 미래의 신라를 그렸을 것이다. 신라에 대한 무한한 자부심을 느꼈을 것이다. 그것이 통일신라로 가는 첫걸음이었을 것이다.

나는 조직을 맡았을 때 비전, 목표, 꿈에 대해서 하는 루틴이 있다. 처음으로 그들과 교감하고, 라포가 형성되어갈 즈음에(라포, Rapports 형성이 먼저다.) 가장 우선으로 구성원 모두가 모여서 조직의 비전과 목표를 설정하게 한다. 기존의 비전과 목표가 있었다면 다시 한번 돌아보고 재조정하는 작업을 한다. 우리의 비전을 우리 스스로 함께 만들자는 것이며, 우리의 비전과 목표를 함께 공유하자는 것이다. 함께 만들었을 때 의미가 있고, 공동의 목표가 되기 때문이다. 함께 만들지 않고 공유되지 않는 비전과 목표로 그저 한낮 공염불에 불과하다. 남이 만들어준 나의 꿈만큼 쓸 데 없는 것이 없다. 꼭 스스로 만들어야 한다.

두 번째 조직의 목표와 비전이 작성되면 그를 토대로 영업팀별, 점포별로 비전과 목표를 만들고 별칭을 만들기를 제안한다(체인 레스토랑을 운영할 때마다 그리했다). 각 점포의 명칭은 이러했다. 예를 들어 강남점이면 Ace 강남점, 강북점이면 Only 강북점 등의 점포 별칭을 짓게 했다. 점장이 생각하고, 구성원이 생각하는 우리 점포를 가장 잘 나타낼 수 있는 별칭을 지으라고 한다. 그 별칭을 가지고 서로의 생각을 일치시키라 했다. 또 점포의 구성원들과 함께 점포의 비전을 작성토록 했다. 예를 들면 '강남역 인근에서 향후 2년 안에 서비스가 가장 좋은 매장으로 만들겠다.' 등의 구체적인 모습을 작성하게 한 것이다. 작성된 점포의 별칭과 함께 쓴 점포의 비전은 주간별로, 월간마다 모일 때마다 읽고 생각하게 만들었다.

이런 행위는 어떤 모습으로 나타났을까? 처음에는 자부심으로 나타났다. 그리고 훌륭한 점포로 경쟁점포를 압도하는 점포의 모습으로 발현되었다. 그리고 생각했다. '꿈은 절대 꿈으로 끝나지 않는다.' 이런 작업들은 사실 당시에는 구성원들이 "닭살이 돋는다"고 표현하기도 했고, "설마, 우리가 그리 되겠어"라고 비웃음치는 구성원들도 더러 있었다. 하지만 서로의 생각을 공유하고 만들어 가는 것은 정말 중요한 작업이었고, 반드시 성과가 이를 보상해주었다. 그래서 우리는 이렇게 이야기한다.

'혼자 생각하고 꾸는 꿈은 공상이지만, 함께 꾸는 꿈은 현실이 된다."

개인의 꿈에 대한 한 가지의 루틴도 있다. 나는 늘 면담을 하면 구성원들의 꿈에 대해서 물어본다. 꿈이 없는 후배도 있고, 꿈이 구체적인 후배도 있다. 꿈에 대해서 한번도 생각해본 적이 없다고 말하는 후배도 간혹 있다. 꿈이 없는 후배들에게는 면담 후 며칠안에 꿈에 대해서 생각하고 정리가 되면 나에게 이메일이나 문자를 달라고 요청한다. 꿈을 구체적으로 가지고 있는 후배들에게는 조언을 하고 그 꿈을 실현할 수 있도록 선배로서 돕겠다고 약속한다. 덧붙여 회사가 잘 성장해야 하지만, 개인도 잘 성장해야 한다고 그렇게 밸런스를 맞추어가자고 말해주면서 면담을 마무리한다. 조직은 개인의 꿈을 실현시켜줄 의무도 있다고 생각한다.

조직과 개인, 모두 꿈을 꾼다. 그 꿈을 구체적으로 생각하고, 그 생각을 글로 표현해야 한다. 그래서 모두가 공유하고, 모두의 것으로 만들 때 그 꿈은 현실이 된다. 꿈을 현실로 만들고 싶다면 반드시 그 마중물이 되는 꿈을 함께 만들어 보길 바란다. 선덕여왕이 그랬던 것처럼 꿈을 모으는 작업, 꿈을 꾸게 하는 작업 이것이 조직과 개인 성공의 첫걸음이 될 것이다.

황룡사 9층 목탑이 몽골에 의해서 불타지 않았어도 탑 앞에서 후배들과 그 꿈에 대해서 얘기를 했을 것이다.

교세라의 창업회장이었던 이나모리가즈오 회장은 '창업 이후 10년을 넘는 기업들의 공통점은 직원들이 얼마나 경영이념을 공유하고 있는지 여부에 달렸다고 했다. 그들의 영업이익률은 극소수를 제외하고 1~3퍼센트 수준에 머무른다'고 했다. 이 말은 100년가는 기업을 만들기 위해서는 영업이익률에 치중하는 것보다 더 소중한 것이 경영이념의 공유, 비전의 공유라고 말하는 것이다. 조직에서 비전을 말하지 않는 것, 개인에게 꿈이 없다는 것은 죽은 조직이고, 죽은 삶이다. 완전한 조직, 훌륭한 조직은 구성원들이 꿈을 꿀 수 있도록 하는, 꿈을 이루도록 도와주는 조직이라고 생각한다. 조직의 비전을 공유하고, 개인의 꿈을 실현할 수 있도록 도와주는 조직이 끝까지 살아남는다. 적어도 나는 그렇게 생각한다.

구성원들은 조직의 비전을 보고 자신의 꿈을 꾼다. 리더는 꿈꾸게 하는 사람이 되어야 한다. 선덕여왕이 그랬던 것처럼 강한 비전을 심어주는 것이 리더의 몫일 것이다.

당장의 매출과 이익, 효율성과 효과성만 논하면서
조직문화를 논하는 것이 낭만적 도전이라면 그 조직에는 희망이 없다.
조직문화는 만들어 가기도 어렵지만 파괴하기도 어렵다.
조직이 존재 자체로 의미를 가지려면
그 속에 진한 조직문화가 건재해야 한다.
가장 온전함을 만드는 무기가 바로 조직문화다.

2

가짜 리더십, 진짜 리더십

어느 사업부장의 하루

어제 밤도 술을 얼큰하게 먹었는지 빨갛게 부은 얼굴에 고양이세수를 하고 나타났다. 화장실을 다녀와서 '해장라면'을 먹으러 가자고 부추긴다. 빈 속으로 출근해서 '해장라면'을 먹는 것은 당시 즐거움이었다. 한국 직장인이라면 누구나 그런 것처럼 아침 출근 후 '해장라면'이 좋고, 늦은 시간 야근하면서 먹는 '야근라면'도 충분히 좋다. 그래서 나도 따라 나선다. 늘 듣던 뻔한 스토리, 어젯밤 술집에서 있었던 무용담을 내게 들려주곤 했다. 그런 류의 이야기에 골이 나서 관심 없다는 눈빛을 보내도 여전히 무용담은 계속된다. 하루가 늘 그렇게 시작되었다.

그는 사무실로 돌아와서 메일을 확인하고, 어제 매출을 확인하면서 1시간 정도의 시간을 소비한다. 10시가 조금 넘을 쯤이면 점포로 전화를 돌린다. 점장을 바꾸라고 하고 점장에게 다짜고짜 "여보세요, 어제 매출이 왜 이래요?"라고 말하거나 점장이 휴무라고 하면 점장의 핸드폰으로 전화를 걸어서 "오늘 또 쉬어요?"라고 타박을 한다. 고되게 일하고 휴무를 가지는 것이 정상임에 불구하고 점장들의 고단함을 인정하지 못하는 것이다. 또 쉬다니. 그렇게 전화를 다 돌리고 나면 11시 30분 정도가 된다. 그리고 다시 직원들에게 밥을 먹으러 가자고 한다. 점심은 뭐를 먹고 싶냐고 물어보더니 대답도 하기 전에 '곰탕에 어리굴젓'이 좋겠다며 곰탕집으로 향한다. 묻기는 왜 묻는지 모를 일이다. 식사에 대한 자문자답도 상사들의 정형적인 유형이다.

오후에는 점포를 다녀봐야겠다며 차를 몰고 나간다. 점포를 다니다 퇴근쯤 술 좋아하는 직원들을 불러모아 자신의 무용담을 얘기하는 술자리를 갖는다. 그는 또 늦은 저녁까지 직원들을 모아 놓고 자신의 무용담을 늘어 놓을 것이다. 나는 술이 싫어 그 자리를 늘 피하곤 했다. 술도 싫었고, 인간도 싫었다.

내가 이 사업부장을 기억하는 모습의 전부다. 그리고 그와 먹은 해장라면과 곰탕밖에 생각이 나질 않는다. 문제는 그가 사업부장이 되고 나서 직원들이 회사를 하나 둘 떠나고 있다는 것이다. 그리고 잘 만들어진 브랜드가 서서히 무너지고 있었다. 모든 직원들의 원성과 퇴직에 관한 조짐이 나타나기 시작했다. 불만과 퇴직에 관한 화두로 회사가 어수선했다(이 정도 사안에 대해서는 직원들은 다 알고, 발령 낸 사장만 모른다.)

하지만 사장님이 든든하게 지지를 하셨고 간혹 이런 소문에 지역장들을 불러서 "단점도 있지만 장점이 많은 친구"라면서 오히려 우리에게 잘 맞추라는 말씀을 던진다. 과정을 지켜보던 선배 지역장이 먼저 퇴사를 했고, 나도 1개월 후 다른 회사로 이직을 했다. 브랜드는 서서히 명성을 잃어 갔고 1년 안에 그도 퇴사를 했다는 소식을 접했다.

한동안 상당한 고민에 빠졌다. '음식점에서 매출은 어떻게 만들어지는가?' '리더란 어떤 자리인가?' '구성원을 어떻게 대해야 하는가?' '최고경영자는 리더를 어떻게 평가해야 하는가'라는 질문에 수없이 생각하면서 되뇌었다. 그리고 스스로 정리를 해갔다. 생각은 정리되었지만 나도 회사를 떠났다.

첫 번째 질문인 '음식점에서 매출은 어떻게 만들어지는가?'라는 질문이다. 외식 브랜드, 음식점에서의 매출은 점장 한 명이 잘한다고 만들어지는 것이 아니다. 점장의 역할이 없다는 것이 아니라 점포를 둘러싼 다양한 것들이 함께 공존해서 만들어지는 것이다. 즉 '브랜드의 파워, 브랜드 이미지, 입점 사이트, 점포의 인테리어, 상품의 컨셉, 마케팅 활동 등과 외식 점포에서의 QSC활동 즉 브랜드의 구현력 등이 결합될 때 고객이 환호하고 매출이 형성되는 것'이라고 정의를 내렸다. 그것이 정의 내린 내 생각이었다. 그래서 그 사업부장의 "어제 매출이 왜 이래요?"라고 점장에게 타박하는 것은 리더로서 자격이 없는 것이다. QSC활동에 대해서 묻고, 어제 고객의 반응에 대해서 묻는 것이 사업부장으로서 상식적인 것이다. 상사로서 호통치고, 윽박지르는 것은 나에겐 계획도, 전략도 없다고 말하는 것과 동일하다. 상사로서 부끄러운 행동이다.

두 번째 질문인 '리더란 어떤 자리인가?' 브랜드는 리더를 잘 만나야 한다. 구성원 역시 리더를 잘 만나야 한다. 프로야구 감독이었던 김성근감독은 "리더는 선수가 오로지 야구에만 집중할 수 있도록 조건을 만들어 주어야 한다. 화살이 날아오면 화살을 막아주고 창이 날아오면 창을 막아주어야 한다. 리더라면 부하의 짐을 나눠 지는데 그치면 안 된다. 그 사람의 짐을 다 들어줄 마음이 있어야 한다."고 했다. 명언이다. 리더는 너무 다양하게 정의되지만 현장의 구성원들이 고객과 즐겁게 대화하고, 음식을 만들어 줄 수 있도록 환경을 조성해주어야 한다. 그것이 외식브랜드를 운영하는 리더다. 그런 측면에서 고객에게 집중하지 않게 하는 환경을 조성해주는 리더가 되어서는 안 된다. 현장구성원들이 오로지 고객에게만 집중할 수 있게 만들어 주는 것이 외식브랜드의 리더라 할 수 있다.

세 번째 질문인 '구성원을 어떻게 대해야 하는가?'이다. 나는 모든 성과는 구성원을 통해서 나온다고 생각을 한다. 고객만족도, 매출도, 이익도 구성원들이 창출해준다는 생각이다. 따라서 내가 리더로서 해줘야 할 것은 구성원들이 브랜드에 만족하고 브랜드에 헌신할 수 있도록 구성원을 존중하고 그들이 이 공간 안에서 행복해야 한다는 생각이다. 그래서 '구성원들에 대한 존중과 섬김'이 리더로서 가지고 가야 할 가장 기본적인 덕목이다. 존중과 섬김에 대한 마음이 없는 리더는 리더로서 자격이 없다는 결론에 이르렀다.

네 번째 질문인 '최고경영자는 리더를 어떻게 평가해야 하는가?'이다. 최고경영자들이나 중간경영자들이나 한번씩 실수를 범하는 것이 나의 입맛에 맞는 관리자들을 선택한다는 것이다. 물론 이것은 일의 코드 측면에서는 맞을지 모르겠다. 하지만 중요한 것은 코드인사가 아니라 인품, 통찰, 인문학적 사고, 브랜드에 대한 헌신, 업에 대한 이해 등 다양한 요소를 통한 인사이어야 한다. '나와 맞는다'고 해서 단점을 덮어버리고 장점만을 바라보는 실수를 범해서는 안 된다. 그래서 '코드인사보다는 브랜드코드로, 조직관점에서의 코드로 인사를 해야 한다'고 결론을 내렸다.

모든 직원들은 회사의 재무상태를 보고 비전이 없다고 하지 않는다. 바로 자기 상사를 보고 비전을 판단한다. 존경할 만한 상사가 아니고, 철학을 가진 상사가 아니고 레슨을 계속 공급해주는 상사가 아니면 비전이 없다고 판단한다. 나는 이 사업부장을 보면서 정말 많이 배웠던 소중한 시간을 가졌다. 아주 짧은 시간 같이 했지만 내게는 더 없는 생각과 배움을 가져다 주었던 사람이다. 그 사람은 부족했지만 나는 부족함을 채울 수 있는 시간을 가졌다.

잭 웰치가 말한 이야기를 옮겨본다. '상사가 현장에 전화를 걸어 매출이 얼마나 되는지 등의 데이터를 달라고 하는지, 아니면 현장에서 도와달라, 지원해달라는 전화가 상사한테 오는지를 살펴보라. 만약 전자라면 그 사람의 자리는 위험하다. 그 상사는 부하직원을 통제하려는 사람이다. 두 번째 사람이라면 안심해도 좋다. 관리직의 유일한 목적은 현장을 지원하고 게임에서 이길 수 있도록 제반 도움을 주는 것이다.'

당시의 사업부장을 회상한다.

그는 또 어디서 "어제 매출이 왜 이래요?"라고 외치고 있을 수도 있겠다. 쓴 웃음을 지어본다.

(내가 퇴사하고 얼마 후 퇴사했다, 퇴사 당했다는 소식을 들었다. 잭 웰치가 정말 정확한 것이다. 훌륭한 경영자인 것이다.)

비가 와도 내 탓이다

창 너머로 비가 추적추적 내린다. 오늘도 장사는 허탕을 치나 보다. 노점에서 일하는 것도 아닌데 비가 오는 게 왜 이리 싫을까? 명동에서 처음이자 마지막 점장 생활을 했다. 국내에서 몇 안 되는 대표적인 핵심상권에서 점장 생활을 한 것이다. 점포는 로드에 자리잡은 로드샵 매장이다. 자부심도 대단했고, 정말 잘하고 싶은 욕망, 반드시 성공한 점장으로 후배들의 귀감이 되겠다고 다짐도 했다. 나는 아직도 강북이 좋다. 지금도 그렇다. 점장 생활, 지역장 생활을 강북에서 해서 그런지 강북을 아직도 좋아하고 그리워한다. 4대문 안은 더 좋다. 아무튼 나는 대한민국의 핵심상권 점장에 대한 자부심이 무척이나 강했던 것으로 기억한다. 날씨에 대한 기억만 제외하면 과거 나의 기억은 제법 근사하다.

하루는 비가 왜 그리 슬프게 오는지 마음의 아픔이 깊었다. 갑자기 2층 창가에서 뛰어 내리고 싶다는 생각이 잠시 들었다. 손님도 없고 해서 창 너머로 비를 보고 있었다. 후배가 주방에서 나오더니 "점장님 너무 스트레스 받지 마세요. 뭐 장사가 안 되는 날도 있고, 잘 되는 날도 있고 그런 거지 그게 점장님 탓인가요?"라고 말을 건넨다. 나의 마음을 알기는 한 것이다. 정말 뛰어내리고 싶었다. (매출에 대한 압박감, 경쟁에 대한 압박감은 나를 그렇게 몰아 넣었다.)

그 날 비는 예고 없이 내렸다. 기상청에서 예상한 대로라면 내 심정이 이리 절망적이지는 않을 텐데. 그 때나 지금이나 기상청이나 K-Weather나 하는 행태는 비슷하다. 예측력이 떨어진다. 이제 외국의 기상예보까지 등장하고 있다. 나는 그날 보수적으로 매출과 고객 수를 예측했다. 고객 수 300명, 아니 적어도 300명 이상이 올 것으로 예상했다. 회사에서 주어진 사업계획 수치를 넘어서 내가 예측한 고객수가 그랬다. 오전에는 날씨가 맑았다. 런치 영업은 그럭저럭 예상을 초과했는데 난데없이 5시가 넘어서 비가 내리기 시작했고 그 비는 레스토랑이 한창 바빠야 할 8시까지 하염없이 내렸다. 저녁에 150명의 고객이 와야 하는데 20여명 정도의 고객이 자리를 잡고 있다.

나는 창가로 향했고 창 너머의 비를 보기 시작했다. 한참 분주하게 움직이며 고객에게 메뉴를 가져다 주고, 식사는 맛있게 하셨는지 고객들에게 여쭤보고, 메뉴를 빨리 빼라고 호통치거나 분주히 움직일 시간이었다. 입구에서 기다리는 고객들에게 미소를 띄우며 "잠시만 기다려주세요"라고 멘트도 하면서 기분 좋은 웃음을 지을 그런 시간이었을 것이다. 비가 오지 않았다면 말이다. 그런데 이 시간에 창가에서 서글픈 비를 보고 있었다. 그리고 그날 170여명의 고객수로 영업을 마감했다. 오늘은 예측률 50%를 간신히 넘었다. 이 정도면 죽어도 싸다. 그렇게 한숨 쉬며 나를 질책했다.

명동상권은 대표적인 로드상권이다. 날씨의 영향을 너무 많이 받는 곳이다. 비가 오거나 너무 덥거나 너무 춥거나 하면 사실 그날 영업은 허탕치기 일수다. 그 중 최고봉은 비가 오는 것이다. 눈은 낭만이 있고, 추운 날은 포근함이 있다. 더운 날은 덥다는 것을 즐기지만 비는 정말 정말 최악의 영업을 가져다 준다. 노점상에 근무하던 사장님들도 마찬가지였다. 비 내리는 날씨의 추적스러움과 불편함은 모두가 알고 있지 않는가? 비가 와야 즐길 수 있는 서울의 백화점이나 쇼핑몰은 수도 없이 많기에.

그날 이후 내게는 버릇이 생겼다. 일별로, 주간 별로, 월간 예측을 할 때도 기상청 홈페이지에 들어가서 날씨를 살피기 시작했다. 좋은 습관이 생긴 것이다. 아침마다 예측 매출을 보고, 기상청 홈페이지 날씨도 보는 등 예측에 필요한 좋은 습관을 만들어갔다. 그 때 생긴 습관이 아직도 내게 유효한 습관이다. 15년이나 시간이 흘렀다. 점장 생활을 하던 당시 장마는 하늘의 저주라고 생각했다.

여기서 나는 2가지의 배움을 가지게 된다. 하나는 예측의 정확성이다. 지금도 나는 후배들에게 매출의 예측과 실제가 3%를 벗어나면 능력이 없는 점장이라고 말한다. 예측에 의해서 우리는 식자재를 발주하고 준비한다. 예측에 의해서 직원들의 스케줄을 작성하고, 기타 필요 물품을 준비한다. 하루하루 그렇고, 한달 예측도 마찬가지이다. 음식점에서 한달 매출의 예측과 하루하루, 주간단위의 매출예측은 음식점 운영에서 중요한 작업이다. 이건 비단 음식점뿐만 아니라 모든 기업에서 마찬가지이다. 매출예측에 대한 예민함은 그 때 내게 주어진 행운과도 같은 버릇이었다. 아직도 나는 외친다. "예측 정확해?"라고 말이다.

또 하나는 리더에 대한 생각이다. 조직은 비가 많이 오든 눈이 오든 천둥이 치든 천재지변이 나든 나를 배려하지 않는다. 조직에는 달성해야 할 목표가 있고 내게 부여된 목표 또한 있다. 그 달 매출 목표가 3억이면 3억을 달성해야 한다. 비가 무슨 상관이요, 눈이 무슨 상관인가? 그 때부터 '경영자는 어떤 마음으로 일해야 하는가?'에 대해 다짐한다. 그렇다. 모든 것은 내 탓이다. 홍수가 나도, 폭염이 와도, 명동에 쓰나미가 와도 내 탓이다.

리더는 주어진 목표에 대해서 책임을 지는 자리이고, 구성원들을 먹여 살려야 할 책임이 있는 자리이다. 그래서 그 때 나는 '리더란 어떤 마음으로 일해야 하는가?'를 고민하면서 모든 것이 내 탓이라는 판단을 하게 된다. 그게 리더의 무게이다. '왕이 되려고 하는 자 왕관의 무게를 견뎌야 한다.'

이 2가지가 비 오는 명동에서 내게 던져준 아젠다고 도그마다. 영화 '벅스 라이프'에 나오는 대사,

'지도자의 첫 번째 규칙을 모르는가? 모든 것이 너의 책임이다.'

그렇다 나도 이렇게 정의해본다.

'비가 와도 내 탓이다.'

사람 쉽게 안 바뀐다

5년을 함께 일한 후배 L이 있다. 늘 한결같다. 이 '한결같음'은 참으로 좋은 일인데. 말을 바꿔서 해보면 '사람 진짜 안 바뀐다'로 표현될 수 있다. 같은 말인데 다른 말이다. 사람이 한결같은 게 얼마나 좋은 말인가? 사람이 깊이가 있고, 변하지도 않고 일을 대하는 태도도 좋고, 사람을 대하는 태도도 좋다. 그래서 믿음이 간다는 이야기이다. 그런데 '사람 진짜 안 바뀐다' 역시 비슷한 말이기는 하나 완전히 다른 말이다. 뭔가 문제가 있어서 변하게 하고 싶은데 변하지를 않는다. 일을 대하는 태도, 일에 대한 완성도, 일에 대한 집념 모두 놓고 보니 많이 부족해서 피드백, 코칭, 더러는 협박까지 해도 변하지를 않는다. 하나 좋은 건 정말 뚝심 있다. 아니 맷집이 너무 좋다. 무슨 운동선수도 아니고 맷집만 세 가지고… 버럭 버럭 화도 나게 한다. 버럭해도 그 버럭에 내가 쓰러질 지경이다. 그러니 '사람 안 바뀐다'는 얘기가 절로 나온다. 저 맷집 어디다 쓰려고 저러는지 이해가 안될 때도 참 많았다. 5년을 함께 했으니 L후배도 맷집이 좋지만 그와 함께하는 나도 맷집이 좋은 편인가 보다. 우린 서로 애증의 관계다.

일을 시키는 입장에서 보면 3가지의 유형이 있다. 첫 번째 유형은 시킨 일도 제대로 못하는 유형이고 두 번째는 시킨 일은 하는 유형, 세 번째는 시킨 일에 자신이 생각하는 일까지 얹혀서 하는 유형이다. 세 번째 유형은 상사의 입장이나 일을 시키는 입장에서 보면 제일 선호하는 유형일 수 밖에 없다. 두 번째 유형도 그럭저럭 선배가 시키는 일은 마무리하니 조직생활에서는 필요하거나 반드시 필요하지 않더라도 같이 생활하기는 괜찮은 유형이다. 단 상사가 제법 일을 잘 시키고, 똑똑해야 한다. 문제는 첫 번째 유형이다. 시킨 일이 마무리가 안 된다. 왜 이 일을 시켰는지도 모른다. 사태도 파악이 안되고, 일의 의미도 모르고, 주변에 혼재된 상황들이 파악이 되지 않는다. 정말 어려운 유형이다. 조직에서 간혹 이런 유형을 만난다. 나도 이 놈, L이라는 후배를 만나 5년을 생활했고 지금 그 후배를 상대로 글을 쓰고 있다.

문제는 교육을 통해서 해결이 될까 싶다. 돈을 들이면 될까 싶다. 외부 교육도 보내고, 내가 코칭도 하고 하면 될까 싶다. 아니 그래도 되겠지 싶어서 내부, 외부 교육을 부지런히 보냈다. 다녀오면 교육이 정말 좋았다고 하면서 일주일 만에 다시 원위치에 놓인다. 그리고 나는 얘기한다.

'사람 쉽게 안 변한다.'

사과가 책상 위에 놓여 있다. 하나의 사과를 놓고도 세 부류의 직원이 있다. 사과가 거기 있다고 그냥 바라보는 직원, '사과가 왜 저기 있지?'라고 생각하는 직원, 책상에 놓인 사과의 이유와 출처에 대해서 생각하는 세 부류의 직원이 있는 것이다. 사과가 거기 있다고 그냥 바라보는 직원은 빵점인 직원이다. 내가 바라보는 직원들 중 가장 안타까운 직원이다. 사과의 존재 이유와 출처를 생각하는 직원은 가장 훌륭한 직원이다. 이 직원을 우리는 통찰력이 있는 직원이라고 한다.

인사이트 즉 통찰력은 절대 하루 아침에 완성되지 않는다. 인사이트가 생기려면 무수한 노력을 해야 한다. 타고 나는 것도 있지만 무수한 노력을 통해서 완성되는 부분이다. 이 통찰력이 생기려면 '1만 시간의 법칙'처럼 긴 시간을 요한다. 문제는 조직이 이 긴 시간을 기다려주지 않는다는 것이다. 긴 시간을 기다려주지 않거니와 시시각각 변하는 시대상황도 그런 시간을 기다려주지 않는다. 그래서 문제가 생기는 것이다.

통찰력이 있는 직원들과 일하면 성과 또한 100점이다. 하지만 조직은 절대 이런 부류의 직원들만 허락하지 않는다. 한 사람에게 하늘이 모든 것을 허락하지 않는 것과 동일하다. 조직은 절대 100점짜리 직원들로 구성되지 않는다. 그러니 우리는 어떤 방법으로 조직의 성과를 극대화할까를 생각해야 한다. 그것이 무엇일까? 직원들 위한 교육과정과 교육에 투자해야 할 시간, 그리고 교육으로 가능한 직원인지의 여부 등등 경영자는 명확히 판단해야 한다. 통찰력 이게 잔소리한다고 해결되는 문제는 절대 아니다. 이 후배를 통해서 배운 생각이다.

5년간 함께 한 나의 L이라는 후배가 가장 잘 쓰는 3가지 말이 있다.

"네 알겠습니다."('시키기 전까지는 나는 모른다.'라는 말과 동일하다.)

"확인해 보겠습니다." (물어 보면 내용을 모르는 경우가 대부분이다.)

"잘 하겠습니다."(몰라서 버럭 화를 내면 늘 한결같다.)

이 말을 나는 5년 동안 수 백 번 들었다.

하지만 나는 오늘도 저 인간을 어떻게 교육할까 고민 중이다. 속으로 '교육으로 될까? 안될까?"는 여전히 고민 중이다.

'사람 바꾸기 진짜 힘들다.'라는 말에 백만 원 건다.

삼국지와 점장님

200평이 넘는 외식 매장을 하나 오픈한다는 것은 굉장히 힘든 일이다. 몇 번의 오픈 경험으로는 보통 일이 아니라는 것을 실감했다. 하물며 동네 분식점에 일하시는 이모님들도 오픈 매장에는 근무를 안 하려고 한다는 게 통설이다. 그만큼 음식점 매장 하나를 오픈한다는 것은 어려운 일이다.

아주 오래 전 대형평수의 패밀리레스토랑을 오픈한 적이 있었다. 당시 모든 에너지를 매장 오픈에 쏟았다. 레스토랑 오픈은 행복한 작업이기도 했지만 고달픈 작업이었다. 누구나 다 성공을 꿈꾼다. 나 역시 성공을 꿈꿨고 관리자로 첫발을 내디뎠다. 하지만 오픈 이후 생각보다 매출은 저조했고 매장의 분위기는 다운되기 시작했다. 우리는 다양한 방법을 강구해야 했다. 음식점에서 가장 힘든 시간은 고객이 없을 시간이다. 오픈 이후 한 달이 지나고 예상보다 고객이 없었다. 점장님은 그 길로 점장 방에서 나오질 않았다. '스트레스를 많이 받나 보다'라는 생각으로 지켜볼 수밖에 없었다. 점장을 지켜보면서 내가 할 일에만 집중했다. 그런데 점장은 식사 시간을 제외하고 아예 나오질 않았다. 그래도 최소한 현장이 돌아가는 모습을 보아야 할 텐데 매장에서 점장의 모습은 볼 수가 없었다.

그러던 어느 날 점장 방을 우연찮게 들어가게 되었고 점장이 오락을 하고 있는 모습을 보게 되었다. 소문을 들어보니 '삼국지'라는 오락이란다. 나만 모르고 있었고 이미 직원들 사이에 소문은 어느 정도 나 있었던 터다. 억장이 무너졌다. '매출은 갈수록 빠지고 있고, 매장의 분위기는 와해되어 가고 있는데 오락이라니.' 이해가 가질 않았다. 있을 수 없는 일이라고 생각했다. 하지만 당시 캡틴이었던 내가 뭐라고 말할 처지도, 뭐라고 말을 해도 변화시키기엔 역부족이란 생각이었다. 이 문제는 매장 모든 직원들에게 소문이 났고 점장은 아는지 모르는지 계속 점장 방에서 나오질 않았다. 그리고 계속된 점장의 오락. 식사를 거르는 경우도 많았다. 이쯤 되면 아주 심각한 상황이다. 중독증세가 오고 있다는 증빙이었다. 매장은 갈수록 무너져 갔고 적자는 지속되고 있는데 점장은 삼국지 오락 속으로 깊게 빠져들었다.

사실 충격적인 것이다. 리더로서의 문제도 그렇고 도덕적으로, 윤리적으로, 인간으로도 비난받을 행동이었다. 구성원들은 생각과 행동, 사고방식 더러는 철학까지도 리더의 모습을 닮는다. 도덕성, 예의성, 인생관, 조직철학까지도 모두 리더의 모습으로부터 배운다. 리더의 모습이 바로 조직의 모습이 되고 조직의 거울이 되어 반사된다. 한 명의 리더, 한 명의 경영자가 조직에서 중요한 이유이다. 이런 생각이 들 쯤 나는 본점으로 진급 발령이 났다. 그때 그 점장님과 오랜 시간 함께 하지 않아서 참으로 다행이라는 생각을 했다. 마음이 가볍기도 했다. 그 점포는 걱정이 되었다.

왜 그 당시 매니저들은 점장에게 아무 말도 못했을까? 무엇이 바르고 무엇이 틀린 지에 대해서 아무 언급을 하지 않았을까? 그냥 '오락하나보다'라고 그냥 지나쳐 버렸을까? 나는 또 당시 왜 아무 말을 하지 않았을까? 그 점장이 리더십이 부족했다면 우리의 팔로십은 더 부족했다. 모든 교통사고가 그러하듯 쌍방과실인 경우가 대부분이다. 리더십이 부족했다면 팔로십이라도 훌륭해야 했는데 우리는 그러지 못했다.

팔로워들의 특징으로 분류하자면 3가지 유형으로 나눠볼 수 있다. 첫 번째는 가치추구형 팔로워이다. 이 유형은 자신이 생각한 가치와 철학, 규범으로 조직과 상사에 헌신하고 노력하는 팔로워이다. 두 번째 순응형 팔로워이다. 이는 시키면 시키는 대로, 상사의 요구와 니즈에 따라서 행동한다. 자신의 생각보다 조직과 상사의 의견을 따르는 유형이다. 세 번째는 생존형 팔로워이다. 생존형은 오로지 자신의 보신 즉 자신의 이익과 자신의 생존에만 관심을 가지고 일하는 유형이다. 따라서 상황과 정치적 현안에 따라서 움직이는 팔로워이다. 가장 안 좋은 유형의 팔로워라 할 수 있다. 훌륭한 상사라면 어떤 유형의 팔로워를 선택해야 하는지, 팔로워라면 어떤 유형이 조직에 더 적합한지를 판단해 봐야 한다.

훌륭한 조직의 특징은 리더십과 팔로십이 완벽하게 어우러진다는 것이다. 반면 문제가 있는 조직은 항상 리더십이든 팔로십이든 한쪽이 삐거덕거린다. 그리고 훌륭한 조직은 부정한 것에 대해서 비윤리적인 것에 대해서 항상 편히 말할 수 있는 조직이다. 잘못된 것은 잘못되었다고, 잘하고 있는 것은 잘하고 있다고 말할 수 있는 수평한 조직, 이것이 바로 우수한 조직의 모습이다.

그 당시 우리 조직은 이런 측면에서 모든 것이 무너져 있었다. 리더십은 부재하고, 팔로십도 부재하고 부정에 대해서 눈감고, 잘못된 것에 말할 수 없는 그런 분위기. 그래서 그 조직은 망하고 말았다. 아마 예정된 수순을 그대로 밟은 듯 하다. 리더는 리더가 되는 순간 책임과 의무가 따른다. 팔로워가 되는 순간 팔로워의 권리, 책임과 의무가 따른다. 리더만의 잘못도 팔로워만의 잘못만 있는 것이 아니다. 둘 다 문제가 있는 것이다.

우리 나라 대통령의 취임 선서문에 이렇게 적혀 있다.

'나는 헌법을 준수하고 국가를 보위하며 조국의 평화적 통일과 국민의 자유와 복리의 증진 및 민족문화의 창달에 노력하여 대통령으로서의 직책을 성실히 수행할 것을 국민 앞에 엄숙히 선서합니다.'

대통령 선서문처럼 리더는 책임만이 따른다. 성과만이 따른다. 국민들은 잘못된 것에 대해서 강하게 저항하거나 말해야 한다. 이럴 상황이 되어야 훌륭한 국가가 만들어진다. 리더는 조직의 거울이다. 리더가 구성원들에게 미치는 영향은 실로 크다. 그리고 조직은 리더의 역할과 팔로워의 역할이 완벽할 때 훌륭한 조직문화가 만들어진다. 조직이 무너지는 것은 리더의 몫이 크지만 쌍방과실인 경우가 많다. 우수한 조직은 서로의 역할과 책임을 다했을 때 만들어진다.

삼국지, 요즘 이 오락이 업그레이드 버전으로 나왔는지 모르겠다. '설민석의 삼국지'를 최근에 읽었다. 그런데 나는 오락은 하고 싶지 않다. 이 좋은 이야기를 오락으로 만든 창작자가 궁금하기만 하다.

'오락 삼국지 누가 만든 거야?'

마른 수건도 다시 짜라

그간 제법 많은 브랜드를 운영하고, 제법 많은 음식점들을 경영했다. 선배들로부터 물려받은 브랜드도 있고, 동료로부터 전해 받은 브랜드도 있고, 내가 직접 만든 브랜드도 있다. 정말이지 브랜드는 사람을 닮아간다. 음식이, 공간이, 브랜드가 정말 사람을 닮아간다. 오래 경험 끝에 내린 결론이다.

한번은 나보다 연장자인 분으로부터 브랜드를 넘겨 받았다. '브랜드는 사람을 닮아간다'를 절실하게 경험했다. 인계 받은 브랜드가 이랬다. 매장에는 고객용기물이 없어서 테이블 세팅이 제대로 되지 않았고, 협력업체에는 대금이 미납되어서 나에게 수시로 연락이 오고, 찾아오고 협박까지 하는 상황이 되었다. 각 매장 별로 주방의 후드와 덕트는 청소가 이루어지지 않아 기름이 덕지덕지했고, 매장 내 바닥은 청소가 이루어지지 않아서 더러워서 고객을 맞기가 민망했다. '어떻게 이렇게 브랜드를 운영했을까'를 생각하면 소름이 돋는다. 이 모든 것을 정상으로 정리하는 시간이 2년, 비용도 막대하게 들었다. 그분은 비용을 많이 아꼈을 것이다. 정말 '마른 수건도 다시 짜면서' 일을 했을 것이다. '누군들 이렇게 하고 싶어서 했냐'며 오히려 반문할 수도 있을 것이다. 하지만 이렇게 '고객가치와 브랜드에 대한 구성원들의 자존심을 헤쳐가면서 그 분이 구하려고 한 것은 무엇일까'를 반추해 본다. 정말 무엇이었을까? 그 분이 원하는 것은?

결국 비용은 과거가 아닌 현재로서 다시 집행되는 것이다. 긴 시간으로 보면 비용은 그대로 집행이 되고, 고객가치만 훼손된 것이다. 이렇게 운영하면서 정상적인 매출이 나왔을까? 절대 그렇지 않다. 음식점과 브랜드를 운영하다 보니 어느 순간엔 내가 생각하는 관점이 하나 둘 생긴다. 그리고 그 후로는 음식점과 브랜드를 운영하는 관점이 이론이라는 단어로 표현이 되고 모든 이론에 대한 철학을 정립하게 된다. 내가 그렇게 되어 왔다. '아… 이게 맞다'라는 것보다 나름의 원칙 같은 것이 생긴 것이다. 관점이 부족한 리더에게서도 배우고 아주 현명한 리더에게서도 배우고 그리고 내가 스스로 학습도 하고 그러다 보니 생긴 일종의 도그마가 된 것이다. 맞다, 틀렸다는 문제는 아닌 것 같다. 나름의 강력한 소신과 원칙이 생긴 것이다. 그렇게 하면서 강해지고 있었다.

항상 '브랜드는 리더를 잘 만나야 한다'고 생각을 한다. 국가가 대통령을 잘 두어야 하듯이 브랜드 역시 리더를 잘 두어야 한다. 그런 측면에서 부족한 나는 지속적으로 학습하고 현장에 적용하고 하는 노력을 게을리 하지 않고 있다. 특히 음식점은 트렌드와 경제 상황에 따라 어떤 산업보다 민감하기 때문에 음식점 리더는 늘 공부를 해야 한다. '사람이 죽는 순간은 물리적인 죽음이 아니라 학습을 그만둘 때 죽은 것과 같다'고 하니 말이다.

리더에 따라서 브랜드가 달라지고, 리더의 방향에 따라서 브랜드의 성공 여부도 달라진다. 나는 선배들을 통해서도 배우고, 후배들을 통해서도 많이 배웠고 배우고 있다. 사실 나보다 훌륭한 후배들도 많이 있다. 그들을 통해서도 배운다. 똑똑한 후배들을 보면서 더 긴장하고 노력하게 된다. 리더가 배움을 게을리하면 그 조직은 죽는다.

비용과 매출에 대한 인식 역시 마찬가지다. '리더가 비용과 매출을 어떻게 인식하느냐에 따라서 브랜드가 어떻게 흘러가는가'라는 방법론적 접근으로 말을 하고자 한다. 매출과 비용에 대한 리더의 생각이 브랜드에 어떤 영향을 미칠까? 과거의 선배들이 하는 소리가 '마른 수건도 다시 짜라'는 배움을 무용담처럼 들려주곤 했다. 어떻게 보면 리더로서 비용을 아껴야 하니 그럴 수 있다는 생각이다. 근데 다른 방향으로 생각해보면 한심하기 그지없는 일이다. '내가 매출은 더 못 올리겠으니 짤 수 있는 비용 최대한 짜서 이익 맞춰보자'는 얘기가 되니까 말이다. 그런 선배들은 대부분의 비용을 다 없앤다. 고객이 필요한 것들도 구매하지 않고, 직원들 먹는 식사까지도 줄인다. 원가 가지고 장난치고, 소모품 가지고 장난치고. 결국에는 더 줄일 게 없는 그런 브랜드를 만들어 간다. 전부 다 포기한 것이다. 브랜드의 정체성도 포기하고, 고객가치도 포기하고 그러니 고객도 떠나가고, 직원도 다 떠나간다. 음식점이길 포기하는 것이다. 그냥 마지못해서 하는 그런 장사집이 된다.

가장 좋은 회사와 브랜드는 '투자하면서 회수하는 회사와 브랜드'이다. 더구나 고객가치를 훼손하면서 브랜드를 만들어 가겠다는 발생 자체가 이해가 안 된다. 다양한 얘기를 할 수 있지만 비용을 줄이는 데는 한계가 있다. 그리고 리더의 사고가 비용에 포커스 되어 버리면 모든 직원이 비용 줄이는 곳에 집중이 되고 그러다 보니 고객가치까지도 훼손시키는 행위를하게 된다.

리더는 매출을 늘리고 고객가치에 집중해야 한다는 생각을 가진 사람이어야 한다. 그 과정이 브랜딩이고, 마케팅이고 간에 매출이 늘지 않으면 매년 오르는 최저시급도 감당하기 힘들고, 임대료도 식자재원가도 감당하기가 힘들다. 따라서 리더의 모든 노력은 브랜딩과 매출에 포커스 되어야 한다. 구성원들의 급여도 올려주고, 복지제도도 늘리고, 교육도 더 많이 시키고 하는 행위는 바로 매출을 통해서 이룰 수 있는 부분이다. 이와 더불어 지속적으로 브랜드를 다듬으면서 투자도 해야 한다.

이익을 만드는 2가지 방법이 있다. 하나는 직원을 쥐어짜서 이익을 만드는 것이고, 하나는 매출을 늘려서 이익을 확보하는 것이다. 나는 후자를 선택하는 편이다. 매출을 늘려주지 못하면서 비용을 압박하는 리더는 브랜딩 할 능력도, 마케팅 할 능력도 없다고 선포하는 것과 같다. 나는 계획도 전략도 없다고 선포하는 것과도 같다. 그런 리더로 이름을 남기지 말자는 것이 나의 생각이다. 가끔씩 브랜드를 그렇게 운영하는 그분을 생각하면서 이런 생각을 한다.

'돈을 벌고 싶으면 사채를 하지, 음식점은 왜 합니까?'

X형 인간와 Y형 인간을 둔 고뇌

함께 일하는 동료나 후배, 선배들은 보면 조직에는 많은 성향의 사람이 모여서 일을 하고 있다는 생각을 하게 된다. 살아온 배경도, 삶을 지향하는 태도도, 조직에서 가장 중요한 일을 대하는 태도마저도 모두가 다르다.

L이라는 후배는 일을 하나를 주면 거기에 본인의 생각도 그리고 여기에 더해서 우리가 해야 할 일, 본인이 추가로 더 하고 싶은 일 그리고 선배인 나에게 이런 부분을 알고 있으면 좋겠다는 생각까지 알려준다. 함께 하는 동안 정말 일을 행복하게 할 수 있도록 배려해준 후배다. 스스럼없는 말투와 생각, 개방적인 성격까지. '내가 다시 이런 좋은 후배와 만나서 일할 수 있을까?'란 생각을 지울 수 없게 해줬다. 또 K란 후배는 일을 시키기 전까지 절대로 하지 않는다. 메일을 보내면, 일을 시키면 그 때서야 조금 움직일 뿐 스스로 뭔가 만들어서 자발적으로 움직이지 않는다. K는 후배들에게도 항상 "일 벌이지 말고 좀 조용히 지내자"며 무사안일 스타일로 업무를 처리하곤 했다. 반응형, 수동형 업무 스타일이다. 조직 내에서 이런 사람들은 항상 존재한다.

조직 내에서 지도적인 위치에 있는 사람이 업무 성과가 저조한 C등급 실적 수행자를 그대로 놔두면 모든 구성원들의 성과 수준을 떨어뜨리는 결과를 초래한다. 이것은 성과를 중시하는 조직문화를 만들려는 기업에게 분명히 위험 요소라고 할 수 있다. (베스 액설로드, 前 이베이 부사장) 역량부족과 성과부족인력을 그대로 두면 또 다른 역량부족과 성과부족인력을 만들어낸다. 그런 사람들이 조직에 계속 남아 있으면 주변 동료들의 사기를 떨어뜨리고 조직을 썩게 만든다. 사기가 저하된 조직에서 가장 먼저 떠나는 직원은 바로 핵심인재들이다. 미래가 없다고 생각되는 조직에 핵심인력이 가장 먼저 떠난다. 그래서 버스에 적합한 인력을 태워야 한다.

L후배와 같은 스타일도 존재하고, K후배와 같은 스타일로 조직 내에서는 존재하기 마련이다. 조직생활을 오래하다 보니 항상 일정비율의 우수인력과 일정비율의 역량부족인력이 공존했다. 조직은 우수인력을 케어하면서 그들이 조직을 주도적으로 이끌 수 있도록 업무환경을 조성해줘야 하며, 역량부족인력에 대해서는 지속적이고 주기적으로 피드백을 주면서 중간 정도의 역량을 발휘하도록 해야 한다. 사실 말이 쉽지 이렇게 만들기가 쉬운 일은 아니다.

하지만 우수인력과 부족인력에 대한 평가에서 아주 냉정한 잣대를 들이대고 이들이 조직 내에서 대우를 완벽하게 차별화는 것이 공정성을 확보하는 길이다. 평가의 차별화와 보상의 차별화를 통해서 조직이 발전할 수 있도록 해야 한다는 생각이다. 생각은 많지만 늘 고민거리다. 우수인력은 더 늘려야 하고, 부족인력을 줄여야 하는 경영자들의 고민이 이만저만이 아니다. 하지만 이들이 서로 공존하게 만드는 구조 역시 경영자나 리더의 몫이 아닐까 생각해 본다.

우리는 K후배와 같은 직원을 'X형 인간', 'L후배와 같은 직원'을 'Y형 인간'이라 부른다.

X이론과 Y이론은 미국의 경영학자 더글러스 맥그리거가 제창한 종업원에 대한 경영자의 인간관에 관한 이론이다. X이론은 '인간은 선천적으로 일을 싫어하며, 기업의 목표달성을 위해서는 통제, 명령, 상벌이 필요하며, 직원들은 대체로 자발적으로 책임을 지기보다는 명령받기를 좋아한다'는 것이고, Y이론은 '일에 심신을 바치는 것은 인간의 본성이고 조건에 따라 인간은 스스로 목표를 향해 전력을 기울이며, 책임 회피, 양심의 결여, 안전제일주의는 인간의 본성이 아니다'라 는 관점이다. 생각해보면 성악설과 성선설과 비슷한 이론이다. 세상은, 조직은 양립하면서 존재한다.

조직 내에는 일정 비율의 X와 Y형 직원이 존재한다. 모두가 Y형 직원이면 좋겠지만 그럴 수 없다. 우스갯소리이지만 '조직 내에는 일정 비율의 또라이가 존재한다'는 '또라이 질량 보존의 법칙'도 있지 않은가? X형 직원과 Y형 직원이 서로 공존하면서 발전하는 방향을 만들어 가는 것도 리더의, 경영자의 몫이라 생각한다. 조화를 만들어가는 것이 리더이고, 조화를 통해서 성과를 만들어 가고, 발전을 추구하는 것 역시 리더의 몫이다.

조직 내에서 업무관리 방식도 변화를 시켜야 한다. 류랑도(성과코칭대표)의 '딥 이노베이션'에서는 업무관리방식을 '실적관리방식'에서 '성과관리방식'으로 바꿔야 한다고 한다. 실적관리방식은 일단 일을 하고 나서 사후에 결과를 가지고 제대로 일했는지 가치를 논하는 사후대응방식으로 실적관리의 대상은 '누적수치'와 '한 일'이다. 얼마나 열심히 일했는지 판단하기 위해 누적된 결과수치로 평가하는 것이고, '성과관리방식'은 일을 시작하기 전에 해야 할 일과 추진일정을 계획하고, 일을 실행해 나가면서 과제에 대한 구체적인 실행계획과 결과물이 되어야 할 모습을 점차적으로 그려 나간다 그리고 일이 끝나고 난 후에 '원하는 대로 결과를 냈는지 리뷰한다'고 했다.

아마 X형인 직원들에게는 '성과관리방식'으로 관리해야 하지 않을까? 다양한 관리방식도 다양한 사람들도 존재하는 것이 결국 조직이라 할 수 있다.

"K야, 너는 앞으로 뭐 먹고 살라고 그러니?"

다시 생각한다. '또라이 질량 보존의 법칙', 'X형 질량보존의 법칙'

내 사람을 챙기는 리더 VS 조직에 필요한 사람을 챙기는 리더

인사팀장이던 후배가 나에게 와서 느닷없이 이런 얘기를 전해주었다. "형, 형은 다 좋은데 왜 이리 정치력이 없어? 딱 이번 한 번만 내가 시키는 대로 하자."라고 말이다. 진급을 목전에 두고 있었다. 개인적으로 '이번 진급 기회를 놓치면 이 진급의 시간이 언제 올지 모른다'는 조바심도 내게 있었다. 나는 술도 못하고, 인사권자는 술을 너무 좋아한다. 서로 살아가는 유형도, 성격도 맞지를 않았다. 그러다 보니 어울릴 시간이 없다. 일하는 거 말고 사적인 얘기나 어울림이 내게 전혀 없다. 내가 상사라도 개인적으로 더 가깝고 편한 사람을 진급시키는 것은 당연한 것이다. 나도 이런 내가 싫다. 내가 아무리 실력이 있다는 착각을 하더라도 말이다. 실력도 정치력도 없는 사람은 살아가기 너무 힘든 세상이고 조직이다.

인사팀장이던 후배가 내게 시켰다. 그리고 이런 말을 던져 주었다. "저 사람 좋아하는 선물 한 번만 하자. 딱 한번만. 그리고 이번 출장에 같이 넣을 테니까 대접 한 번 하자. 두 가지만 부탁하자. 내가 형 생각해서 그런 거야. 하기 싫어하는 것도 알겠는데 이번만 내가 시키는 대로 해줘." 나를 좋아하고 아껴주던 후배 인사팀장의 청을 거절할 수 없었다. 나는 처음이자 마지막으로 후배였던 인사팀장의 말을 들었다. '하기 싫었지만 해야 한다'는 미필적 고의도 있었다. (마음에 없는 선물을 그 때 한번 하고 아직도 해 본적이 없다.) 지금 생각하니 또 부끄럽다.

그리고 진짜 진급을 했다. 진급의 이유야 여러 가지가 있겠지만 원하는 결과는 나온 것이다. 후배 인사팀장이 진급 결과를 가지고 내게 왔다. "형, 나 이제 형한테 아무 말 안 한다. 거봐 내가 하라는 대로 하니 잘 되잖아. 이제 형 신경 안 쓸 테니 알아서 살아."

우리가 조직을 말할 때 흔히 정치학에 대한 얘기를 한다. 큰 기업의 임원이 꼭 갖춰야 할 자질로 정치가 빠지지 않는다. 어느 조직이나 마찬가지라고 생각한다. 여기서 정치라는 용어가 우리에게 좋은 느낌을 주지는 않는다. 그 이유는 정치가 관계의 중심으로 설명되고 진실이 아니고 왜곡된 표현, 구미에 맞는 행동을 하는 것이고, 예의보다 아부가 우선하는 것으로 설명되기 때문이다. 진실과 거짓의 경계선, 예의와 아부의 경계선에서 리더들이 잘못 판단하는 경우가 왕왕 생긴다. 어느 것이 맞는지 모르면서 말이다. 그것이 또한 정치이고 처세술인지는 모르겠다. 다만 정치와 처세술이 배제되고 우리가 온전히 자신의 역할에 집중할 때가 가장 완벽하다는 것에는 모두 동의하리라 생각한다. 그래서 우리는 역할에 집중할 때 가장 아름답다고 생각을 해야 한다.

이런 정치적인 조직이 사내에서 뿌리를 틀게 되면 회사 내에서는 예스맨들과 비위를 잘 알아주고 움직이는 사람들만이 득세를 하기 시작한다. 이건 과거의 역사도 설명해주고 있다. 실수를 하건 브랜드가 망가지건 결국 남아 있는 사람들은 열정을 가장한 예스맨들이고 정치인들이었다. 정치 9단만이 조직 내에서 건재하다. 결국 성실하게 묵묵히 일하던 열정맨들은 모두 조직을 떠나게 되고 조직은 서서히 망가져 가고 없어진다.

조직과 브랜드는 정말 사람을 잘 만나야 한다. 내가 줄곧 강조하는 부분이다. 조직과 브랜드가 사는 길은 사람을 잘 챙겨야 하는 것에서부터 출발한다. 어떤 사람을 챙겨야 할까? '어떤 사람이 좋은 사람이냐'를 놓고 또 리더들은 고민해야 하고 그 고민 중에 우리는 조직에 기여할 수 있는 사람을 선택해야 한다. 업무에 대한 역할을 하지 못하는데 내 사람이라고 챙기고, 라인을 만들고 공정하지 못한 과정을 선택하는 것은 좋은 리더가 아니다. 리더는 조직에 기여할 수 있는 사람을 선택하고 육성해야 한다. 그것이 리더가 해야 할 역할이다. 만약 업무에 대한 역할을 하지 못하는데 내 사람이라고 챙긴다면 그 리더는 잘못된 리더이다. (많은 리더들이 이와 같이 행한다.)

조직이, 브랜드가 망가지는 것은 리더가 사람을 보는 잘못된 시각에서 비롯되는 경우가 많다. 또 리더는 사리사욕을 위해서 일해서는 안 된다. 오직 후배들에게 건강한 브랜드와 조직을 물려주기 위해서 일해야 하며 함께 웃고, 함께 울며 조직의 발전에 서로 기뻐하며 그렇게 브랜드와 조직을 만들기 위해서 일해야 한다. 그런 조직원들을 사랑해야 하고, 챙겨야 한다.

자공이 "정치는 무엇입니까?"라고 공자에게 질문했다. 공자가 말하기를 "임금이 임금답고, 신하가 신하답고, 부모가 부모답고, 자식이 자식다운 것이다."고 답했다. 논어 '안연편'에 나오는 이야기이다. 공자가 말한 것은 자신에 주어진 역할을 가장 충실히 행하는 것을 정치라고 한 것이다. 우리의 조직에서, 세상살이에서 가장 아름다운 정치는 본연의 역할을 충실히 이행하는 것이다. 이를 새길 필요가 있다.

함께 생각해 볼 필요가 있는 문제다. 조직에서의 정치와 구성원들의 평가에 대한 부분이 잘 운영되고 있는지를 말이다. 우리는 과연 공정하게, 공평하게, 조직을 위해서, 후배들에게 물려준 아름다운 브랜드와 조직을 위해서 일하고 있는지? 문재인 대통령이 취임사에서 했던 이야기도 잘 새겨서 들어봐야 한다. "기회는 평등할 것입니다. 과정은 공정할 것입니다. 결과는 정의로울 것입니다." 우리 모두 조직을 운영하는 철학으로 생각하면 어떨까 한다.

후배의 목소리가 들린다.
"형, 형 그 개똥 철학 알겠는데, 이번에는 딱 한번만 내가 시키는 대로 하자."

이 생각이 조직에서 통하니 나로서도 할 말은 없다.

'여기 잘 될 거야'

따뜻한 햇살이 좋은 봄이었다. 서울 번화가, 가장 핫한 곳에 매장이 새롭게 단장하고 오픈을 준비하고 있었다. 당시만 해도 매장이 오픈을 하면 모두가 모여서 '오픈 세레모니'를 했다. 물론 축하할 일이다. 지금도 매장이 새롭게 오픈을 하면 마음이 설렌다. 기대 반, 걱정 반의 마음도 있다. 어느 따스한 5월, 이곳 M매장이 새롭게 오픈을 했다. 당시 나의 직무는 점포 오픈과 상관이 없는 것이었다. 당시 오픈 일에 축하를 위해 많은 직원들이 M매장에 모였다. 설렘 반, 걱정 반이어야 하는 내 마음이 그 날은 걱정 90, 설렘 10으로 바뀌어 있는 것이다. 오픈 하는 날 상황을 보고 마음이 그렇게 굳어지고 있었다.

내 걱정은 이러했다. M매장의 입점 사이트가 큰 대로변을 끼고 있고 번화가 맞은 편에 위치해 있다. 사람들이 잘 다니지 않는 동선도 문제였다. 그런데 번화가에서 넘어오는 횡단보도도 없었고, 아래 지하도를 통해서 건너와야 한다. 아무리 좋은 컨셉의 음식점도 접근성이 떨어지면 마이너스 효과가 분명히 있다. 분명 큰 문제였다. 대형매장임에도 주차장도 협소했다. 또 매장을 둘러보니 복층 구조다. 한 층의 넓이가 한정이 되어 있으니 3개 층으로 나눠서 매장을 운영한다는 것이다. 레스토랑의 컨셉 상 한 층에 있지 않으면 고객의 불편과 직원들의 불편은 이루 말할 수 없다. 그래서 또 큰 걱정을 하게 되었다.

'아, 내부적으로 외부적으로 좋을 것이 하나도 없다.'고 생각했다. 내외부적으로 좋을 것이 없는데 음식점이 성공할 일이 별로 없다. 이런 하드웨어적인 부분들이 틀어지면 대단한 컨셉과 음식을 가지고 있어야 겨우 명맥을 유지한다. 그런 면에서 나는 90%의 걱정이 앞섰다. 하지만 당시 오픈을 책임지던 K사업부장은 나에게 와서 이렇게 말을 던졌다.

"여기 잘 될 거야. 나는 그렇게 생각해."라고 말이다.

나는 당시 경력도, 직책도 미비했지만 이건 아닌 것 같았다. K사업부장이 하는 얘기는 그냥 요행을 바라는 마음일 거라 생각했다. 절대 객관적인 생각은 아닐 거라고 생각했다. 한동안 이 말이 떠나지 않았다.

"여기 잘 될 거야."

나는 경영자들의 감을 믿는 편이다. 음식점에서 경영자의 감은 더 믿는 편이다. 슬픈 예감이나 기쁜 예감이나 틀린 적이 없다. 하지만 기대감을 정확한 판단으로 착각하면 안 된다. 기대감을 예측으로 반영하면 안 된다. 경영자들이 간혹 이런 우를 범한다. 기대감과 정확한 판단과 예측의 차이 말이다. 내 슬픈 예감은 틀리지 않았다. 오픈한지 1년 조금 넘게 버티다 폐점을 했다. 마음이 많이 아팠다.

사업의 적극적인 전개는 좋다고 생각하고, 적극 지지한다. 사업의 확장은 직원의 성장과도 연결이 되어 있기 때문이다. 하지만 의사결정을 할 때 반드시 기억했으면 한다. 정확한 판단이 아닌 기대감으로 연결시키면 안되고. 감에 의해서 객관적인 판단이 흐려지면 안 된다고 말이다.

콜린 파월 미 국무장관의 말이다. "나는 '공식 P=40-70'을 자주 사용한다. P는 성공할 가능성을 나타내며 숫자는 요구된 정보의 퍼센트를 나타낸다. 정보의 범위가 40~70% 사이에 들면 직감적으로 추진하라. 맞을 기회가 40% 미만일 정도로 정보가 적으면 행동을 취하지 말라. 하지만 100% 확실한 정보를 갖게 될 때까지 기다릴 수만은 없다. 왜냐면 그때가 되면 너무 늦기 때문이다."

아마존 CEO 제프 베조스도 "대다수 결정은 정보를 70퍼센트쯤 얻었을 때 내려야 한다. 90퍼센트를 얻을 때까지 기다리면 대부분 늦다. 어느 쪽을 택하든 틀린 결정을 빨리 알아채 바로잡을 줄 알아야 한다. 진로수정에 능숙하다면, 틀린 결정도 생각보다 희생이 크지 않을 것이다. 하지만 느린 결정은 틀림없이 대가가 클 것이다."고 말했다.

이렇듯 의사결정은 빠르게, 바른 방향으로 결정되어야 한다. 하지만 낙관론적으로 아무런 데이터와 상황분석 없이 감으로 결정하는 것은 문제가 있다. 잘못된 의사결정 하나가 조직과 브랜드를 파국으로 이끈다. 파국은 한 사람이 감당해야 할 몫이 아니고 조직구성원 전체가 감당할 몫으로 더러는 감당하지 못할 몫으로 돌아온다. 경영자는 유능한 직관력과 분석할 줄 아는 예리한 이성력을 함께 가지고 있어야 한다.

"여기 잘 될 거야"라는 메시지가 주었던 기대감, 예측, 객관적인 판단에 드는 내 아련한 추억이 후배들을 가르치는 하나의 이론이 되어 있다.

내 탓이오! 내 탓이오!!
내 큰 탓이로소이다

본사로 고객 컴플레인이 접수되었다. 고객의 말씀을 빌리자면 메뉴가 맛이 없어서 주방으로 메뉴를 두 번이나 돌려보냈다는 것이다. (여기서 우리는 맛은 정말 주관적이라는 것임을 알아야 한다.) 한번은 요리를 다시 해줘서 먹었는데 '맛이 똑같아서 다시 요리해달라고 요청하였다'는 것이다. 그리고 두 번째 요리가 주방으로 들어가고 요리사는 두 번의 컴플레인을 접수하고 화가 났는지 "맛이 없으면 다른 거 시켜 드시라 그래"라고 주방에서 소리를 쳤다는 것이었다. 소리를 고객이 직접 듣고 화가 나서 컴플레인을 접수하게 되었다는 내용이었다.(다시 말하지만 맛은 지극히 주관적인 것이다. 하지만 우리는 맛의 보편화와 보편화의 맛있음을 만들어가야 한다. 정성껏 만든 메뉴가 형편없게 취급 당하는 것은 자존심이 상하는 일이기는 하다.).

요리사가 엄청난 실수를 한 것이다. 어떻게 되었던 고객의 입맛에 맞지 않으면 우리는 다시 해줘야 할 의무가 있다. 맛있다는 평가를 받기 위해서 노력해야 할 의무도 있는 것이다. 더구나 맛이 없다는 고객에게 "맛이 없으면 다른 거 시켜 드시라 그래"라는 멘트를 고객이 들릴 정도로 애기했다는 것은 그 고객과 인연을 끊겠다는 것인데 이는 잘못된 행동이다. 하지 말아야 할 행동이다. 고객에게 진정 어린 사과의 말씀을 드렸다. 식사한 금액에 대해서 환불하여 드리고, 한번 더 기회를 달라며 식사권도 제공을 해드리면서 고객의 화를 풀어드렸다. 이렇게 이 사건은 일단락되었다.

이후의 문제는 내부의 문제였다. 이런 잘못에 대한 고객을 대하는 태도에 대한 문제는 내부적인 조치를 취해야 했다. 담당팀장에게 이 사건이 누구의 행위이고 왜 그런 말을 했는지에 대한 진상조사를 요구했다. 그리고 다음 날 해당 점포 주방장에게서 이메일이 왔다.

'사업본부장님 정말 잘못했습니다. 그런 행동을 하지 말았어야 했는데 그 행동은 제가 한 행위이고 다시는 그런 일이 발생하지 않도록 하겠습니다. 제 탓입니다. 용서를 부탁드립니다.'라는 짤막한 내용이 이메일로 왔다. 사실 잘못을 인정하고 모든 것이 본인의 탓이라는 태도를 가진 후배에게 더 이상을 요구하는 것은 선배의 도리가 아니란 생각이 들었다. 나도 짤막한 답변을 했다. '향후 그런 일이 재발되지 않았으면 합니다.'는 메시지만 남겼다. 내부적으로도 이렇게 일은 일단락되었다.

시간이 한달 정도 지났을까? 그 일에 대해서 구체적인 정황을 다시 듣게 되었다. 고객에게 그런 말을 한 것은 주방장이 아니었다. 주방장의 부하직원이었다. 주방장은 부하직원의 허물을 상사에게 보고하는 것 자체가 리더로서 해야 할 일이 아니라고 생각해서 자신이 했다고 보고를 한 것이다. 정말 나보다 훨씬 더 훌륭한 후배라고 생각했다. '리더가 어떻게 해야 하는가?'라는 질문에 주방장은 내게 큰 가르침을 주었다. '나는 모든 일에 있어서 나의 잘못보다 후배의 잘못으로 일을 처리하지 않았나?'라는 생각으로 당시 반성을 하게 되었다. 리더는 그 자체가 롤모델일 때 조직에 가장 완벽한 비전을 제공한다. 당시 후배였던 주방장은 귀감이 되는 롤모델이었다. 그 주방장이 훌륭해 보였다. 직접 만나서 그런 얘기를 하지 않았지만 따뜻하고 훌륭한 후배를 뒀다는 자긍심에 하루 종일 가슴이 벅찼다.

세계 2차대전을 승리로 이끌고 이후 미국 대통령으로 당선된 아이젠 하워는 이런 말을 남겼다. "나는 자신이 선택한 부관들의 실수에 대해 공개적으로 자기 책임임을 인정하고, 마찬가지로 그들의 공적에 대해서 공개적으로 칭찬할 수 있는 겸양의 미덕을 지녀야 한다고 확신한다." 쉽지 않지만 리더는 모든 잘못이 나에게 있다고 생각해야 한다. 성과가 좋지 않을 때, 일이 제대로 되지 않을 때, 내가 직접 행하지 않았을 때, 뭔가 책임을 져야 할 때 이를 온전히 자신의 잘못으로 돌릴 줄 알아야 한다. 리더가 잘못을 인정할 때 그에 대한 책임을 본인이 가지고 갈 수 있다. 리더십은 권위를 부리는 자리가 아니다. 권한을 행사하는 자리도 아니다. 책임지는 자리이다. 공은 부하에게, 책임은 자신에게 있다고 생각하는 것으로부터 리더는 출발해야 한다. 리더가 가지고 가야 할 자세를 아주 명확하게 정의해 주고 있다.

조직에서 간혹 자리만 차지하고, 권위만 부리고, 권한만 행사하는 리더와 경영자를 만나게 된다. 일은 모두 부하의 몫이, 책임도 모두 부하의 몫이라고 판단한다. 그 자리에 왜 있는지를 판단하기 어려울 지경의 리더와 경영자도 보게 된다. 리더는 권한을 부리는 자리가 아니고, 책임을 가지는 자리이다. 잘못은 리더인 내가, 공과 성과는 다른 사람에게 돌리는 리더가 진정한 리더이다.

나는 오늘 얘기한다. '내 탓이오! 내 탓이오!! 내 큰 탓이로소이다.'

리더가 가지고 가야 할 숙명적인 숙제이다.

리더의 조울증과 양손잡이 경영

직장인들에게 실적은 보이지 않는 무게감이다. 장난삼아 '어깨에 그분이 올라가 있는 것 같다'고 실적에 대한 압박을 우스갯소리로 표현한다. 하지만 직장인에게 실적은 큰 부담이다. 실적 없는 세상에 살고 싶다는 생각도 아주 가끔 한다. 한 번씩 내려놓고 싶을 때도 있다. 실적이란 것이 잠시의 틈만 주면 주춤하니 이 주춤을 경계하는 것이 우리들의 몫이다. 직장인의 몫이고, 리더의 몫이다.

실적이 좋지 못했던 어느 한 해 봄 날 느닷없이 회장님께서 사업장을 방문하셔서 이런 말씀을 주셨다. "우리 매장이 어떻게 돌아가고 있는지, 고객에게 어떻게 하고 있는지를 보러 왔습니다."라고 말씀을 주셨다. "또, 점장들이 관리하는 성과관련 지표들을 보고 싶습니다."라고 하셨다. 단기적 성과를 무시하고 장기적인 성과를 성취할 수 있습니까? 장기적인 안목으로 사업을 봐야 하지만 단기적인 성과도 챙기셔야 합니다."라는 말도 남기셨다.

구구절절, 백 번이고 지당하신 말씀이라고 생각을 했다. 우리는 직장인으로서도, 자영업을 하는 개인사업자로서 이 2가지 이야기는 마음에 새기고 사업을 해야 한다.

하나는 '업의 본질'이다. '우리가 왜 사업을 하고, 이 사업을 통해서 무엇을 얻고자 하는가? 그리고 이 사업은 어떤 성공의 키워드가 있는가?' 등에 대해서 명확하게 정리하고 사업을 해야 한다. 또 하나는 '단기적 성과와 장기적 성과'이다. 어떤 경영자는 단기적인 성과에 집착하기도 하고, 어떤 경영자는 장기적인 안목을 바라보면서 사업을 하기도 한다. 자영업자나 개인사업자들의 많은 분들은 단기적인 성과에 집착할 수밖에 없는 사회 구조다. 하지만 이런 단기적인 성과와 장기적인 성과의 밸런스는 필요하다. 균형감을 잃으면 안 된다. 통나무 걷기에서 보듯 밸런스가 무너지면 떨어진다. 사업 역시 마찬가지다. 이 단기와 장기의 밸런스가 그래서 중요하다.

이 2가지를 잘 생각하면서 사업을 운영하는 것은 당연한 일이다.

음식점을 하다 보면 매출에 대한 조바심이 나는 것은 경영자로서 어쩔 수 없는 현실이다. 특히 음식점이 자영업자들의 것이라면 더욱 그럴 수밖에 없다. 자금이 조금이나마 넉넉한 기업의 음식점은 그나마 나은 편이다. ('조금 넉넉하다'는 표현이 마음에 걸린다.)

매출과 이익에 관한 여러 유형의 리더들을 볼 수가 있다. 특히 하루 하루의 매출과 한달 한 달의 이익에 집착하는 리더들도 있다. 집착은 당연한 것이지만 단기적인 이익을 위해서 '비용 줄이기'에 혈안이 되어 장기적인 투자마저 하지 않는 경영자의 경우는 그 심각성이 크다고 본다. 비용을 줄여서 이익을 맞추겠다는 논리인데 동의할 수 없다. 써야 할 비용까지 줄이면서 운영을 하면 분명 직원의 가치나 고객의 가치를 훼손하게 된다. 그리고 직원들의 교육, 미래사업을 위한 투자, 시설교체와 트렌드에 따른 인테리어 리뉴얼 등은 안중에도 없다. 단지 지금의 단기적 이익에 집착해서 경영하는 경영자들이 있다. 이건 장기적인 비즈니스 관점에서는 빵점이다. 그래서 음식점이던 다른 사업이던 단기적인 성과와 장기적인 성과를 같이 챙기는 '양손잡이 경영'을 하는 경영자가 되어야 한다. 즉 단기적인 성과도 추구해야 하지만 장기적인 관점으로 사업에 대한 투자도 해나가야 한다. 이를 '양손잡이 경영'이라고 한다.

미래를 위한 인력 교육과 육성에도 투자해야 한다. (음식점이나 다른 사업도 결국 사람에 대한 투자와 사람 가치를 인정하는 것에서부터 비즈니스는 출발하고 성공한다. 어느 기업의 '사람이 미래다'라는 메시지는 너무 명확한 메시지이고 바른 메시지다.) 지속적으로 R&D를 통해서 메뉴도 개발하고, 변화하는 트렌드를 읽으면서 메뉴, 인테리어, 기물, 장비 등에도 지속적으로 투자해야 한다. 신규 브랜드를 개발하는 곳에도 비용을 투자해야 한다. 그래서 장기적인 관점에서의 조직도 살펴야 하는 것이다. 이 2가지가 완벽할 때 사업은 멋지게 성공할 수 있다.

조직에 몸담고 보니 안절부절 어찌할 줄 모르는 리더들을 많이 본다. (나도 마찬가지다.) 하루의 매출에 따라서 마음이 행복했다가 불행했다가를 반복하기도 한다. 아침에 좋았던 마음이 저녁에 슬퍼지기도 한다. 부인할 수 없다. 이것을 나는 '리더의 조울증'이라고 부른다. 리더가 조울증을 가지면 조직 역시 그리 될 수밖에 없다. 리더로서 모든 일에 일희일비하는 모습을 구성원들한테 보이면 안 된다. 특히 음식점의 리더들은 더욱 그러하다. 왜냐하면 음식점은 절대 하루아침에 대박 나는 사업이 아니기 때문이다. 그래서 하루의 매출에 안절부절하기보다는 우리의 본질인 음식과 서비스를 어떻게 개선해서 고객들에게 더 많은 가치를 제공할지를 고민하고 노력하면서 시간을 견디어 내야 한다. 그렇게 해야 음식점의 내공이 쌓이기 때문이다. 그런 긴 안목으로 사업을 바라볼 수 있어야 한다. 이런 리더가 될 때 음식점의 리더로서 자리를 잡을 수 있다.

오늘 매출이 저조한가? 그러면 고객의 소리에 귀를 기울이고 조금 더 나은 메뉴와 조금 더 나은 서비스가 어떤 것인지를 고민하기 바란다. 그것이 장기적으로 음식점을 성공으로 이끄는 지름길일 것이다.

어느 선배가 나한테 이런 말을 지독하게 자주 했다.
"일희일비하지 말자."
그런 말을 하면서 본인은 매일 일희일비했다. 사실이다.

위기가 생기면 국민들은 지도자의 얼굴을 쳐다봅니다

훌륭한 지도자들의 연설 중 머릿속에 남아있는 몇 개의 연설 내용이 있다. 2003년 3월 7일 참여정부 국정토론회에서 노무현 대통령께서 하신 발언의 내용은 이렇다.

“위기가 생기면 국민들은 지도자의 얼굴을 쳐다봅니다. 그래서 대체로 저는 국방, 치안, 경제, 비전의 제시, 조정과 통합, 위기관리 등을 정치가나 지도자의 책임이라고 생각합니다.”

코로나19로 인한 음식점과 외식업의 타격이 심각하다. 물론 그렇지 않은 업종보다 대다수의 업종이 그러한 지금이다. 20년 12월을 기해서 코로나19 대응 2.5단계를 정부가 발표했다. 이제 그 타격은 상상을 넘어서 심각한 수준까지 이를 것으로 생각된다. 나도 예외는 아니다. 지난 상반기 이미 한 차례 혹독한 경험을 했다. 손을 쓸 생각도, 손쓸 방법도 없이 무자비한 폭행을 당했다. 음식점을 운영하면서 이렇게까지 무기력해진 적은 없었다. 사스, 메르스, 조류독감, 광우병 등 숱한 일들을 겪었지만 이렇게 무기력하게 될지 애초 상상도 못했다. 그렇게 어려운 시간을 지나고 이제 회복의 길로 접어드나 싶었는데 다시 시작된 2.5단계, 그 상처가 상상을 초월한다. 벌써 두통약을 3통이나 먹고 올해를 버티고 있다. 고통이 깊다. 모든 것이 무기력해지는 요즘이다.

리더의 책임, 경영자의 책임 그 무게감과 명확한 가르침이다. 노무현 대통령의 발언 중 이 말은 아주 뇌리에 남아, 리더로서의 역할에 대한 나의 갈 길을 알려주는 것 같다. 아직도 나의 지침으로 삼고 있다.

나는 리더가 가지고 가야 할 모델 4가지를 정의한다. 이런 리더이면 좋겠다. 이런 리더십을 가진 나였으면 좋겠다. 이 리더십 모델 4가지는 이상적이지만 리더가 꼭 알아야 할 모델이다. 이 4가지 모델은 가치창출의 리더, 문화창출의 리더, 비전제시의 리더, 솔선수범의 리더 이다.

가치창출은 고객가치를 창출하고 브랜드가 지향하는 가치를 내부 직원과 외부 고객들에게 잘 전달하고 실천하는 리더의 모습이다.

문화창출은 내부 직원들을 소중히 하고 그들과 함께 우수한 조직문화를 창출하여 구성원과 사회에 긍정적 영향력을 행사하는 문화를 만드는 것을 말한다.

비전제시는 직원들의 미래와 조직의 미래에 대해 비전을 제시하고 창출하는 리더의 모습을 말한다.

솔선수범은 리더는 업무를 주도적이고 능동적으로 수행하며 행동을 실천하는 리더의 모습을 말한다.

4가지 리더의 모습과 모델은 긴 시간 조직에 몸담으면서 만든 나의 생각들을 정리한 것이다. 아직도 많이 부족해서 읽고 또 읽고 생각을 다듬고 있다. 완벽한 리더의 모습을 갖추기란 쉽지 않다. 하지만 부단히 노력해야 한다. 팔로워들은 리더의 모습을 보고 비전을 생각하기 때문이다.

신병철박사의 '논백 리더십 전략'에서 '성공하는 사람들의 세 가지 조건'을 제시했다. 내적 동기, 문제 해결 능력, 인내력 3가지이다. 생각해보면 아주 합당한 3가지 조건이다. 내적 동기가 없으면 시작할 수 없고, 능력이 없으면 문제 해결을 할 수 없고, 인내력이 없으면 버텨내질 못하기 때문이다. 이는 성공하는 사람의 조건이라기 보다, 리더가 가지고 가야 할 조건이기도 하다. 코로나19로 인해 마음의 상처가 큰 우리들에게, 리더들에게 울림을 주는 메시지다. 모두가 힘든 요즘 위기상황에서 팔로워들은 리더의 얼굴을 쳐다보면서 고통을 이겨 나간다. 리더들은 위기상황에서 의연하게 대처하고 다시 미래를 준비해야 하는 이유이기도 하다.

오늘 코로나19로 모두가 고통받고 있을 시기 노무현 대통령의 발언

"위기가 생기면 국민들은 지도자의 얼굴을 봅니다."를 되새긴다.

그리고 아침에 우리 리더들에게 이렇게 문자를 남겼다.

'모두들 많이 힘들고 지치시지요? 잘 이겨냅시다. 제가 리더로서 요즘 많

이 부끄럽습니다. 리딩도 못해주고, 방향도 못 잡아 주고, 미래에 대한 비전도 못 드려서 말입니다. 우리는 각자 존재하면서, 함께 존재합니다. 어려운 시기 잘 이겨내고 극복합시다. 너무 죄송합니다. 우리는 꼭 이겨낼 것입니다.'

'우리는 반드시 답을 찾을 것입니다.'

리더십 모델에 대한 제안

직장 생활하는 내내 늘 나를 괴롭혔던 질문이 리더십이다. 회사는 강한 리더십을 원할 때도 있었고, 유연한 리더십을 원할 때도 있었다. 내가 쉽게 리더십을 정의 내리지 못했던 것은 결국 '상황에 따른 리더십'을 모두 갖추고 있어야 했기 때문이다. 그래서 정의 내리기가 쉽지 않았다. 용장이 맞는지? 맹장이 맞는지? 덕장이 맞는지? 이런 상황은 결국 성과와 책임에 있다고 생각을 했다. 용장이던 덕장이던 결국 성과와 책임이었다. 상황에 따른 리더십이었다. 나는 그렇게 결론을 내렸다. 자질이 부족한 나를 채찍질 하듯이 오늘 리더십을 마무리하고 리더십을 완결한다. 이제 실행만 남았다. 리더가 실패하는 원인은 70%가 실행력 부족에서 온다. 같은 전철을 밟지 않기를 바란다. 그래서 리더는 알고 있지만 실행하지 못해서 실패한다. 리더는 유연해야 하고 완고하지 않아야 한다. 그래서 포용해야 한다.

리더십은 어떤 단어로 정리가 될까? 책임, 존중, 윤리, 경청, 소통, 의사결정, 임파워먼트, 동기부여, 비전제시, 문제해결, 솔선수범, 겸손, 긍정, 포용, 실행력, 학습, 성과. 이 정도면 완벽한 리더십이다. 나는 몇 가지를 가지고 있고, 나는 얼마나 수행하고 있는가?

리더는 책임을 지는 자리이다. 리더에게 가장 중요한 것은 모든 잘못이 자기 책임이라고 생각하고 습관을 길러야 하며 모든 잘못 역시 나에게 있다고 판단해야 한다. 그리고 공은 다른 구성원들에게 돌려야 한다. 이것이 리더의 책임이다. 훌륭한 리더는 자신의 몫보다 더 많은 책임을 지고 자신의 몫보다 더 적은 대가를 얻는다. 리더가 더 많은 보수를 받는 것은 의사결정에 대한 책임이다. 빠르게 결정하고 그 결과에 대한 책임지는 리더 그래서 리더는 문제를 해결하고 의사결정을 하고 책임을 지는 자리이다. 리더의 첫 번째 규칙 그것은 '모든 것이 나의 책임이다'라고 외치는 것이다.

리더는 구성원들을 존중해야 한다. 구성원을 부속품으로 생각하는 리더는 리더로서의 자질이 없는 것이다. 존중하고 사랑하며 아껴야 한다. 리더는 구성원들에게 무엇을 해줄 것인지에 대해서 고민해야 하고, 구성원은 고객에게 무엇을 해줄지를 고민해야 한다. 이것이 조직이고 존중이다. '구성원을 존중하고 사랑하라.' 리더의 덕목이다. 리더가 가져야 할 감정능력 그것은 '연민, 공감, 신뢰'라 정의할 수 있다.

리더는 윤리적이고 도덕적이어야 한다. 어떤 경우에도 윤리와 도덕을 버리면 리더로서의 신망을 잃게 된다. 윤리와 도덕은 인격이고 성품이다. 리더십의 시작은 인격과 성품의 훈련에서 시작되며 리더십의 끝은 나 이상의 훌륭한 리더를 양성하는 것이다. 가장 순결하고 깨끗할 때 리더의 모습은 완성된다.

리더는 '경청이심'해야 한다. 경청하여 마음을 얻고 끊임없이 구성원과 소통해야 한다. 조직의 모든 업무는 소통에 있다. 오버커뮤니케이션하고 소통해야 한다. 리더는 70%의 에너지를 소통에 써야 한다. 소통에 실패하는 순간 조직은 파국을 만든다. 호통의 시대는 가고 소통의 시대가 왔다.

의사결정은 리더가 가지고 가야 할 책임과 같다. 의사결정의 가장 좋은 부분은 잘된 의사결정을 하는 것이고 두 번째는 잘못된 의사결정을 하는 것이고, 최악은 의사결정을 미루는 것이다. 리더는 실수하더라도 빠른 의사결정을 해야 한다. 그리고 바른 의사결정을 해야 한다.

임파워먼트는 '구성원이 내가 직접 결정할 수 있는 권한을 가지고 있다'는 판단이 들게 하는 것이다. 파워가 위임된 것이다. 완전히 위임된 임파워먼트는 구성원들을 업무에 몰입하게 만든다는 생각이다. 구성원들이 창의성과 상상력을 발휘할 수 있는 최적의 조건은 업무가 나의 통제력 안에 있다고 판단했을 때이다. 그래서 리더는 적정한 임파워먼트를 통한 구성원들을 동기부여해야 한다.

위대한 지도자는 상상을 동원해 미래를 그려내고 거기에 의미를 더해서 스토리를 만든다. 만들어진 그림과 스토리로 구성원들의 가슴을 떨리게 한다. 그리고 구성원들의 가슴에 불을 지른다. 이것이 '비전 제시의 리더'이다.

리더는 완고한 지시에 의해서 완성되지 않는다. 리더는 한마디의 말보다 솔선수범에 의해서 완성되며 모든 환경 속에서 긍정적으로 생각하고, 보다 높은 자리에서 항상 겸손함을 잃지 말아야 한다. 그리고 주위에 있는 모든 환경과 구성원을 포용해야 한다. 인격과 멀어진 리더는 그 자격을 상실한다. 한강의 넓고 깊은 것은 모든 작은 줄기의 물을 받아들이기 때문이다. 깊고 넓은 인품을 가진 리더가 되어야 한다. 지시의 시대는 가고 공감과 설득의 시대가 도래했다.

배우기를 멈추면 리더로서의 생명도 끝난다. 리더는 자신의 지식 수준에 만족해서는 안 된다. 조직의 크기는 리더의 크기에 비례한다. 자기가 가장 똑똑하다고 생각하는 리더는 자기보다 작은 소인국을 만든다. 리더는 끊임없이 학습하고 성장해야 한다.

마지막 결국 리더는 성과로 말한다. 이 모든 일의 끝은 성과이다. 성과가 좋지 않은 리더가 훌륭하다고 평가받은 적은 없다. 리더는 결국 성과로 말해야 한다.

'논백 리더십 전략'이라는 책에서 리더에게 요구되는 조건을 이렇게 정리했다. '내적 동기를 높이고 외적 동기를 낮춘다. 의미와 명분을 깨닫게 하고, 보람과 즐거움을 주고, 조직원의 성장을 돕는다. 정서적으로 안정감을 주고, 경제적 문제를 해결해주고, 관성에 젖지 않게 한다.' 이게 리더에게 요구되는 자질이라고 설명했다. 리더십이란 타인에게 바람직한 영향력을 행사하여 의도한 바를 이루는 과정이다. 이 안에서 모든 것이 존재한다. 명쾌한 정리다.

오늘 우리 리더들에게, 나에게 질문한다.

"나는 어떤 리더로 남고 싶은가?"

"나는 조직에서 어떤 일은 하고 싶은가?"

"후배들에게 어떤 조직을 물려줄 것인가?"

리더십 참 어렵다.

가짜 리더십과 진짜 리더십을 구분하는 방법은
사람을 어떻게 바라보고
어떻게 대하느냐를 보면 된다.
리더십의 핵심은 사람을 대하는 방법이다.
리더가 구성원을 바라보는 관점은
연민, 공감 그리고 신뢰에 있다.

3

차이 나는 서비스

"공부시켜 놨더니 이거 하고 있나? 고향 가자"

대학을 졸업할 무렵 IMF 사태, 우리는 취업할 곳이 없었다. 간혹 취업자리가 나긴 했지만 지금과 같이 헐거운 연봉과 소규모 회사들이 대부분이었다. 군대를 다녀온 나와 남자동기들에게 일어난 힘겨운 사회적 사건, 그 어려웠던 시간을 잊을 수가 없다. 국방의 의무를 다하고 온 우리들에겐 더 없는 절망의 시간이었다. 그렇게 절대고독의 시간이 길게 늘어지고 있었다.

교수님으로부터 취업자리를 소개 받아 면접을 보았지만 영 시원치가 않다. 그래서 포기했다. 큰 기업으로 취업 나간 여자 동기들을 부러워했을 뿐이다. 평범하게 살라고 하신 어머니와의 투쟁 끝에 나는 대학원을 선택했다.(어머니의 평범함은 공부를 그만하라는 것이었다. 취업을 해서 직업을 가지라는 의미였을 거라 생각한다. 묻지는 않았다.) 공부가 더 하고 싶기도 했고 대학원을 다니면서 시간강사로 생계를 꾸릴 생각을 하고 진로를 정했다. 목표는 이랬으나 대학원 3학기가 되고 논문학기가 올 무렵 또 다시 나는 '어떻게 사나?'라는 생각을 했다. 그러던 어느 날 자취방을 뒤척이다가 우연히 A사의 외식인력 채용공고를 보게 된다. 전공은 호텔경영학이었지만 방학 때마다 아르바이트를 했던 호텔은 나의 적성에 맞지 않았다. 외식업과 음식점들이 빠르게 성장하고 있던 시기라 관심이 끌렸고 이력서를 냈고, 합격을 했다. 동시에 전문학교 호텔식음료학과에 교수직 제의가 들어왔으나 거절했다. 음식점이 더 매력적으로 보였다. 그리고 음식점은, 외식업은 나의 직업이 되었다.

당시 여러 가지로 참 신기한 것들이 많았다. 지금 생각해보면 부끄러움도 있었고 진짜 먹고 살기 위해서 해야 한다는 생각이 강하게 들었던 것 같다. 먹고 살기 위한 직업이 외식업이 되었다(밥은 먹고 살아야 하니까). 처음 직업적 돈벌이를 하게 된 나는 어려움들도 없지 않았으나 큰 마음먹고 이겨나가야겠다고 다짐하고 A사에서 사력을 다하기로 결심했다. 그렇게 외식업은 나와의 투쟁, 조직에서의 투쟁에 대한 시험대가 되었고, 또 직업이 되었고, 밥벌이의 즐거움을 주는 공간이 되었다.

외식업과 M브랜드에 적응할 때쯤 그리고 내가 외식업에 꿈을 키워가야겠다고 다짐할 때쯤 어머니를 서울로 초대했다. 처음으로 돈을 버는 공간과 서울에서의 직장생활을 알려드리고 싶었다. 어머니에게 내가 근무하는 이 멋진 레스토랑이 직원들에게는 50% 할인 제공됨도 알려드리고 싶었다(사실 맛있는 음식, 이국적 음식 한번 드시게 하고 싶었다.) 나는 이렇게 살 것이라고 어머니에게 자랑도 하고 싶었다. 그래서 서울로 오시라고 했다. 친했던 선배 매니저의 극진한 대접으로 근무하는 레스토랑에서 어머니와 근사한 식사를 했다. 식사하시는 동안 어머니의 표정은 음식이 입맛에 맞지 않으신 듯 좋아 보이지 않았다. '뭔가 마음이 불편하신 것 같다'는 생각을 했다. 식사를 끝내고 계산을 마치고 나가는 순간 어머니의 독설이 날아왔다.

"서울에서 대학원까지 공부시켜 놨더니 이거 하고 있나? 고향 가자"

"여기서 서빙하고, 요리하고 이런 거 하고 있나? 도대체 이해가 안 간다."

이런 독설을 퍼부었고, 나는 피할 겨를도 없이 독화살을 맞았다. 흐름은 반전이 되고 있었다. 살면서 어머니의 독설을 처음 들었다. 그만큼 강한 어조였다. 어머니는 이렇게 생각을 하신 듯 하다. 예전 어르신처럼 '고향에 일자리가 없어서 서울로 올라와 오갈 때가 없어서 음식점에서 그냥 소일거리 하면서 돈 벌고 있구나.' '겨우 일하는 곳이 음식점이냐?'와 같은 생각들. 이런 생각을 하신 것 같다. 나는 어떤 생각도 들지 않았다. 아무튼 내 생각과 내가 생각했던 방향과는 다르게 가고 있었다.

향후 외식업 전망이 어떻고 직업으로써 매력이 있고 이런 류 말은 듣고 싶지 않으셨던 것 같다. 여의도나 광화문에 자리잡은 대형빌딩, 잘 다려진 화이트 셔츠와 넥타이를 매고 당당하게 9 to 6(아홉시 출근, 여섯 시 퇴근하는 근무시간을 뜻함) 하며, 사원증을 목에 맨 근사한 직장인이 되기를 바라셨나 보다. 기대에 부응하지 못함이 독설로 날아 온 것이다.

유시민의 책 '어떻게 살 것인가'에서는 직업에 대한 즐거움에 대해서 이렇게 말하고 있다. '무슨 직업이든 좋아서 그 일을 하면 그 사람이 바로 프로다. 진정한 프로가 되는 것, 이것이 삶의 행복과 인생의 성공을 절반 결정한다. 그런 점에서 행복한 삶을 원한다면 일이 아니라 놀이를 앞자리에 두어야 한다. 일이 먼저가 아니다. 놀이가 먼저다.' 그리고 직업에 귀천이 없다면서 이 말도 덧붙였다. 정말 격한 공감을 표시한다. '세상에는 수많은 직업이 있다. 그 모든 직업은 사회에 필요하기 때문에 생겼다. 아무도 원하지 않는 무엇을 만드는 것은 취미활동이 될 수는 있겠지만 직업은 아니다. 그런 일을 해서는 돈을 벌 수 없다. 사회에 필요하다는 점에서 모든 직업은 저마다 가치가 있다. 그래서 직업은 귀천이 없다고 한다.' 내가 구한 직업이 이렇게 되길 바랐고, 이렇게 될 수 있을 거라 생각했다. 그런데 어머니는 내 생각과는 너무 달랐다. 너무 많이 차이가 났다. 그리고 그 직업이 다른 사람에게 선한 영향력을 미치면 더욱더 직업에 귀천은 없다고 생각한다. 음식점은 나에게 그런 직업이었다.

어머니 앞에 내 직업은 설명도 필요 없고, 논리도 필요 없는 그런 직업이었다. 어머니는 그 후로 서울에 오시지도 않았고 내가 자주 내려 가지도 않았다. 얼른 외식업이 직업이 됨을 보여줘야 했다. 그리고 나는 1년이 되기 전 빠르게 캡틴이 되었고 쉬는 날을 이용해서 대학 강의도 나갔다. 어머니의 눈빛은 조금 변해갔고 시간이 조금 더 지나 음식점에 관한 책을 출판하고 나서야 내 직업에 대한 인정을 하시기 시작했다.

'아, 내 아들이 직업을 외식으로 삼고 있구나'라는 안도의 한숨을 쉬시는 것 같았다.

내가 선택한 외식업이라는 직업, 음식점이라는 직장은 어머니의 독설이 독이 되지 않고 오히려 피와 살이 되었고, 빛과 소금이 되어주었다. 나를 더 강하게 만들어주었다. 아직도 외식업과 음식점을 선택한 것에 후회는 없다. 아니 나의 직업이 외식업이라는 것이 자랑스럽다. 죽을 때까지 외식인으로 남고 싶다. 아들이 요리책을 보고 있으면 나는 얘기한다.

"아들아, 너 공부 안 하고 요리 하려고? 잘 생각해라"

아 나도 독설을 해야겠다. 선택은 아들의 몫이다.

이 언니처럼 된다

봄볕이 따스하게 내리는 5월이 되면 어른이나 아이나 모두 레스토랑으로 몰린다. 이런 걸 보면 사람들은 다들 비슷하게 사나 보다. 근데 마음은 왜들 이렇게 다를까? 주말이라 고객들이 분빌 것으로 예상하고 분주하게 고객맞을 준비를 했다. 역시 오늘도 아이들과 아이를 동반한 가족들이 우리 음식점을 많이 찾아 주신다. 아이들이 레스토랑의 절반을 차지하면 부모님들도 우리도 정신이 없다. 떠드는 아이들, 아기들의 울음소리 그리고 부모들의 야단치는 소리까지 레스토랑은 혼비백산이다. 오늘도 이 분주한 사태는 폐점시간까지 계속 된다.

레스토랑에 아이를 동반한 부모들이 식사를 하다 보면 아이들이 레스토랑을 뛰쳐 나가는 경우가 간혹 발생한다. 오늘도 한 아이가 부모를 밀쳐내고 레스토랑 밖으로 나가면서 울음을 그치지 않는다. 부모와 아이의 실랑이가 벌어졌고 아이의 울음소리는 극한 지경까지 가게 되었다. 그리고 우리 여직원이 아이에게 다가가 "친구 말 잘 듣지? 들어가자"라고 멘트를 하면서 부모를 도왔다. 사건은 여기에서 터졌다. 엄마의 입에서 이런 소리가 터져 나왔다. 아이를 향한 외침, 우리 직원을 향한 도발적 언어였다.

"너, 말 안 들으면 이 언니처럼 된다."

TV나 영화에서 보면 세상이 잠시 정지된 장면이 나온다. 순간 이걸 경험했다. 잠시 세상이 정지된 느낌이었다. 내 시선은 여직원으로 향했다. "이 언니처럼 된다."라는 말은 무엇일까? 당시 나는 캡틴이고 여직원의 선배였다. 아뿔싸… 이런 말이 있는가? 그 말을 듣고 여직원은 자리를 피해 뒷 주방으로 들어갔다. 나는 1분간 심호흡을 했다. 이후 모든 걸 버려두고 여직원이 있는 공간으로 걸음을 옮겼다. 눈물을 펑펑 흘리고 있는 여직원에게 내가 해줄 위로는 없었고, 사실 나도 같은 마음이 되어 눈물을 흘려야 했었다.

'너도 아프냐, 나도 아프다.'

'이 언니처럼은 무엇인가?' '이 언니가 어떻게 되었다는 건가?' '이 언니는 삶의 패배자인가?' 온갖 생각들이 지나치고 있었고 한풀이를 할 수 없는 게 지금의 상황이었다. 음식점이, 외식업이, '외식인'이라는 직업이 사람들에게 이렇게 인식이 되어 있었다. 실패한 직업으로, 실패한 삶으로 치부 받고 있었다. 우리는 각자 나름대로의 대학을 나왔고, 대학원까지도 공부한 지성인이었다. 전공이 외식이었고 직업으로 외식업을 선택해서 나름의 경력을 쌓고 있는 중인데. 아니 굳이 대학을 나오지 않았다고 하더라도 각자의 직업에 대한 철학을 가진 사람들이다. 단지 그것이 외식업일 뿐이다. 그런

데 "이 언니처럼"이라는 말은 '말을 듣지 않으면 너도 인생의 패배자가 된다'는 논리로 밖에 들리지 않았다. '이 언니처럼'이라…. 여직원은 주먹으로 벽을 쾅하고 치더니 눈물을 닦으면서 일을 하러 갔다. 그냥 따라 나섰다.

이 날 매우 아픈 감정노동에 우리는 시달려야 했다. 감정노동이란 '업무를 하는 과정에서 근로자가 자신의 감정과 행동을 통제하고 고객의 요구에 맞추는 형태의 노동'을 말한다. 고용노동부는 감정을 관리해야 하는 활동이 직무의 50%를 넘을 경우를 감정노동에 해당한다고 보고 있다. 서비스업 대부분이 감정노동의 형태이다. 외식업 역시 감정노동이 심한 직업군이다. 나도 현장에 근무할 당시도, 사무실에서 근무하는 지금도 간혹 감정노동에 시달리기도 한다. 아주 가끔씩 '이건 사람이 아니다'싶을 정도의 말을 내뱉는 고객??도 있다. 그럴 때마다 나는 속으로 "이건 인간이 아니다. 이건 인간이 아니다"를 외치면서 마음을 다스렸던 적이 한두 번이 아니다. 누구나 사람은 감정을 가지고 있다. 하지만 갑과 을의 관계에서, 고객과 종사원의 관계에서 우리는 그런 악한 감정을 서로 느끼게 해서는 안 된다. 최소한의 인간적인 정체성과 권리를 침범해서는 안 되는 것이다. 이건 사람으로서 가지고 갈 도리인 것이다.

모두가 지금의 시대를 갑질사회, 갑을사회가 되어간다고 하소연한다. 땅콩회항사건, 경비원폭행사건, 백화점 모녀사건, 백화점에서 무릎을 꿇인 중년여성, 직장에서의 갑질, 비즈니스관계에서의 갑질 등 많은 사건들을 겪어왔다. 다행이 2018년 10월 18일부터 고객 응대 과정에서 일어날 수 있는 폭언이나 폭행 등으로부터 감정노동자를 보호하기 위한 목적으로 '감정노동자보호법'이 생겨서 그나마 갑질사회에 대한 경종을 울리고 있다. 다행스러운 일이다.

모두가 감정을 공유하고, 서로를 안아주는 사회. 이것이 진정한 사회일 것이다.

"이 언니처럼 된다."는 이 언니는 지금 아이들 잘 낳아서 키우면서 인생을 재미있게 살고 있다. 이것이 이 언니가 보여준 아주 매서운 복수다.

애한테 그런 소리 하는 거 아니에요

소아마비환자였던 A군(당시 5살)과 가족들은 마지막 추억을 함께 하기 위해서 제주도로 여행을 떠났고, 제주도 여행 중 아이가 좋아하는 맥도날드에 들러 식사를 함께했다. 아이는 불편을 호소했다. 이를 담당했던 매니저는 아이에게 장난감과 유아용의자를 제공했다. 휴대폰을 보겠다고 떼를 쓰는 A군에게 색연필과 종이도 가져다 주는 성의도 보였다. 감동한 가족들은 응대했던 매니저를 두고두고 잊지 않았다. 마지막 여행이 되었던 A군, 그리고 아이가 죽자 유골함에 A군이 좋아했던 맥도날드 장난감과 그림을 함께 보관했다고 한다. A군은 제주도 여행에 대해서 얘기하며 자주 제주바다와 맥도날드 얘기를 했다고 한다.(연합뉴스, 2019.12.18일 기사요약) 이 사실이 알려지고, 이 기사를 접하고 '음식점은, 레스토랑은, 외식업은 이런 곳이 되어야 한다고 생각을 했다. 이것이 음식점이다. 이 매니저가 진정한 외식인이다.

아이들은 음식점의 주요 고객이다. 내가 근무했던 패밀리레스토랑의 주요 고객이기도 했다. 패밀리레스토랑에는 놀이방도 있고, 어린이를 위한 이벤트도 있고, 어린이용 앞치마, 어린이용 식기들, 어린이를 위한 별도의 메뉴도 있다. 그러니까 우리 레스토랑에는 아이들을 위한 모든 것이 거의 다 준비되어 있다. 패밀리레스토랑은 어린이와 어린이를 둔 엄마들의 유토피아다.

어느 날인가 아이가 너무 예뻐 애기를 안았다. 사실 장난치고 싶어서 안았는데 애기가 너무 살이 쪄서 힘이 든 나머지 나도 모르게 "너 엄청 무겁네. 삼촌 힘들다." 이렇게 하고 장난을 했다. 근데 내 얘기를 뒤에서 들었던 어머니가 갑자기 "애한테 그런 소리 하는 거 아니에요" 이렇게 말씀을 주신 거다. 그렇다. 나는 그런 소리를 하면 안 되었다. 완전히 무의식적으로 튀어나온 말이었다. 장난치고 싶고, 예쁘다고 말하려 했는데 그만 그런 말이 나오고 말았다. 내가 서비스했던 사례 중의 제법 큰 실수였다. 고객에게 바로 "죄송합니다. 애기가 너무 귀여워서 장난치려고 했는데. 너무 죄송합니다."고 말씀을 드렸다. 고객이 얘기를 듣고선 "알겠어요"하고 애기를 데리고 테이블로 가셨는데 그 무안함은 한동안 '서비스 트라우마'로 자리를 잡았다.

'그래 애한테 내가 무슨 소리를 한 거지'라는 후회를 두고 두고 했다. '이놈 잘 살고 있으려나 모르겠다.'

우리는 어린이 서비스 관련해서 지속적으로 교육을 받았다. '어린이한테 꼬마라는 말은 안 된다. 어린이한테 이름을 불러줘라.' 등의 멘트부터 '어린이를 만나면 꼭 예쁘다고 해줘라. 그것도 누구를 닮아서 이렇게 예쁘니'라는 말도. 옆에 엄마가 있으면 더 강조하라. 엄마 들으라고 더 크게 얘기를 해라. 아버지가 있으면 아버지 닮아서 예쁘구나 이렇게 해라.' 등등의 교육도 말이다. 어린이들을 보면 '사탕도 나눠줘라. 어린이랑 같이 놀아줘라.' 등의 행동 훈련까지도 한다.

어떻게 보면 가식적이지만 서비스라는 것은 상대에게 피해를 주지 않고 기분 좋은 영향력을 행사하는 것이다. 그러 의미에서 조금 가식적이지만 바람직한 교육이라 생각하고, 이런 것이 서비스라 생각한다. 많은 시간 '어린이 응대교육'도 받고 직접 롤플레이도 하고 그랬었다. 사실 교육이란 것은 효과가 분명히 있다. 말이 별로 없는 나도, 낯을 많이 가리는 나도 교육을 받고 나면 조금이나마 달라졌다. 교육은 투자한 만큼 정비례로 효과가 발생한다. 나는 아직도 그렇게 생각을 한다.

음식점에서는 왜 어린이 고객이 중요한지를 우리는 잘 생각해야 한다. 비행기를 타도 스튜어디스는 아이들에게 선물을 주고 예쁘다고 얘기도 하며 놀아주기까지 한다. 왜 이렇게 행동을 할까?

어린이는 브랜드에 있어서 아주 중요한 고객이다. 이유는 2가지다. 첫째는 어렸을 때 좋았던 기억을 평생토록 간직한다. 즉 어렸을 때 경험했던 브랜드에 대한 좋은 기억은 평생 기억 속에 남아있게 된다. 어린이들의 마음속에 자리잡은 브랜드의 기억은 우리의 평생 고객이 될 수 있다. 최근 고객생애가치(Customer Lifetime Value, CLV)라고 하는데 '특정 고객이 그 브랜드에 고객으로 있으면서 평생 제공해줄 재무가치의 총합'을 말한다. 어린이는 그런 기준으로 보면 CLV가 대단한 고객이다. 그래서 어린이들에게 브랜드가 전해줄 것은 브랜드의 친근감과 좋았던 기억이다. 좋았던 추억이다. 둘째는 가족고객이 외식 브랜드를 결정할 때 어린이의 선호도를 제일 먼저 고려한다는 것이다. 따라서 외식브랜드에 대한 결정은 어린이가 가지고 있다. 이와 같은 2가지의 이유로 인해서 음식점에서 어린이 고객은 너무 훌륭한 고객이다. 우리는 어린이 고객을 만족시킴으로써 훌륭한 브랜드, 좋은 매출과 이익을 확보할 수 있다.

내가 음식점 점장 생활을 하면서 어린이 응대에 행했던 루틴이 있었다. 어린이가 오면 즉석사진을 촬영해서 제공했고 선물을 제공해주었다. 한 달에 백만 원, 이백만 원을 집행해 선물을 만들고 방문한 어린이에게 선물로 주었다. 어린이가 음식을 너무 맛있게 먹으면 어린이메뉴는 돈을 받지 않기도 했다. 어린이 고객을 빈손으로 보내는 경우가 거의 없었다. 우리 매장의 미래와 브랜드의 미래를 위한 투자였고 그렇게 해야만 한다고 생각을 했다. 상사가 과하게 비용을 집행한다고 잔소리를 해도 나의 행위를 꺾지 않았다. 지금 돌아봐도 너무 잘한 결정이라는 생각이 든다. 그런 정성을 받았던 고객들은 1개월 후던 2개월 후던 다시 매장으로 돌아와 우리의 진정한 고객이 되어주었다. 나는 '이것이 영업의 승부수가 아닌가?'라는 생각을 했고, 지금도 하고 있다.

우리 그 뚱뚱하고 귀엽던 준엽이는 어디서 어떻게 잘 커서 생활하고 있을까? 군대를 다녀오고 대학생이 되었으려나?

'보고 싶다! 준엽아.'

전도사와 치아교정기

치아교정기가 없어졌다. 치아교정기는 어디로 갔을까? 음식점에 근무하다 보니 없어진 치아교정기에 대한 해프닝은 종종 있었다. 그 때마다 우리는 '치아교정기 찾아 삼만 리'를 하곤 했다. 음식점에서 치아교정기 관련한 헤프닝은 몇 가지 특징을 가지고 있다. 첫째, 꼭 냅킨에서 싸서 테이블에 둔다는 것이다. 둘째 없어지면 꼭 담당 서버가 치웠다고 고객은 얘기를 한다. 셋째, 그 치아교정기는 반드시 나타난다는 것이다. 이게 내가 음식점에서 발견한 치아교정기 해프닝에 대한 지론이다.

치아교정기가 또 없어졌다. 고객은 '아들의 치아교정기를 냅킨에서 싸서 테이블에 두었는데 서버가 와서 이를 치웠다'는 것이다. (보통 예민한 서버는 테이블을 치우면서 보거나 만지기 때문에 이를 안다.) 그리고 매니저인 나에게 강력하게 항의를 했다. 빨리 찾아내라고 했다. 우리는 고객의 지령대로 움직여야 한다. '없어진 치아교정기를 찾아라'라는 미션에 모두가 동원되었다. 그날 담당했던 서버는 자기는 본 적이 없고 치우지 않았다고 했다. 치아교정기는 어디로 갔을까? 치아교정기 해프닝처럼 치아교정기는 반드시 나온다는 생각으로 찾기 시작했다.

우선 세척실로 들어가서 현재의 쓰레기통과 음식물쓰레기통을 바닥에 모두 부어서 찾았다. (이런 상황이 오면 세척실 직원들은 엄청 짜증을 낸다. 무서울 정도다. 담당 서버를 향한 눈빛이 예사롭지 않다.) 문제는 현재 세척실 쓰레기통과 음식물 쓰레기통을 모두 뒤졌는데 나오지 않았다. 하루 동안 나온 쓰레기를 모두 뒤졌는데 나오지 않았다.

'아! 오호통제라'

고객에게 할 말이 없다. 다 뒤졌는데 없다고 해야 하는데 방금 전 아주머니의 눈빛은 나를 집어 삼킬 듯한 눈빛이었다. 그래도 이건 나의 몫이니 말씀드릴 수 밖에 없다. "죄송합니다. 쓰레기통을 다 뒤졌는데 없습니다. "란 멘트를 전했다.

일은 그 때부터 걷잡을 수 없는 상황이 되었다. 고객은 매장에서 소리를 질렀다. "오늘 치아교정기 안 찾아오면 영업 다하는 줄 알아라" "내가 너희들 가만히 두지 않는다."고 했다. 옆에서 식사하시던 고객님들은 반응은 '저 사람 왜 저래'라는 표정이지만 고객을 제어할 생각은 없어 보였다. 잠깐 사이 음식점은 그 고객으로 인하여 만신창이가 되었다. 다른 고객들에게 방해가 되기에 진정시키고 쓰레기장으로 가서 당일의 모든 쓰레기통과 음식물 쓰레기통을 다시 뒤졌다. (지금 없어진 치아교정기가 아침의 쓰레기에서 나올 리가 없지 않은가? 혹시라도 하는 마음이다.) 이런 절치부심의 노력에도 불구하고 치아교정기를 발견하지 못했고 다른 해결책을 찾아서 가야 했다. 그러나 치아교정기를 가지고 가는 것 외에는 방법이 없었다.

나는 고객에게 가서 "모든 쓰레기를 다 뒤졌는데 없습니다."라고 멘트를 했다. 이제는 점입가경으로 사건이 커졌다. "오늘 여기 진짜 가만 안 두겠다." "영업 못할 줄 알아라"라는 말을 손동작과 몸동작을 섞어가면서 했다. 그리고 나는 다른 고객들의 편안한 식사를 위해서 '내일 치아교정기를 맞춰드리겠다'고 약속을 하고 고객을 진정시켰다. 그 말에 진정한 고객은 식사를 마치고 계산대로 왔다. 나는 거듭 죄송하다며 "내일 치아교정기는 맞춰드리겠다"고 다시 한번 약속했다. 식사 값은 무료로 처리하겠다는 얘기도 잊지 않았다. 그런데 갑자기 아주머니의 아들이 "엄마 치아교정기! 내 주머니에 있어"라고 말한다. 잠시 세상은 멈추었고 우리는 서로의 눈빛을 빠르게 교환했다. 아이 컨택트(Eye contact)가 썩 좋지 않은 순간도 있다. 그곳에 있던 모든 사람들이 민망한 상황이었고 떨리는 눈빛으로 아주머니를 쳐다보았다. 상황은 이것으로 끝. 멈춘 시간은 쓴웃음으로 마무리되었다.

그리고 동행한 일행 한 분이 아주머니에게 이렇게 얘기를 한다. "전도사님~가시지요."

전도사! 전도사였다. 나는 고개를 떨구었다. 나도 크리스천이다. '오! 주여, 오! 주여 이럴 때 어떻게 해야 합니까?'

줄리 빅이 책 '경영 잘하는 법, 마이크로 소프트에서 배운다'에 소개되었던 일화를 100% 믿는다. '내가 대학교 심리학 교양 수업에서 배운 한 가지 교훈이 있다. 누군가 처음에는 당신을 엄청나게 싫어하다가 나중에 좋아하게 되었다면, 그 사람은 처음부터 끝까지 당신을 좋아했던 사람보다 더 많이 당신을 좋아하게 된다'라는 교훈이다. 이 말은 분명한 요점을 담고 있다. 치열한 경쟁적인 에너지는 강력한 제휴 관계로 변화될 수 있다. 그리고 맹렬히 화를 냈던 고객일수록 당신 제품의 가장 열렬한 팬이 될 수 있다.

불만고객을 만족 고객으로 바꿀 때 고객은 가장 충성스러운 고객이 되어준다. 컴플레인을 하는 고객은 일반적으로 '내가 이것만 해결해 주면 다시 오겠다'라는 신호를 우리에게 보내는 것이다. 또 바로 해결해 주었을 때 재방문율은 급격히 높아진다. 우리는 이를 '서비스 회복'이라 한다. 서비스가 회복된 고객들은 우리에게 단골고객, 충성고객이 될 확률이 높아진다. 그래서 우리가 컴플레인에 대한 해결책을 아주 구체적으로 제시하는 이유이기도 하다. 강한 불만고객, 불평이 가득한 고객을 피하지 말고, 당당하게 대해보자. 그리고 우리의 충성고객으로 만들어 보자. 음식점을 하는 우리가, 소비자를 대하는 우리가 철학으로 삼아가야 할 말이다.

전도사분은 그 이후로 우리 음식점에 자주 방문했다. 올 때마다 따뜻한 커피 한잔을 서비스로 드렸다. 그리고 이 말도 아끼지 않았다. "전도사님, 치아교정기 잘 있지요?"라고 말이다. 그리고 전도사분과 나는 '껄껄껄'하고 웃으면서 서로에게 마음을 전했다. 우리는 커피 한잔으로, 농담 하나로 관계를 만들어갔다. 우리는 친구가 되어갔다. 고객과의 관계는 이런 것이다.

아들이 "아빠 나 치아교정기 해줘"라고 말한다면 나는 스스럼 없이 "치아교정기는 냅킨에는 절대 싸두지 마라"고 할 것 같다.

할아버지의 안경

'안경은 얼굴이다.' '안경성형'을 슬로건을 내세우며 L브랜드는 고가로 치부되던 안경시장에 출사표를 던지고 지속적인 고공성장을 보여주고 있다. 나 역시 L브랜드의 고객이기도 하다. 이 브랜드를 선호하는 이유는 저렴한 가격과 트렌디한 안경테에 있다. 몇 만 원이면 훌륭한 안경을 선사받을 수 있다. 한 8년 전 일찍 노안이 찾아왔고 안경을 착용하기 시작했다. 안경을 착용하는 이유는 2가지 이유다. 하나는 안경의 본질인 시력을 극복하기 위한 방안이고 또 하나는 안경으로 못생긴 얼굴을 성형하기 위함이다. 나 역시 이 두 가지의 기능에 감사하며 안경을 착용하고 있다. L브랜드는 이에 저렴한 가격으로 내 못생긴 얼굴을 성형하기에 딱 맞는 나의 안경브랜드다.

내가 주로 쓰는 안경알은 두 개를 합쳐 4만원, 안경테는 3만 원에서 4만 원이면 충분하다. 결국 합치면 7만 원 선에서 안경을 해결할 수 있다. 지금은 생일선물로 받은 내 생애 가장 비싼 안경 역시 15만 원을 넘지 않는다. 가난함을 치부하고라도 내가 비싼 안경알과 안경테를 사용하지 않는 이유는 안경알에 대한 트라우마를 가지고 있기 때문인지도 모르겠다.

세월을 거슬러 17년전으로 돌아가보자. 생각하기 싫지만 아직 나에게는 큰 기억과 추억으로 남아 있는 할아버지의 안경. A레스토랑에 근무하던 시절, 매일 매일 한 건 이상의 컴플레인이 발생하던 그런 시절이었다. 패밀리 레스토랑에 대한 기대가 실로 컸던 그런 시절이었다. 하루 하루 '오늘은 무사히'를 외치며 근무하던 중 주차사무실로부터 한 통의 전화가 왔다. 주차장에서 고객이 레스토랑 책임자를 찾고 있다는 얘기였다. 전화내용을 전달받은 나는 주차장으로 뚜벅뚜벅 걸어갔다. 이 상황에는 걸어가면서 잡다한 생각을 무척이나 하게 된다. 좋은 일로 매니저나 점장을 찾는 일은 거의 없기 때문이다. 내려가서 보니 고객과 주차장 관리인이 한바탕 싸운 모양새다. (우리 레스토랑은 건물을 임대해서 운영하고 있었다. 주차장 역시 임대해서 월 관리비를 지급하고 사용하고 있었다. 결국 주차장 직원들은 건물 관리부 소속이다.) 나는 차량에 문제가 생긴 것으로 생각하고 고객과 주차장관리인에게 다가가 무슨 일이냐고 물었다. 이럴 때 우리는 느낌을 가진다. 심상치 않고, 이상한 기운을 느끼고 머리 속으로 이를 '어떻게 해결할까'를 직감적으로 계산하며 다가간다. 지금까지의 진행 상황을 주차장관리인으로부터 들었다.

요약하자면 'A레스토랑에서 식사를 하고 나온 할아버지가 딸의 차를 기다리면서 주차출입구의 차량차단기 밑에 서있다가 차단기 막대가 내려와 머리를 맞았고, 안경이 튀어나가 안경알이 깨졌다'는 그런 내용이었다. 그래서 할아버지와 딸은 주차장관리인에게 컴플레인을 한 모양이다. 그리고 주차장 관리인은 "왜 거기 서있다가 막대를 맞았냐"고 하면서 우리는 보상해줄 의무가 없다고 한 것이다. 어떻게 보면 관리인의 말이 충분히 맞다. (길을 가다가 전봇대에 부딪힌다고 국가를 상대로 피해보상을 요구할 권리는 없는 것이다.) 이에 말이 통하지 않자 결국 만만한 레스토랑 책임자를 부른 것이다. (우리는 약자고 을이고 감정노동자임에 틀림이 없다. 주차장 관리인 만큼 배짱도 없다.)

상황을 다 듣고 난 후 딸 2명은 더 목청을 돋우며 소리를 지른다. "내가 여기를 얼마나 많이 이용하는데 이럴 수 있느냐?" "고객을 어떻게 보냐"고 소리를 지른다.(보통 고객이 컴플레인을 제기할 때 흔히 하는 말이다. 많이 듣는 이야기다.) 이쯤 되면 사태파악은 끝났다. 내가 뭔가를 해주지 않으면 이 문제는 해결되지 않는다. 할아버지가 어디에 서있었는지는 문제가 되지 않는다. 주차장관리인도 이제는 필요가 없다. 나는 그때부터 슈퍼맨이 되어야 한다. 어쩌면 모든 불의도 안아주는 수도승이 되어야 할 수도 있다. 불자의 모습으로, 기도하는 모습으로 말이다.

심호흡을 하고 딸들에게 다가간다. 그리고 할아버지에게 공손히 여쭤본다. "어르신 머리는 괜찮으세요?"라고. 그러니 할아버지께서 "조금 아프긴 한데 괜찮다"고 하신다. 일단은 안심이 되었다. 그러니 옆에서 딸은 "이 안경알이 얼마짜리인 줄 아냐, 수입제로 한 알에 30만 원이고 두 알은 60만 원이다."라고 했다. 지금으로부터 17년 전이니 60만 원의 안경알이면 엄청난 금액이다.

모든 생각이 2가지로 정리가 되었다. '60만 원을 남기려면 얼마의 매출을 올려야 하는가?' '얼마의 금액으로 이 문제를 해결해야 하나' 이런 2가지 생각이었다. 그리고 나는 20여 분 동안 할아버지의 딸로부터 추궁 당했다. 할아버지는 거기에 서있으면 안 되었고, 나한테도 이러면 안 되었다. 해결될 기미는 도무지 보이지 않았고 결국 나는 비장의 카드를 꺼낸다. "우리 레스토랑에서 즐겁게 식사하시고 가시는 길에 좋지 못한 일이 발생해서 정말 죄송하게 생각합니다. 우리 주차장에서 이런 일이 벌어졌으니 한쪽 안경알은 해드리겠습니다."라고(순간적으로 생각이 드는 나의 직감이었고, 이 정도면 해결되겠다는 뛰어난 판단력이었다. 한쪽 알만 해주겠다는 나의 소심함도 만만치는 않다.) 말을 던지고 딸들의 표정을 보니 어느 정도 마무리가 될 낌새였다. 30만 원을 가지고 와서 드렸다. 30만 원이면 아주 큰 돈이다. 잘한 일인지 못한 일인지 모르겠지만 당시의 패밀리레스토랑 분위기는 그러했다.

일반적으로 고객들은 클레임이나 컴플레인이 발생했을 때 심리적인 보상과 더불어 경제적인 보상을 요구한다. 만약 그 때 "죄송합니다"만 연발했다면 고객들을 더욱 화나게 했을지 모르겠다. 아니 화를 넘어 분노를 했을 수도 있다. 고객을 심리적으로 안정시키고 정중한 사과를 하면서 진심 어린 눈빛을 보내야 한다. 그리고 책임 정도가 있다면 반드시 경제적 보상을 동반해야 한다.

당시 나는 심리적 보상과 경제적 보상에 충실했다. 하지만 '내가 무엇을 잘못했는가'라는 질문과 '할아버지는 왜 거기 서있을까'라는 질문은 풀리지 않는 숙제였다. 하지만 불평하는 곳에 기회는 있다고 생각한다. 사람들이 불평하는 곳에 기회가 있고, 사람들이 불편해 하는 곳에 수요가 창출된다고 생각한다. 고객들의 불만도 이와 같다. 불만을 처리하고 문제를 해결하기 위해서 우리가 있고, 불편과 불만의 해소는 큰 기회로 다가올 것이라 생각한다. 그리고 이런 문제를 제기하는 고객은 천 명에 한 명도 되지 않는다. 이 한 명의 고객들 잘 관리하는 것이 우리의 숙제이고 미래를 위한 초석이다. 음식점을 하면서 간혹 생기는 이런 일들에 대해서 나는 거의 스트레스를 받지 않는다. 오히려 고마워하고 있다. 이런 고객들이 있어서 또 내가 존재한다.

하지만 여전히 의문이다.

'정말 할아버지는 왜 거기 서 있었을까?'

치울까 말까 고민할 될 때는 치우지 마라

정말 오랜만에 쉬는 일요일 휴무였다. 오랜만의 주말 휴무, 아이들을 데리고 가로수길로 식사를 하러 갔다. (그 당시 외식을 운영하는 영업팀장으로서 주말 휴무를 가지지 못했고 정말 오랜만에 가진 주말 휴무였다.) 식당을 막 접어들려고 하는 순간 회사 '고객만족센터'로부터 전화가 왔다. 주말인 일요일 점심 시간. 그 전화가 반갑지 않은 것은 칭찬의 메시지를 전달하기 위한 것이 아님은 주지할 수 있는 사실이다. 만약 고객으로부터 칭찬의 메시지가 왔다면 이는 메일로 공유가 되었을 것이다. 굳이 전화까지 할 필요가 없는 것이다. 긴급을 요하는 사건임이 분명하다. 컴플레인일 거란 생각이 명확해졌다. 가로수길 한 가운데서 전화를 받았다.

고객만족센터가 전한 내용은 이랬다. 고객이 어제 저녁 D점포에서 식사를 했는데 고객이 먹고 있는 접시를 치웠다는 것이다. 어떻게 이렇게 큰 기업에서 직원 교육을 어떻게 시켰길래 이런 행동을 하냐는 그런 내용이었다. (큰 기업, 책임자, 내가 돈 때문에 이러는 게 아니다, 교육을 어떻게 시키느냐 등은 고객들이 흔히 하는 얘기들이다.) 그래서 브랜드 책임자와 통화를 하고 싶다고 한다면서 내게 내용을 정리해주었다. 다를 것 없는 스토리에, 다를 것 없는 대응. 이게 우리가 할 일이다.

나는 이 사실은 어제 저녁 사건이 있은 후 점장을 통해서 들어 알고 있었다. 서버였던 아르바이트 직원이 고객이 음식을 가지러 간 사이에(우리는 샐러드바를 운영하는 뷔페식당이다.) 음식이 조금 남아서 다 드신 건 줄 알고 치웠다는 것이다. (조금 남아 있으면 서버의 본능으로는 치우고 싶다. 만약 치웠다면 샐러드바에서 다시 가지고 오면 된다.) 치운 후 고객이 테이블로 왔고 없어진 접시를 보고 점장에게 컴플레인을 제기했다는 얘기였다. 이후 점장의 응대는 훌륭했다. 그날 결국 식사요금 6만 원을 받지 않았고, 나가시는 길에 영화티켓 2매도 드렸다고 했다. 고객의 화는 풀린 듯 하며, 컴플레인은 잘 마무리가 되었다고 했다. 이게 점장의 보고 내용이다.

이럼에도 고객만족센터로 다시 전화가 왔다는 것은 고객이 화가 풀리지 않았거나 더 많은 금전적 보상을 요구하는 것임에 틀림이 없다. 고객은 전화번호를 남겼고 나는 전화를 했다. 컴플레인은 즉시에 해결해야 효과가 있다는 것도 알고 있다. 그리고 머릿속으로 금전적 보상에 대한 나의 결정을 과감하게 제시해야 한다. 여성 고객이고 30대 초반 정도의 카랑카랑한 목소리를 가졌었다. 나는 여성고객에게 '그렇게 큰 기업에서 직원교육이 왜 이 모양이며, 손님이 먹고 있는 음식을 치울 수가 있는지'에 대한 설명을 30분에 걸쳐서 들어야 했다. 고객과의 대화 시에는 특히 컴플레인 상황에는 고객의 말에 공감적 경청을 해야 한다. 그러지 않으면 고객의 불만은 분노로 이어질 수가 있기 때문이다. 30분 훈계 후 다시 남편을 바꿔준다. 이제 이 정도면 내 인내력을 테스트하는 단계다. 그리고 다시 남편은 다시 30분 동안 같은 얘기를 조목조목 얘기한다. 두 고객과 1시간을 통화했다. 일방적인 통화였고 일방적인 훈시를 들어야 했다. 점심은 나를 제외한 가족만 했다. (당시 핸드폰 요금제는 통화 기준이었다. 데이터 기준이 아니라. 결국 나는 60분의 통화료를 내가 사용한 샘이다.)

나는 그 순간 결정을 통해서 고객에게 금전적 보상을 제시해야 했다. 그렇지 않으면 해결될 수 없다고 판단했다. 나는 10만원 상품권을 제시했다. 사과의 말씀과 함께. 고객은 흔히 이럴 때 "내가 돈 때문에 이런 게 아닌데"를 선심 쓰듯 연발한다. 근데 보면 대부분 돈 때문에 그런다. 그랬더니 고객은 주소를 낮은 목소리로 내게 불러주었다. 결국 이 일은 이렇게 해결되었다. 어떻게 생각해 보면 '블랙컨슈머'다. 하지만 그렇게 생각하고 싶지 않았다.

불만고객이 불만을 말하지 않고 다시 사지 않는 비율은 96%, 불만을 말하는 고객은 4%에 불과하다. 불만을 경험한 고객은 주위 사람 9명~24명에게 말을 한다고 한다. 불만고객의 재구매율을 보면 불만고객의 소중함과 불만고객 응대를 더 잘 느낄 수 있다. 즉시 불만이 해결된 사람은 82%, 불만이 해결된 사람은 54%, 불만을 얘기했으나 해결되지 않은 사람은 19%, 불만을 말하지 않는 사람은 9%로 나타났다. (HP사, 불만고객조사 자료 참조 작성)

내가 금전적인 보상을 한 이유는 2가지로 설명된다. 하나는 이 고객이 평생 우리 고객으로 남길 바라는 마음이었고 또 하나는 금전적 보상이 제공되지 않았을 경우 매일 전화를 해서 나를 감정노동의 장으로 끌어들일 것이다. 내게 중요한 것은 10만 원보다 내가 일하면서 채워야 할 임금에 대한 효율성과 효과성에 있기 때문이다. 2가지 연유로 빠르게 일을 처리했다.

음식점을 하면서 다양한 경험을 하게 되지만 컴플레인이 발생했을 때 가장 잘 지켜야 하는 것이 '나의 마음 다스리기'와 '공감적 경청'이다. 나는 고객의 얘기를 한 시간 동안 잘 들어주는 '공감적 경청'을 했다. 쉽지 않지만 잘 훈련된 서비스맨이다. 그리고 불평을 제기하는 고객들을 팬으로 만드는 것 역시 서비스맨이 해야 할 일이다. 이런 경험을 한 고객은 다시 나의 브랜드로 와서 브랜드를 즐길 것이다. 평생고객이 되어줄 것이란 믿음도 가지고 있다.

그 후로 나는 우리 직원들에게 얘기한다.

"치울까 말까 고민될 때에는 치우지 마라. 제발 부탁한다."

잘 생긴 매니저 나오라 그래

L고객의 별명은 '올 때마다 컴플레인'이다. 정말 올 때마다 어떤 이유에서건 컴플레인을 제기하고 할인을 받거나 쿠폰을 받아 가는 행위를 해서 붙여진 별명이다. 더러는 이런 사람들을 우리는 '진상'이라고 표현하기도 하고 'JS'라는 약어를 쓰기도 한다. '올 때마다 컴플레인'이 더 앙증맞다.

한 번은 '오늘 메뉴가 왜 이렇냐'고 하면서 컴플레인, 한 번은 '직원들의 표정이 왜 이러냐'고 컴플레인, 한 번은 '왜 쿠폰하고 할인하고 중복이 안 되냐'고 컴플레인. 이루 말 할 수가 없다. 그 당시 '블랙 컨슈머'(이익을 얻기 위해 부당한 민원이나 컴플레인을 제기하는 소비자를 칭함)에 대한 명확한 규정이 없었고, 음식점마다 경쟁이 심각한 상황이었다. 또 우리 말고 '대안 음식점'이 충분하게 있는 상황이었다. 이런 상황에서 누구도 컴플레인의 당사자가 되어 주목받기 싫어했다. 컴플레인이 많으면 매출이 줄 것이라는 일반적 인식도 팽배했다. 더 무서웠던 것은 컴플레인의 대상자가 되면 회사로부터 뜨거운 눈총을 받는 그런 인식도 한몫했다. 만약 지금의 시대라면 '블랙 컨슈머'에 대한 사회적 지탄으로 인해 그런 행동을 하기 힘들었을 것이고, 감정노동자보호법(고객 응대과정에서 일어날 수 있는 폭언이나 폭행 등으로부터 감정노동자를 보호하기 위한 목적으로 제정된 산업안전보건법이다.)에 의거해서 일정한 처벌을 받았을 것이다. 하지만 당시 어떤 것도 없는 상황이었다. 고객은 영원한 갑이었던 시절이다.

그러던 어느 날 웃픈 사건이 하나 발생했다. 이 '올 때마다 컴플레인'의 별명을 가진 고객이 매장에 왔다. 자주 온다. 우리는 싫어해도 그는 우리 음식점을 좋아했다. 올 때마다 컴플레인을 내면서 2주일에 한 번 정도는 방문했다. (이 정도면 Prestige Club이지) 하지만 직원들은 피했다. 아니 피하고 싶었다. 그 고객이 오는 날 휴무이길 바라는 직원도 꽤나 있었다.

아무튼 다시 나타났다. 우리는 늘 마음의 준비를 한다. 항상 새로운 컴플레인의 카드를 펼치는 그 고객의 마음은 무엇이었을까? 머리의 회전력도 엄청 좋다고 생각했다. 항상 새로운 컴플레인으로 우리를 설레게 한다. 그날은 이상하게 식사를 하는 동안은 컴플레인이 없었다. (내용을 다 읽고 나면 계획된 행동임을 알 수 있다.) 모두가 오늘은 다르다고 생각했다. '사람이 변했나'라고 생각도 했다. 직원들이 그런 생각을 하는 도중 문제는 계산대에서 발생했다.

그날 10명이 와서 식사를 했고, 식사값은 30만 원 정도가 나왔다. 할인에 관한 컴플레인이었다. 제휴카드 할인 부분이었다. 할인은 1일 1회 한도, 20만원까지 10% 할인이었는데, 이 고객은 또 "왜 전 금액을 10% 할인을 해주지 않냐"고 계산하는 직원에게 따지기 시작했고, 직원은 원칙에 대한 부분을 또박 또박 설명을 해주고 있었다. 말은 거칠어지고, 목소리를 높아지고 있었고, 여직원의 얼굴은 붉어지기 시작했다. 상황을 파악한 당직 매니저는 고객에게 다가갔다. 다시 한번 고객에게 양해의 말을 하고, 이해해주기를 바란다고 매니저는 정중하게 말을 전달했다. 고객은 더 의기양양해지고 있었고, 목소리는 높아졌다. 그러더니 고객이 하지 말아야 할 말을 뱉고 말았다.

"야, 당신 말고 잘 생긴 매니저 나오라 그래"

빠~~~빰(이건 게임 끝이다.)

이를 지켜보던 우리는 파안대소하고 싶었으나 하지 못했다. 슬픔과 웃음이 얼굴에 교차하는 순간이었다. 당시 진짜 잘 생긴 매니저가 있었다. 일을 잘하고 못하는 유무를 떠나서 실제 잘 생긴 매니저가 있었고, 이 매니저는 당일 휴무였다. 아마 그 고객이 그 매니저를 찾았던 것인지, 아니면 화를 더 내고 비아냥거리기 위해서 그런 말을 한 것인지는 확인할 길이 없다. 아무튼 일은 커졌고, 매니저의 얼굴도 상기가 되었다. 그리고 매니저가 마지막으로 돌직구를 던진다.

"고객님, 우리 매장에 앞으로 안 오셔도 되니까 계산 정확히 하시고 가실래요? 아니면 경찰을 부를까요?"

생각지 못한 일격이었다. 직원들의 입장에서는 쾌재를 불렀고(그동안 그렇게 해야 한다고 많은 직원들이 생각을 하고 있었다. 이런 고객은 없어도 된다고 말이다. 사회적 인식이 우리를 뒷받침해주지 못했다.) 그 고객은 예상치 못한 상황에 허둥지둥거리는 모습이었다. 그리고 정말 그 고객은 정확하게 계산을 하고 나갔다.

그리고 다음 번 방문 때에는 차분한 '주님 앞의 어린 양'으로 변해 있었다. 방문 역시 2주에 한번은 아니었지만 한 두 달에 한 번 오는 정도로 바뀌었다. (이 정도되었으면 안 올만도 한데… 우리 음식점이 제법 좋았나 보다고 생각했다. 그래도 늘 고객은 고마운 존재이다.)

사회를 살아가는 동안 이런 저런 연유로 사람과 사람이 부딪힌다. 부딪치면서 발전하기도 하고, 오히려 몰락하기도 한다. 이게 사회의 모습이다. 하지만 어떤 일이던 가장 중요한 것은 서로에 대한 '관심과 배려'이다. 갑과 을의 관계가 아니라, 서로 함께 살아가는 공존하는 이웃들이다. 돈으로, 권력으로, 내가 우위에 있다는 위력으로 상대방을 무자비하게 공격하는 것은 비겁한 행위이다.

음식점에서도 이와 같다고 생각한다. 정중하고 정성스럽게 음식을 대접하고 서비스를 하고, 고객은 좋은 음식에 대한 보답으로 맛있게 먹어주고, 혹시 불편한 부분이 있으면 정중하게 항의하는 등의 상황, 그 중에 서로가 서로에 대해서 존중하는 모습과 배려하는 모습은 있어야 한다. 그래야 사회가 살만한 곳이 된다. 누가 강자이고 약자이고의 문제가 아니다. 우리는 함께 공생해야 하기 때문이고 아름다운 사회를 만들어가야 하기 때문이다. 갑과 을의 모습은 벗어 던졌으면 하는 바람이다.

최근 '블랙 컨슈머'에 대한 사회적 환경, '감정노동자보호법'에 대한 사회적 인식으로 많은 부분들이 개선되었다. 이런 부분에 대해서 환영의 의사를 표한다. 간혹 마트 계산대에서 앉아서 계산하는 우리 이모님들이, 간혹 음식점에 갔을 때 앉아서 편히 계시는 모습이 다소 낯설기는 하지만 우리는 서로에게 따뜻한 눈길을 보내야 한다. 그래야 사회가, 음식점이 건강해진다. 나는 그래서 아직도 파인다이닝 레스토랑의 서비스가 부담스럽다. 그냥 동네 음식점에서 이모처럼 보이는 분이 "많이 먹고 가, 방금 김 구워뒀으니." 이런 음식점이 훨씬 더 정감이 간다. 거래 중심이 아니고 관계 중심인 음식점들이 많이 생겼으면 좋겠다. 오랜 바람이다.

그날 직원들을 지켜주려고 마음도 약했던 우리 매니저의 강수.

아주 멋있었다. 비록 못생기긴 했지만. 사실 얼굴은 어떻게 할 방법이 없다.

퍼피독 서비스

IMF가 휩쓸고 간 대한민국 경제는 초토화가 되었다. 대량실업사태와 구조조정, 폐업, 해고 등 이루 말할 수가 없을 정도였다. 그리고 2000년 초반 다시 거품경제가 일기 시작했다. 하지만 아직도 해결하지 못한 경제적 숙제와 가계 경제는 여전히 남아 있었다.

2000년 초반은 경제가 다시 회복될 기미가 보여 너도 나도 대출로 집을 사고, 차를 사는 '거품경제'가 시작되었다. 신용카드도 대학생들에게 무작위로 발급되고 내 돈이 아닌 대출로 집과 차를 샀다. 경제가 좋아지리라는 부푼 기대는 외식업에도 영향을 미쳤다. 호텔 이상의 서비스와 이상적인 가격의 레스토랑에 외식고객들은 환호했다. 그 당시 외식시장을 이끌었던 것은 다름아닌 T브랜드 등 패밀리레스토랑이었다. 특히 T브랜드는 '이색적인 유니폼과 고객과 함께하는 댄스, 노래로 함께하는 생일파티, 칵테일쇼' 뭐 이룰 말할 수 없는 환상적인 서비스로 고객들을 환호하게 했다. 호텔로 가던 고객들도 패밀리레스토랑으로 자리를 옮겼고, 일반적인 메뉴를 먹었던 고객들도 이색적인 메뉴를 제공하는 패밀리레스토랑에 박수를 치기 시작했다.

그중 가장 핫했던 서비스가 있었다. 한동안 유행했고, 한동안 벤치마킹의 대상이 되었고, 한동안 레스토랑을 강타했던 그 이름하여 바로 퍼피독 서비스(Puppy Dog Service)였다. 개가 무릎을 꿇고 주인에게 다리를 내미는 그런 장면. 그 장면이 퍼피독이다. 이 퍼피독이 레스토랑으로 건너와서 '퍼피독 서비스'로 명명되었다. '퍼피독 서비스'의 내용은 이러하다. 직원들이 무릎을 꿇고 고객과의 눈높이를 맞추고 고객으로부터 주문을 받거나 고객의 요구사항을 경청하는 서비스다. 고객을 향한 눈맞춤이 위에서 아래로 향하면 예의에 어긋난다는 생각에서 출발하였다. 그래서 무릎을 꿇고 앉아서 고객과의 눈높이를 맞추고 대화를 하는 그런 자세, 이를 '퍼피독 서비스'라 명명했다. T브랜드로부터 시작된 이 서비스는 순식간에 타 브랜드의 벤치마킹 대상이 되었다. 한동안 가장 우수한 서비스로, 당연시 해야 되는 서비스로 자리매김했다. 고객들도 그걸 당연한 권리로, 당연한 서비스로 인식했다.

고객을 존중하는 마음, 고객을 아끼는 마음, 고객을 배려하는 마음으로 보면 훌륭한 서비스다. 상대방과 눈을 마주치면서(eye contact) 하는 것 또한 훌륭한 서비스다. 사람과 사람의 관계에서도 마찬가지이다. 눈을 마주치고, 눈높이를 맞추는 것은 꼭 고객이 아니더라도 상대방에 대한 예의가 아닐까 싶다. 이렇듯 T브랜드로부터 시작된 서비스의 경쟁은 한국 내 음식점, 레스토랑의 수준을 한껏 끌어올려주었다. 당시의 많은 서비스 개발로 인해서 특급호텔보다 패밀리레스토랑의 서비스가 더 훌륭하다는 평가를 받았다. 고객들은 특급호텔의 정형화된 서비스보다 패밀리레스토랑의 프랜드리한 서비스가 더 좋다고 판단했을 것이다. 근무했던 나 역시도 이런 부분에 대해서 상당히 동의한다.

당시 만들어 놓았던 패밀리레스토랑의 서비스는 2가지 측면에서 해석을 해야 한다. 하나는 외식을 즐기는 국내 고객들을 한 단계 더 높은 수준의 서비스를 경험하게 했다. 외식을 바라보는, 서비스를 바라보는 눈이 한 차원 높아졌다는 얘기이다. 두 번째는 서비스의 상향조정이 컴플레인, 블랙컨슈머 등 악용고객을 양산했다는 것에도 한몫하게 되었다. 결국 2가지 차원은 서비스를 바라보는 전 분야에서 고객의 눈을 상향 조정했다는 것이다. 이는 패밀리레스토랑이 가지고 온 모습이다. 결국 서비스 수준을 최대한 끌어올려주는 역할을 한 것이 패밀리레스토랑이고 T브랜드의 역할이었다. 패밀리레스토랑의 선전은 국내 외식의 발전과 전 분야에 걸친 서비스의 상향평준화에 큰 기여를 했다고 하겠다.

국내 패밀리레스토랑의 음식문화와 서비스, 메뉴의 다변화에 대한 기여는 상당하다고 생각한다. 이런 부분을 제외하고도 외식산업의 성장과 발전에 혁혁한 공헌을 한 것도 사실이다. 패밀리레스토랑은 국내 외식산업을 끌어가면서 외식시장의 규모를 몇 배 성장시켰고, 국내 레스토랑과 음식점에 대한 인식도에도 많은 개선을 해주었다는 생각이다. 퍼피독 서비스는 그 중 한 부분에 불과하다. 이외에도 국내 외식산업에 기여한 부분은 너무도 많다. 서비스, 메뉴, 외식운영시스템, 외식 주변 산업의 동시 발전 등 말이다. 음식점업에서 요식업으로 그리고 외식산업으로 발전한 것에는 퍼피독 서비스와 같은 훌륭한 아이템을 만들어 내고 발굴한 업체들의 공로, 외식선배들의 공로가 크다. 지금은 조금 후퇴한 모양새이지만 패밀리레스토랑은 한국의 외식업에 많은 기여를 했다. 지금은 외식업 1세대들이 어느 정도 은퇴를 했지만 선배들의 노력에는 박수를 보낸다.

최근 들어 퍼피독 서비스에 대한 의견이 분분하다. 갑질사회, 갑질시대, 감정노동에 대한 사회적 인식이 대두되면서 과연 '서비스에 임하는 직원들이 무릎까지 꿇어가며 주문을 받아야 하는 것인가'에 대한 의문을 제기한다. 하지만 저자는 다르게 생각한다. 무릎을 꿇는다는 것이 잘못된 것은 아니다. 그것이 고객을 위한 마음이고 몸으로 표현하는 한 서비스라 생각한다. 나도 이 방법으로 고객들에게 주문받고 서빙을 했으니 이 부분에 대한 내 마음가짐을 충분히 인식하고 있다. 이건 감정노동에 대한 대가로 제공되는 것이 아니라 고객을 섬세히 모시는 한 부분이다. 서비스하는 사람으로서 이걸 '굴욕적이다, 감정노동이다'라고 운운하는 것은 바람직하지 않다고 생각을 한다.

오히려 서비스하는 곳에 머물면서 서비스는 아랑곳하지 않고 오로지 돈을 벌기 위해서 자신의 직업적 의식은 뒷전이 된 모습을 보면 더 안타까워 보인다. 이렇게 얘기하고 싶다. 퍼피독 서비스가 싫고, 아이 콘텍트가 싫고, 미소가 싫으면 서비스직을 떠나라. 그래서 나는 무릎을 꿇고 주문을 받고 고객과 얘기하던 내 모습이 더 아름답다고 느껴진다. 서비스가 싫으면 서비스직을 떠나면 된다.

그럼에도 불구하고 음식점에 가서 직원들이 무릎을 꿇고 주문을 받거나 얘기를 하면 못내 아쉽고 무거운 마음이 드는 것은 사실이다. 그냥 편히 서서 얘기를 하고, 주문을 받는 것이 나는 편하다. 요즘은 마트에 가서 물건을 구매하고 계산대에 오면 계산하시는 아주머니들이 편하게 의자에 앉아서 계산을 한다. 나는 이런 모습이 오히려 더 편하다. 누가 누군가의 어려움으로 편해지는 것보다 그냥 내가 조금 덜 편한 게 마음이 좋다. 음식점도 그리 했으면 한다. 사람과 사람이 만나서 관계를 맺고, 편히 음식을 즐기고 웃음으로 서로를 대하는 음식점. 나는 이런 음식점이 더 좋다. 그런 음식점을 기대해본다.

이 말은 명심했으면 한다.

'고객이 시켜서 하면 심부름, 내가 먼저 하면 서비스'

맹구주점(猛拘酒店)

J라는 후배는 늘 불평불만을 쏟아내는 친구였다. 손님이 많이 오면 많이 온다고, 손님이 조금이라도 컴플레인을 내거나 불평을 하면 이런 말로 되받고 했다.

"맛없으면 집에서 먹던가, 다른 집에 가던가?"라고 말이다.
"아, 오늘 정말 손님 많네, 힘들어 죽겠는데.."

이런 투로 늘 업무를 진행했다. 또 바쁘거나 말거나 자기 근무시간이 끝나면 쏜살같이 퇴근을 했다. 아니 퇴근 10분 전부터 준비를 하다 제시간에 퇴근을 했다. 같이 근무하는 동료는 아랑곳하지 않고서 말이다. 퇴근 시간이야 그렇다 치더라도 음식점에서 서비스하는 친구가 손님이 많아도 불평, 손님이 조금의 불만을 제기해도 불평, 온종일 불평투성이다. 이런 불평은 주위 동료들에게 바이러스처럼 퍼지거나 또 사기를 저하시킨다. 이런 사람이 있는 건 조직에서 문제가 된다. 그리고 그런 서비스를 받은 손님조차도 불만이 커져갔고, 사소한 불만이 컴플레인으로 이어지기를 다반사였다. 좋은 말로 교육하고 설득을 해도 무용지물이었다.

몇 개월 같이 근무하다가 도저히 안되겠다 싶어서 불러서 면담을 했다. '왜 음식점에서 일을 하느냐, 왜 서비스직을 선택했느냐, 사실 음식점에서 일하는 것이 당신과 맞지 않는 것 같다'는 말도 전했다. 그래도 일을 계속하겠다는 의사를 비친다. 나는 속으로 '아, 미치겠다.'를 연발했다. 다른 일을 찾아서 했으면 하고 설득을 했는데 불발이었다. 그래서 고육지책으로 고객서비스 업무는 배제를 시키고 홀업무보다 주방에서 혼자 하는 일을 시켰다. 그랬더니 그것도 불만이라고 한다. 하지만 어쩔 수 없는 선택이었다. 그리고 2개월 후 본인이 스스로 못하겠다고 사직서를 올렸다. 나는 그 당시 조금은 늦었지만 서로가 잘한 의사결정이라고 판단했다. 서로의 미래를 위해서 말이다. 개인, 조직, 고객 모두에게 좋은 결정이라고 판단했다.

한비자(韓非子)의 '외저설우'의 '맹구주점'이라는 말이 있다. '사나운 개가 술을 쉬게 한다'는 말이다.

내용은 이렇다. 중국 춘추전국시대 송나라에 술 빚는 솜씨가 좋은 장씨라는 사람이 주막에서 술을 빚어 장사를 했는데 그는 늘 손님들에게 인심이 좋고 친절하게 대했다. 근데 장사가 잘되지 않아서 늘 근심이 많았는데 이유를 알 수 없어서 마을의 현자인 양천에게 가서 물어보니 '개가 사나워서 그렇다'는 답변을 주었다. "어른들이 애들에게 술을 받아오라고 하는데 애들이 개가 사나우니 당신네 집을 가지 않고 다른 집에 가서 술을 받는 거네. 그래서 술이 쉬어서 빠지는 거야"라는 대답을 했다.

이를 음식점으로 옮겨 다시 말을 해보면 '사나운 직원 한 명이 고객들을 다 쫓는다'라는 말로 바꿀 수 있겠다. 함께 했던 J라는 직원 역시 마찬가지다. 이 사나운 직원 한 명이 고객들을 다 내 쫒는다. J라는 직원은 서비스직과 음식점에 맞지 않는 친구였다. 맞지 않는 것을 억지로 맞출 필요가 없다. 이 직원은 다른 직업을 선택해야 한다. 서로에게 좋은 일이라고 생각했다.

깨진 유리창의 법칙도 이와 같다. 리더가 깨진 유리창을 그대로 방치하면 그 조직은 무법천지가 되고 아수라장이 된다. 사소한 것이고, 한 명의 직원에 불과하지만 미치는 여파가 실로 크다. 한 장의 깨진 유리창이, 잘못된 직원 한 명이 우리의 브랜드를, 우리의 사업을 망칠 수 있다. 리더는 빠르게 판단하고 결정할 필요가 있다. 모든 일의 시작과 끝은 사소함에서 시작되고 마무리된다. 사람도 태산이 무너져서 넘어지는 것이 아니라 돌부리에 걸려서 넘어진다. 사소함을 관리하는 것이 비범함을 낳는다.

업이 추구하는 방향과 개인의 성향이 다를 경우 서로의 생각을 빠르게 정리해야 한다. 그래야 조직과 개인에게 피해가 덜하기 때문이다. 한 명의 불만이 있는 직원, 한 명의 업과 결이 맞지 않는 직원은 테러리스트다. 서비스의 질, 조직 내에서도 테러리스트가 된다. 상처 난 살을 도려내야 새살이 돋는다. 더러는 악연을 끊어야 새로운 인연이 생긴다. 빨리 헤어지는 것도 하나의 좋은 방법이다. 나도 사람에 대한 욕심이 많지만 이 사건 이후로 사람에 대한 빠른 판단으로 헤어져야 할 사람과의 헤어짐은 냉정하게 선을 긋는 편이다.

결이 다른 100명과 함께하는 것보다 결이 같은 10명과 함께하는 것이 인생을 살아가는 묘미가 아닐까 생각한다. 결 따라 사는 것도 인생을 즐기는 한 방법이다.

순풍산부인과

40명 단체예약이 들어왔다. 30명 이상 되는 단체고객들은 내가 직접 챙기는 습관이 있다. 어디서 들어온 예약인지를 살펴보니 OO대학병원 산부인과로 나와있다. 단체예약은 내가 케어를 해줘야 하는 고객이다. 대학병원 산부인과 예약이면, 산부인과 과장님이 최고 결정권자일 것이다. 그리고 우리 매장에 처음으로 예약을 해주신 고객이다. 특별 케어로 평생고객으로 만드는 것이 나의 역할이라 생각했다. (매출에 대한 스트레스는 예나 지금이나 똑같다.)

예약 당일, 한 40명 가량의 고객이 룸을 빌려서 행사를 진행했고, 나는 우선 산부인과 과장님을 찾았다. 행사의 목적을 파악하고, 과장님의 의중을 파악하기 급급했다. 물론 행사는 아주 잘 마무리가 되었다. 감사하게도. 40명의 식사가 단 1시간 30분만에 2백만 원이 되었다. 참으로 감사한 일이다. (단체고객의 회식은 이렇듯 짧은 시간, 높은 매출을 우리에게 안겨준다.) 나는 회식이 끝나고 난 후 직접 과장님을 찾아 뵙고, 다시 한번 감사의 인사를 올렸다. 가시는 길에 자녀에게 주라고 케이크 하나, 고급 와인 한 병, 그리고 다음 방문에 사용해달라며 10만 원의 상품권까지 챙겨드렸다. 주차장까지 가서 직접 차에 실어 드리면서 배웅까지 했다. 오히려 거듭 고맙다는 인사를 내게 건네시며 다음을 약속 주셨다.

그리고 몇 번의 방문에서 과장님과 나는 형, 동생처럼 절친한 사이가 되었고, 간혹 해외출장을 다녀오면서 오히려 나에게 선물을 사다 주는 배려까지 보여주었다. 그리고 내가 발령이 나서 다른 매장으로 이동하면 옮긴 매장의 단골고객이 되어주었다. 그리고 꼭 단체회식은 우리 매장에서 진행해주는 세심한 배려까지도 잊지 않으셨다. 과장님의 딸과도 친분이 생겼고, 사모님과도 친분이 생겼다. 우리는 서비스를 주는 사람과 서비스를 받는 사람의 관계를 떠나서 사적인 대화도 나누는 관계를 만들어갔다. 아직도 감사한 마음이고 과장님을 생각하면 훈훈한 마음이 든다. 고객과 음식점에서 만나 개인적인 친분까지 생기는 것이 사람 사는 세상임을 느꼈다. 고객과의 업무적인 관계가 사적인 관계로 이어지는 경우가 종종 있다. 조심해야 하지만 나는 이런 게 사람 사는 모습이라는 생각이 들어서 참 좋다. 그 공간이 음식점이어서 더 좋다.

델타항공의 회장이었던 제리 그린스타인은 이렇게 말했다. "댈러스에는 노드스트롬이 없었다. 그래서 나는 노드스트롬 매장이 있는 도시에 머무를 때만 쇼핑을 했다" 애널리스트였던 에드워드 메이어는 또 노드스트롬 백화점을 이렇게 평가했다. "노스트롬 백화점의 고객들은 믿기지 않을 정도로 신의를 가지고 있다고 했다. 노스트롬이 없는 곳으로 이사를 해도 관계를 끊지 않고 지속적인 거래를 한다고 했다"고 말이다. 이렇게 음식점도 고객과의 밀접한 관계를 맺어 나가야 한다고 생각한다. 음식점이 발전하는 와중에는 반드시 고객과의 관계가 있다.

이런 측면에서 현대자동차의 판매왕이었던 최진성님의 말은 귀감이 된다. 고객과 더 빨리 만나기 위해서 오토바이를 가지고 다녔고, 더 많은 이미지를 전달하기 위해서 배달복장, 연미복도 입고 판매를 했다. 그런 그가 남긴 말은 울림이 크다. "나는 고객은 왕이라고 생각하지 않는다. 고객을 왕으로 생각하는 순간 그와 제대로 소통할 수 없고 진심을 툭 터놓을 수도 없기 때문이다. 고객이 친구이며 가족이 되어야만 그들이 무엇을 좋아하고 무엇 때문에 괴로워하는지 파악할 수 있다. 그래야 내가 발 벗고 도와줄 수 있는 것이다." 고객과 관계를 맺어서 나가야 한다. 지금의 시대는 더 그러하다. 거래가 아닌 관계에 집중할 때 고객으로부터 인정받을 수 있다. 서로가 발전할 수 있다고 생각한다.

음식점의 어떤 고객이던 고맙지 않은 고객이 없겠지만 단체고객은 더 고마운 고객이다. 객단가, 매출도 도움이 되지만 많은 이들에게 우리 음식점을 소개하는 등 마케팅적인 측면에서도 도움이 된다. 그래서 우리는 늘 단체고객과의 관계에 중점을 두고 운영해야 한다. 나는 과장님과 거래를 하지 않았다. 과장님과 관계를 맺었고, 나는 이익으로 과장님을 대하지 않았고 마음으로 과장님을 대했다. 관계가 매출과 이익을 가져주었지 매출과 이익이 관계를 가져다 준 것은 아니었다. 그리고 과장님이 내게 와서 꽃이 되어 준 것이다. 충성고객이 되어 준 것이다. 음식점을 하는 우리가 명심해야 할 것은 고객을 '이익'으로 보는 것이 아니라 고객에게 드릴 '가치'로 접근해야 하며, '거래가 아닌 관계'를 중점으로 보아야 한다는 것이다. 그래서 '이익이 아닌 가치', '거래가 아닌 관계'일 때 음식점은 성공하는 것이다.

아직도 산부인과 과장님이 내게 해줬던 말.

"애기 출산할 때 꼭 나한테 와서 해야 돼, 내가 최선을 다할 테니."

지금도 그 생각만 하면 내 마음이 순풍, 순풍한다.

Just 10 minutes

우리는 매일 아침 10시 반과 오후 5시 반에 모여서 잠시의 미팅을 한다. 전체가 다 모이는 미팅이다. 오전 11시에 매장 오픈을 하니 10시반까지 모든 오픈 준비를 서둘러 마치고 미팅에 참석한다.

미팅보다 조회라는 표현을 많이 했다. 조회 시간에는 오늘의 예약현황, 이벤트, 전달사항, 복장 점검, 인사 연습과 마지막의 파이팅 구호 등으로 이루어졌다. 조회는 10분 정도, 길게는 15분 정도 진행된다. 이렇게 모두가 모이는 시간 그리고 '미소 짓는 연습'과 '인사 연습'을 이 시간을 통해서 한다. 또 우리는 아침 조회를 통해서 옷 매무새와 마음을 가다듬는 시간을 가지는 것이다. 그래야 고객을 정중하게 만나볼 수 있다.

저녁 영업준비를 다 하고도 마찬가지이다. 모두가 5시 반에 모인다. 그리고 이 시간에 역시 우리를 스스로 다지는 시간을 가진다. 이 시간에는 전달사항과 교육이 이루어진다. 컴플레인 응대, 어린이 고객응대, 서비스 롤플레이 등 매일 주제를 바꾸면서 진행되었다. 시간이 그리 길지 않지만 우리는 간단한 롤플레이를 통해서 우리의 의지를 다진다. 시간이 길다고 해서 알찬 것이 아니고 짧은 시간이지만 알찬 시간을 보낼 수 있다. 우리의 미팅이 그러했다.

교육은 이렇게 한다.

리더가 "어린이 고객들은 자기 이름을 불러주는 것을 좋아합니다. 그래서 우리는 어린이 이름을 외워서 불러줘야 합니다."

"어린이 고객들은 꼬마야 이런 말을 싫어합니다. 반드시 이름을 불러줍시다." 라고 간단한 교육을 하는 것이다.

그러면 우리는 가상의 어린이고객 이름을 만들어서

"철수야, 오늘 또 왔구나, 맛있게 먹어." "오늘은 엄마랑 왔어? 아니면 아빠랑 왔어?"

뭐 이런 롤플레이를 돌아가면서 하는 것이다.

그리고 롤플레이를 잘하는 직원에게는 사탕과 레스토랑 이용 쿠폰을 주면서 분위기를 한껏 돋운다. 마지막으로 인사 연습을 하고 우리의 구호를 외치고 멋진 디너 준비를 마친다.

이런 모습이 우리가 운영했던 레스토랑의 간단한 조회와 교육의 모습이었다. 횟수는 딱 2번, 아침과 저녁이다. 그리고 시간은 2개의 조회를 합쳐도 30분을 넘지 않는다. 이 30분의 시간이 얼마나 소중한지를 나는 경험을 통해서 알고 있다. 그리고 최근 조회를 하지도 않고, 잠시의 교육시간도 가지지 않는 음식점의 모습을 많이 본다. 직원의 작고 많음의 문제는 아니다. 조회를 하지 않는 음식점을 보면 안타까움을 금할 수 없다. 우리는 고객을 맞을 준비도 해야 하고, 더 좋은 모습을 보여주기 위해서 우리를 다지는 시간도 필요하다. 부족한 서비스 등에 대해서 교육할 시간도 필요하다. 그래서 30분이 적지는 않지만 그렇게 긴 시간도 아니다. 잠시의 교육이 얼마나 큰 효과를 발휘하는지는 경험을 통해서 알고 있다. 시간도 누적이 되고, 교육도 누적이 되어 빛을 바란다.

'우리는 무대 위의 배우가 아닌가?'

교육이라는 것이 반드시 긴 시간을 투자해야 하는 것은 아니다. 고등학교 시절이나 대학 시절 시험치기 전 10분의 공부가 시험에 나오는 경우가 많았고, 10분의 시간 동안 외우는 것이 100분 공부한 것보다 효과가 더 좋았음도 경험했다. 나는 음식점도 마찬가지라고 생각을 한다. 긴 시간 교육도 좋지만 이런 짧은 시간을 통해서 교육을 시키는 것은 상당히 효과적이라 생각한다. 실전에 투입되기 전에 우리의 마음을 다듬는 시간이 정말 소중한 시간이다. 국가대표 축구선수들이 호각이 울리기 전 서로 어깨를 감싸고 파이팅을 하는 모습도 이와 동일하다. 마음을 다 잡은 시간이다. 짧지만 강렬하다. 하루 10분의 교육, 일년이 모이니 3,650분이다. 60시간이 넘는 긴 시간이다. 시냇물이 모여 강을 이루고, 강이 모여 바다로 흐른다. 강은 바다를 포기하지도 않는다. 그래서 우리는 잠시 잠시의 교육으로 백 년을 가는 명품 음식점을 만들어야 한다.

영학자인 톰 피터스도 서비스 향상방안에 대해서 매일 10분간 고민하라고 했다. 이를 모든 직원이 함께 실천하기를 말했다. "조직 내 수십 수백 명의 인력이 함께 생각한다고 가정해보자. 1년이 지나간다. 이제 여러분의 조직에는 수천 가지의 보다 친절한 고객서비스 향상 방안들이 제시될 것이다. 이것이 바로 혁신이자 혁명이다."

그래서는 나는 10분의 짧은 교육을 아직도 하고 있다. 우리 브랜드, 음식점의 직원들은 10분간의 아침 조회를 한다. 조회를 통해서 우리의 마음과 의지를 다진다. 이런 시간들이 모아 이상적인 음식점을 만들어 가기 위함이다. 10분이 모여 1시간이 되고, 1시간이 모여 하루가 된다. 하루가 모여 일년이 되고 우리는 성장한다. 성장의 밑거름에는 10분의 미팅이 있다.

이효리도 노래했다. 텐미닛. 긴 시간이 필요하지 않다. 우리에게 하루 필요한 시간은 텐미닛이다.

한번 따라 해보자.

"민수야, 안녕, 오늘 또 왔구나, 맛있게 먹어."

생각해도 오글거리지만 어느새 나는 그렇게 말하고 있었다. 10분이 주는 힘이었다.

밥 한 공기, 콜라 한 병

아버지가 살아 계실 때 일 년에 두세 번은 할아버지, 할머니 산소에 벌초와 성묘를 다녀왔다. (지금은 돈을 주면 벌초까지 해주니 참 재미없는 세상이다.) 벌초는 몸을 써서 하는 일이니 하고 나면 배가 출출한 것은 인지상정이다. 벌초 후 함께 음식점에 들리 것 또한 루틴이었다. 부모님과 함께 하는 벌초 후 식사는 식사 이상의 것이었다. 부자지간, 모자지간에 주어지는 사랑의 시간이었다. 음식이 늘 그렇다. 음식은 음식 이상의 것을 제공한다.

군대를 제대하고 복학하기 전 가을 추석을 며칠 앞둔 시간이었다. 아버지와 어머니, 나 이렇게 셋이서 성묘를 하고 내려오는 길에 여느 때와 다름없이 음식점에 들렀다. 오늘은 김치찌개 집이다. 그런데 어머니는 식사하기가 싫다고 하셨다. 김치찌개 2인분만 주문했다. 그랬더니 아주머니가 주문한 김치찌개를 내어주면서 공깃밥을 하나 더 내어주는 것이 아닌가? 그래서 내가 "어머니는 식사를 안 하신대요. 괜찮습니다."라고 했더니 아주머니가 공깃밥은 돈을 안 받을 테니 그냥 먹으라고 하신다. (속으로 '행색이 이러한 게 돈이 없어 보였나?'라는 생각을 잠시 했다.) 그래서 성의를 마다 못해 내가 한 공기를 더 먹었다. 그랬더니 다시 아주머니가 와서 "먹고 더 먹어, 나는 공깃밥 돈 안 받아" 이러고 가신다. (진짜 없어 보였나 보다.) 아무튼 그날 공깃밥 한 공기 때문에 너무 훈훈한 하루가 되었다. 밥 한 공기에 천 원이지만 그날 받은 마음은 십만 원 이상의 가치가 있었다. 그 음식점의 아주머니의 마음이 아직도 따뜻한 온기를 품고 있다. 음식은 이런 것이다.

얼마 전 속초에 놀러 갔다. 속초를 생각하면 생각나는 음식이 김치찌개다. 속초에서 군복무를 하였기에 속초는 늘 추억의 장소다. 휴가나 외출, 외박을 나올 때면 군에서 먹지 못한 음식점을 들린다. 휴가를 가기 위해서 나왔던 이른 아침, 속초 중앙동에 위치한 김치찌개 집에 들린 적이 있다. 그날 아주머니는 휴가를 가는 우리에게 돼지고기도 듬뿍, 공깃밥도 듬뿍 주면서 아들 같다고 하셨다. 그리고 돈은 달랑 3천 원만 받았다. 그래서 속초를 생각하면 김치찌개와 아주머니 생각이 난다. 음식은 철저하게 사랑이고 추억이다. 사랑과 추억으로 기억된다. 작년 속초를 갔다가 김치찌개 집이 없어진 것을 알았다.

이번 속초 여행길에도 김치찌개 집을 검색했다. 검색에 걸린 김치찌개 집에서 아침식사를 했다. 이 음식점에 갔더니 일하시는 분들이 다들 할머니들이다. (아마 동네 할머니인 듯) 우리는 김치찌개와 된장찌개를 시켜서 먹었는데.. '와, 계란 프라이가 같이 나온다.' (아침식사에 맛있는 김과 계란 프라이는 정말 별미다. 실패하지 않는다.) 김치찌개 맛은 일품, 계란 프라이의 맛은 덤이다. 아들과 딸이 계란 프라이가 더 먹고 싶다고 한다. 그래서 아주머니에게 "계란 프라이 4개만 더 해주세요. 돈은 나갈 때 같이 드리겠습니다."라고 했더니 알겠다고 하시곤 금세 만들어 내어 오신다.

정말 맛있게 먹었다. 김치찌개를 먹고 나오면서 "계란 프라이 값은 얼마 드리면 될까요?"라고 했더니 주인장 할머니가 "무슨 그런 걸 돈을 받아, 맛있게 먹었으면 됐지."라고 하신다. 내가 계속 아니라고 했더니 끝까지 그런 돈은 안받겠다고 하셨다. 그래서 그냥 외할머니의 마음으로 생각하고 따뜻한 마음으로 음식점을 나섰다. 그리고 집으로 와서 나는 나의 SNS와 블로그에 글을 올렸다. 올린지 얼마 만에 1천뷰가 넘었다. 1천뷰의 효과가 따뜻했던 할머니의 마음으로, 음식점의 방문으로 이어지기 바랬다. 할머니가 내게 주신 따뜻함의 선물로 돌아가기를 바랐다. 나는 음식점이 착해야 한다고 생각한다. 음식점은 넉넉해야 한다고 생각한다. 그래야 성공한다. 아니 그런 분들이 성공하길 바란다.

간혹 20만 원을 먹고 꾸역꾸역 콜라 한 병 값인 2천 원까지 다 받는 주인장들을 보면서 못내 속상한 경험이 있다. 이럴 경우 "제가 콜라 값은 낼게요"라고 생색을 내어보면 어떨까? 간혹 20만 원을 먹고도 2천 원에 감정이 상한다. 또, 음식점을 찾아 주신 고객들에게 "이거, 이번에 우리 어머니가 담근 김치인데 한번 드셔 보세요. 정말 맛있어요."라고 곁들이는 반찬을 내어주면 어떨까? 2천 원 더 벌려다가 2백만 원 손해가 올 수 있다. 고객들은 큰 것보다 사소한 것에 감정이 상한다.

고객에게도, 직원들에게도 그들이 기대하는 것보다 더 많이 주려고 노력해야 한다. 이러한 노력은 고객과 직원들에게 더 좋은 평판과 이미지를 만들어가게 한다. 기대 이상의 것을 줘야 이미지가 좋아지고 성공에 한걸음 더 다가갈 수 있다. 자꾸 성과와 성공에 너무 집착하지 말고 하나라도 더 챙겨주려고 노력해야 성공할 수 있다. 음식점은 더욱 그러하다. 브랜드도 더욱 그러하다고 생각한다. 우리 음식점은 넉넉한 음식점을 만들고 싶다. 그래서 군복을 입은 우리에게 아들 같다고 하신 아주머니, 속초 김치찌개 할머니가 알려주신 사랑을 실천하고 싶다. 무언가를 팔려는 노력보다 누군가의 마음을 따뜻하게 해주려는 그런 마음이 사람들에게 감동을 주고 사람들의 마음을 움직인다. 더 주니 더 잘 될 것이라는 믿음. 그 믿음이 성공을 부른다.

"무슨 그런 걸 돈을 받아, 맛있게 먹었으면 됐지."라고 하셨던 할머니의 마음.

이게 진정 음식점을 하는 우리가 가지고 가야 할 마음이 아닌가?
다음주에도 속초에 가려고 한다. 할머니를 보러 가려고 한다.

미소 지을 준비가 되어 있지 않다면, 가게 문을 열지 마라

점심 영업의 피크가 살짝 지날 무렵 서서히 화가 나기 시작했다. 주방에서 음식 나오는 속도가 느리거나 오더가 뒤엉켰다. 메뉴의 완성도도 비주얼도 마음에 들지 않았다. 한번씩 식자재가 프렙(요리를 하기 위해서 식자재를 미리 준비해두는 과정)이 되지 않아서 메뉴가 아예 준비되지 않는 경우도 발생했다. 홀 직원들의 얼굴에 미소도 찾아 보기도 힘들고 손발도 맞지가 않았다. (나는 이쯤에서 질문했다. 우리는 왜 이렇게 영업을 하고 있는지? 영업을 하는 이유는 무엇인지?) 여기 저기서 고객들이 부르는 소리와 비정상적인 배경음악은 나의 말초신경을 자극한다. 이건 정상적인 음식점의 모습은 아니었다. 결국에 '이건 아니다' 싶어서 결정을 내렸다. 매니저들에게 주문받은 데까지 메뉴를 만들고 손님을 더 이상 받지 말라고 했다. 그리고 음식점 문을 걸어 잠갔다

기다리셨거나 들어오는 손님들에게 "우리가 준비가 되지 않아서 더 이상 손님을 받을 수가 없습니다. 죄송합니다."라는 말과 함께 손님들을 돌려보냈다. 식사를 하러 온 고객들을 돌려보내기는 쉽지 않았다. 하지만 지금 이

상황에서 손님을 받는 것은 우리에게도, 고객에게도 도움이 되지 않는다고 판단했다. 오히려 화를 자극할 염려가 되기도 했다. (상황이 좋지 않음에도 무의식적으로 영업을 하다 오히려 미래를 기약할 수 없는 경우가 있다. 이럴 경우 미래를 약속하는 것이 더 현명하다.) 지금의 상황, 자제력을 잃을 것 같아서 그런 결정을 내렸다.

마지막 주문을 끝으로 모든 직원들을 불러 모았다. 손님을 받지 않는 극단적인 선택을 한 점장의 모습을 보고 직원들은 두려운 눈빛을 보였다. 어린아이가 낯선 사람의 얼굴을 보듯 내 얼굴을 두리번 거린다. 또 '와! 이 정도까지'란 표정의 얼굴도 재현하고 있다. 점장으로서의 책임감과 지금 우리 음식점이 정상적이지 않음을 성토하기 시작했다. 이게 말이 되지 않음을 직원들에게 알려야 했다. 아무런 준비가 되지 않았음을 그리고 이런 기막힌 운영에 대한 나의 자책까지 모두 표현했다. 극하게 표현했다. 나도 정상이 아니고, 우리 음식점도 정상이 아니었다. 그리고 우리는 서로의 긴 침묵을 통해서 우리의 잘못을 묵언으로 인정했다. 아마도 서로 같은 생각이었으리라 생각했다.

'이런 모습을 보면 간혹 음식점이 하기 싫다는 생각도 한다.'

'미소 지을 준비가 되어 있지 않다면, 가게 문을 열지 마라.'는 중국 속담이 있다. 이 속담을 처음 접하고 손뼉을 쳤다. 우리는 스스로 준비가 되지 않은 체 아주 쉽게 음식점을 운영하고 있지 않은가? 식자재 준비, 테이블 정리, 기물 정비, 음악, 레스토랑 입구, 직원 복장, 위생 상태, 기기 정돈, 매장 온도, 조명 등 그야말로 준비할 것들이 너무 많은 곳이 음식점이다. 과연 매일매일 완벽한 준비를 하고 오픈을 하고 있는가? 그래서 아침 레스토랑 준비는 분주하고 완벽하게 해야 한다. 고객들에게, 나에게 쉽지 않은 경험을 선사하기 위한 내 마음가짐까지 말이다. 아직도 아침에 열심히 오픈을 준비하고 모두 모여서 라면 한 그릇 먹었던 지난 내 시간들이 기분 좋게 느껴진다. 희열감이 있었다. 라면을 먹고 우리는 모두 모여 고객을 위한 5대 인사를 연습했다. 미소까지도 말이다.

음식점을 창업하려는 자영업자들이 짧게 몇 개월 준비하고 음식점을 오픈하는 것을 보고 아연실색할 지경이다. 그 조급함에 대해 온몸으로 말려보고 싶다. 대부분 직장생활을 열심히 해서 모은 대부분의 돈을 투자해서 창업을 하는 것인데 너무 쉽게 판단한다는 생각을 지울 수가 없다. 모든 일이 그렇듯 쉽게 이루어지는 것이 없다. 하늘의 은총이 아니라면 말이다. 기적을 위해서 기도해야 하지만 결과를 위해서는 준비를 해야 한다. 최소 1년~2년을 준비하고 창업을 하는 것이 바람직하다. 이 시간도 짧을 수 있다. 시간은 절대 배신하지 않는다. 긴 시간 준비하는 자만이 환경을 극복할 수 있다. 음식점은 더욱 그렇다. 빠르게 창업하려는 분과 서둘러 창업을 준비시키는 프랜차이즈본사도 아주 불편하게 느껴진다.

어떤 브랜드를 보면 급성장을 위해서 요리사, 서비스 직원들이 잘 준비되지 않은 상황에서 매장을 우후죽순으로 오픈하는 경우도 종종 보게 된다. 성장이 최선의 모습이 아닐 수 있다는 얘기이다. 준비되지 않은 브랜드를 고객들이 사랑해 줄리 없다. 그리고 조금 지나서 우후죽순 늘어난 점포를 수습하기 힘들어지게 되고 결국 브랜드가 무너진다. 꼭 빠르게 성장하는 것이 좋은 것이 아니다. 만약 개인이라면 파산 직전에도 몰릴 수 있다. 나는 이런 경우를 아주 많이 보았다. 급성장만이 최선의 선택이 아님을 알아야 한다. 성장은 성장통을 겪어야 하는 것이다. 그게 익어가는 브랜드를 만드는 길이고 익어가는 점포를 만드는 길이다.

지금도 사장님께서 나에게 말씀을 주신다. "준비되지 않으면 출점하지 말자. 뭐 준비도 안됐는데 출점해서 고객들에게 뭐라고 말하려고, 늦게 가더라도 잘 다져서 아주 훌륭한 메뉴와 서비스로 고객에게 갈 수 있을 때 출점하자." 이런 말씀을 매일매일 해주신다. 지금 있는 고객들에게 잘하는 것이 미래를 담보한다고 할 수 있다. '고객 한 명을 데려오는 데는 10달러의 비용이 들고, 고객을 잃어버리는 데는 10초의 시간이 걸리며, 잃어버린 고객을 다시 데려오는 데는 10년이 걸린다는 말이 있다. 이것이 고객의 법칙 10-10-10이다'. 안종운 전 농업기반공사 사장의 말이다.

성장을 부추기는 모든 주변의 것들을 우리는 뿌리칠 수 있어야 한다. 준비가 되지 않으면 시작하지 말아야 한다. '시작이 반이다'라는 말에 현혹되지 말아야 한다. 그건 저 먼 나라의 얘기다. 음식점에 적용하지 말아야 한다. 사업을 할 때, 음식점을 운영할 때 거래처를 늘리기 위해서, 매출을 늘리기 위해서 현재의 고객을 소홀하는 것은 매우 위험한 발상이다. 1명의 고객을 지키는 것이 더 소중하다. 하나의 거래처를 지키는 것이 더 소중하다. 반대로 말하면 1명의 고객을, 하나의 거래처를 잃은 것은 100명의 고객을, 100개의 거래처를 잃는 것과 같다. 사업을 하면서, 음식점을 하면서 늘 마음속에 새기는 말이다.

'미소 지을 준비가 되어 있지 않다면, 가게 문을 열지 마라'

지방으로 출장을 내려와서 점심을 먹어야 할 현장 점장, 주방장에게 중국 속담 하나 가지고 긴 잔소리를 하고 숙소로 향했다.

무릎을 꿇자

손님이 나를 불렀다. 좋지 않은 징조다. 다행히도 음식이 맛이 없다고 하면서 음식을 바꿔 달라는 가벼운 요청이다. (음식은 주관적이다. 레시피는 같아도 셰프에 따라서 달라진다. 분명이 그렇다. 이런 가벼운 요청은 무조건 고객의 입장이 된다.) 그래서 주방(오픈 주방이었다.)으로 가지고 가서 직원에게 메뉴가 고객 입맛에 맞지 않으니 바꿔 달라고 요청했고, 다시 음식이 나와서 고객에게 갖다 드렸더니 메뉴가 원래 이 맛이 아니란다. 하는 수 없이 다시 주방으로 가지고 갖고 재조리를 요구했다. 그랬더니 후배 요리사가 맛을 본다. 맛을 보더니 "레시피대로 되었는데 뭐가 문제지요?"라고 얘기를 하는 것이다. 맞다. 먹어보니 레시피대로 되어 있다. 아무튼 새롭게 음식을 만들어서 준비를 해 드렸다. 문제는 다시 시작되었다. 이게 아니라고 고객이 재차 말씀하신다. 그래서 내가 다시 제안을 했다.

"손님, 혹시 메뉴가 안 맞으시면 다른 메뉴로 준비해드릴까요?

"아니요, 이 메뉴 먹으러 왔어요. 다시 해주세요."라고 말이다.

이 정도면 고객 고집도 대단한 것이다. 그래서 다시 한번만 해달라고 후배에게 요청을 했다. 그랬더니 "아이, 씨O, 정말 못해 먹겠네."라고 한다. 문제는 이 말을 고객이 들은 것이다. 이제 사태는 걷잡을 수가 없다. 그리고 바로 결심을 했다. 그리고 고객 앞에 가서 바로 무릎을 꿇었다. 사과 반, 사태 수습 반의 심정으로 말이다. 그리고 단 3분 만에 사태가 진정되었다. 고객은 내게 이런 말을 주셨다. "아니, 뭐 이 정도까지는 안 하셔도 되는데. 괜찮아요."라고 말이다. 때로는 이런 방법이 제일 좋은 해결책이다. 요리를 하는 후배의 자존심도 이해가 되었고, 고객의 심정도 충분히 이해가 되었다. 그래서 내가 무릎을 꿇음으로써 사태를 수습하고자 했던 것이다.

컴플레인은 주관적이고, 클레임은 객관성을 띠고 있다. 욕을 한 직원의 사례는 클레임이다. 누가 봐도 정당성을 잃은 행위다. 물론 몇 번의 요리를 재차 주문한 고객의 행위도 좋았다고 말할 수는 없지만 말이다. 또 컴플레인과 클레임은 기대의 발현이다. 음식점에 대한 기대가 많을수록 컴플레인 건수는 증가한다. 고객의 니즈를 반영한 결과이기 때문이다.

긴 시간 동안 많은 컴플레인과 클레임을 경험하다 보니 이제 어느 정도 내성이 생겼다. 어떻게 하면 잘 해결되는지를 알고 있고, 고객의 얼굴을 보면서 페이스리딩 하는 여유도 생겼다. 음식점에서 컴플레인이나 클레임은 늘 발생하고, 발생할 수 밖에 없는 구조다. 음식점은 주관성을 띤 콘텐츠가 많기 때문이다. 그래서 이로 인해서 너무 많은 스트레스를 받지 않았으면 한다. 잘하려다 보니까 발생한 것이고, 문제가 생겼으니 해결하면 된다. 나는 아직도 후배들에게 컴플레인이 발생했을 때 스트레스를 주지 않으려고 노력한다. 경영은 문제의 연속이다. 리더가 있는 것은 문제 해결하려고 있는 것이다. 나는 적어도 그렇게 생각한다. 안 하려고 하는 사람에게는 혼을 내지만 하다가 실수를 하는 것은 있을 수 있는 일이다.

스스로 잘못을 인정하고 사과의 뜻을 전달하는 사람에게 용서를 하지 않는 사람은 없다. 고객들도 마찬가지다. 진정성 있는 사과, 이를 결코 과소평가해서는 안 된다. 일상의 관계에서도 마찬가지이며, 고객과의 관계에 있어서는 더욱 그러하다. 일상의 관계를 맺는 사람들에게, 고객들에게 주는 진심 어린 사과는 더욱 깊은 관계로 만드는 계기가 되고, 고객들은 우리들에게 충성고객이 된다. 진정성 있는 사과, 고객과 우리를 생각하는 최선의 방법일 것이다.

그 일이 있고 나서 나는 이렇게 생각을 정리했다.

'무릎 꿇는 일이 비굴한 일은 아니다'
'고객의 불만은 빠르게 해결하자'
'퇴점할 때 웃으면서 가시도록 하자'

그리고 다시 이렇게 해결하자고 다짐했다.

'컴플레인이 없도록 최선을 다하자'
'만약 컴플레인이 발생했다면 빠르게 해결하자'
'어떤 수단을 동원하더라도 내가 해결하자'

페덱스의 스미스 회장도 이런 말을 했다.

'처음에 똑바로 하자'

'안되었다면 즉시 해결하자'

'세 번째 기회는 없다.'고 말이다.

경쟁음식점들이 호시탐탐 우리를 노리고 있다. 가장 완벽한 서비스정신으로 무장해야 한다.

건방진 얘기지만 그 날 나는

"아, 1시간 걸릴 일, 3분만에 해결했네"라면서 무릎을 털면서 일어났다.

후배에게도 한 마디 했다.

"야, 너 꼭 그렇게 해야 하냐, 인생 좀 재미있게 살자."

후배도 내게 한 마디 했다.

"형님, 죄송합니다. 잘 할게요."

일은 이렇게 시작되기도 하고, 이렇게 마무리되기도 한다. 재미나는 음식점이다.

서비스는 제공하는 것이 아니다.

서비스는 갑과 을이 서로 만들어가는 가는 과정과 결과다.

'같이', '함께'의 가치가 시대의 화두다.

아름다운 사람들이 함께 만들어가는 것이 서비스다.

4

턴어라운드 경영

점장의 3가지 약속

살면서 잊지 못하는 날들이 있기 마련이다. 내게도 살면서 잊지 못하는 날이 있다. 직장인이라면 진급과 관련된 날도 잊지 못하는 날일 것이고, 개인적으로는 중요한 분들의 생일도, 결혼도, 부모님의 기일도 잊지 못하는 날 일 것이다. 나도 직장인으로 잊지 못하는 날이 몇 날이 있다. 음식점에서 근무를 시작해서 조리복에서 와이셔츠와 넥타이로 갈아 입던 날을 잊지 못한다. 그리고 가장 좋은 기억과 설렘으로 기억되는 날도 있다. 점장으로 신규 매장을 오픈 하는 날이었다. 6월 7일. 그날의 설렘과 기대감 그리고 미래에 대한 희망이 뒤섞인 날이니 잊으려 해도 잊을 수가 없다. 시간이 이렇게 흘렀음에도 불구하고 이 날짜는 내 머릿속에 명확히, 더 선명히 남아 있다.

점장으로 신규 매장을 오픈하던 날. 점장으로 나와 3가지 약속을 한다. 그리고 3가지 약속을 지키기 위해서 부단히 노력을 했었다. 3가지 약속은 이랬다. 첫 번째, 직원들의 식사는 일주일에 한두 번 내가 요리해서 제공한다. 두 번째는 직원들보다 항상 일찍 출근한다. 세 번째는 적자를 보는 달은 한번도 없게 한다. 이렇게 3가지 약속을 했다. 물론 점장 생활이 끝나는 날까지 나는 나와의 약속을 지켰다. 약속을 지키기 위해서 일부의 어려움과 고통은 따랐지만 지나고 보니 약속을 스스로 하고, 스스로 지킨 것에 대한 뿌듯함은 오랜 향수로 남아 있다.

첫 번째, 직원식사는 일주일 한두 번 꼭 내가 만들어서 제공한다는 약속. 일을 하다 보면 쉬운 일은 아니다. 그러나 맛을 떠나 직접 음식을 만들어서 직원들에게 제공하는 것은 남다른 의미가 있고, 후배들에게 귀감일 될 것이라는 생각했다. 요리를 잘해서도 아니고, 누군가에게 칭찬을 받기 위해서도 아니었다. 그냥 그게 리더로서 바람직한 모습이라고 판단했다. 고생하는 후배들을 위한 작은 마음이라고 생각했다. 꾸준히 실천하고 약속을 지켰다. 약속을 지키지 못할 정도로 몸이 힘든 날은 데리고 나가서 식사를 사주기도 했다. 그렇지만 많은 날들을 약속을 지키기 위해서 노력했다. 라면, 볶음밥, 분식까지 총동원하면서 약속을 지켜냈다. 먹어준 직원들에게 감사하지만 약속을 지킨 나에게도 감사한 마음이다. 가장 중요한 약속이었고, 제일 힘든 약속이었다. 하지만 꼭 지켜야 할 약속이었다.

두 번째 약속은 '직원들보다 일찍 출근하자'였다. 당시 점장들의 출퇴근시간은 12시부터 9시. 나는 큰 이변이 없는 한 거의 대부분을 아침 10시경 매장에 도착했다. 10시에 출근해서 주방을 점검하고, 고객 동선을 점검했다. 매장 점검이 끝난 후 사무실에 앉아서 어제 업무에 대한 반성과 오늘 해야 할 일 등을 체크하면서 오전 시간을 보냈다. 단 한 차례의 주말 휴무도 가지지 않았다. 국정공휴일에도 휴무를 가지지 않았다. 명절도 내가 우선 근무하고 후배들을 쉬게 하는 배려도 잊지 않았다. 점장을 하는 동안 주말과 공휴일에 쉬어 본 날은 없었다. 그게 도리라고 생각했고, 후배를 배려하는 것이라 생각했다. 가장 중요한 마음은 바쁜 주말과 공휴일에 굳이 쉬고 싶지 않은 마음이었다. 두 달 동안 쉬지 않고 근무한 날도 있을 정도로 매장에 강한 애착을 보였다. 정확히 57일을 쉬지 않고서도 일을 했다. 즐겁게 일하니 육체적으로, 정신적으로도 아무 문제가 없었다. 진심이다. 마음속에 핀 이 생각은 나를 그렇게 만들었다. '꼭 1등 매장을 만들자.' 단지 그 마음이었다. 그래서 지금은 후배들에게 그날의 기억들을 무용담으로 들려주곤 한다. 나름의 자부심이기도 하다. 최근 꼰대들의 이야기처럼 "라떼는 말이야.."를 나도 연발한다.

세 번째는 '적자 보는 달이 한 달도 없게 만들자'였다. 외식업은 4월과 9월이 대부분 비수기이다. 물론 지역에 따라 다르겠지만 보편적으로 그렇다. 나에게도 9월, 가을의 위기가 다가왔다. 매출은 BEP(손익분기점) 근처에서 나를 괴롭혔다. 그래서 아주 못된 방안을 만들었다. 만든 게 아니고 자연스럽게 그렇게 행위였다. 같이 근무했던 관리자들을 매일 나오게 하고, 비정규직이였던 아르바이트를 줄임으로써 인건비를 절감했다. 인건비 절감을 통해서 겨우 적자를 모면한 달이었다. 잔인한 9월이었다. 돌아보면 해서는 안 될 행동이었는데 그 당시 나의 어려움을 알고 말없이 도와준 후배들에게 감사함을 잊지 못할 것 같다. 그들도 나의 고통과 열정에 동참을 해줬다. 글을 통해 진심으로 감사함을 전한다. 그래서 가장 잔인했던 9월을 후배들의 희생으로 넘기면서 나와의 세 번째 약속을 지켰다. 나의 기네스북에 올려야 할 히스토리였다.

이렇게 나는 나와의 약속을 지켰고, 시간이 흐른 지금에도 이런 자부심은 남아있다. 무용담으로도 남아 있다. 아니 좋은 추억으로 남아있다. 세상을 살면서 자신에게 감사할 수 있는 일은 별로 없다. 나는 그 당시 내 생활과 기록에 대해서 감사의 마음을 가지고 있다. 오늘의 내가 조직에서 생존해 있음도 그런 시절이 있었기에 가능하지 않았을까? 나는 그렇게 생각한다. 자신이 욕심을 채우면 당연히 주변 사람들에게 피해가 간다. 당시 돌아보면 아쉬운 것이 나와 함께 했던 후배들의 희생에 대한 부분이다. 그들이 희생해서 나는 나와 약속을 지킬 수 있었다. 선배의 욕심에 후배의 배려로 응답해준 당시의 후배들에게 진심으로 감사의 말을 전한다.

리더는 급여, 승진, 경제적 보상으로 동기부여가 되는 외적 동기보다 스스로 계획하고, 스스로의 자부심, 스스로의 자아실현을 위한 내적 동기에 의해서 동기부여 되고, 성장해야 한다. 나도 그러기 위해서 과거에도 그러했고, 미래에도 그리하려고 노력할 것이다.

대견했던 나의 점장 시절을 돌아보며, 설레는 미래에 대한 희망도 기대해 본다. 나는 철저하게 내적 동기에 의해서 자극받는 스타일이다. 그래서 다행으로 생각한다.

고객들이 너무 많이 먹어요

뷔페레스토랑을 운영하면 재미도 있고, 묘미도 있다. 여러 가지 재미 요소에도 불구하고 가장 큰 걱정거리는 '식자재 원가'에 있다. 매장에서 식자재 원가를 핸들링하는 것도 한계가 있다. 오로지 고객들의 취식량에 의존하게 되는 경우가 많다. 또 점장들과 얘기를 하다 보면 식재재 원가에 대한 재미난 핑계거리들이 나온다. 기본적으로 뷔페레스토랑은 식자재 원가가 타 레스토랑에 비해 높은 편이다. 내부적으로는 식자재 원가가 높으면 고객에게 탓을 돌리는 핑계도 여러 핑계 중 하나다.

뷔페레스토랑을 운영할 때 점장과 있었던 해프닝이다. D점포는 식자재 원가가 타 매장 대비해서 3% 정도 더 높게 나왔다. D점포 점장은 늘 이런 얘기를 한다. "우리 동네 손님들 진짜 많이 먹어요. 식자재 원가 이렇게 밖에 나올 수 없는데. 다른 매장 손님들은 정말 조금 먹던데.."라고 말이다. 이 이야기 몇 개월 연속 들으면 지겹다. 2억 원 매출에 원가 3%이면 6백만 원 정도의 영업이익에 차질이 발생한다. 다시 말하면 식자재 원가만 잡으면 영업이익은 너무 좋아진다는 당연한 결론이다. 서로가 서로에게 식자재 원가에 대한 지겨운 대화를 이어갈 무렵 후배는 나에게 이런 얘기를 했다.

"팀장님, 제가 목숨 걸고 식자재 원가 잡아 볼게요. 이번이 마지막이라는 각오로 한번 해보겠습니다."

정말 듣던 중 반가운 소리였다. 그리고 한번 해보자고 했다. 다만 점장의 부탁이 있었다. 2개월 동안 자신을 묵묵히 지켜봐 달라는 부탁이었다. 알겠다고 답변하고 2개월을 묵묵히 기다렸다. 변화를 지켜보면서.

그 이후 점장이 한 행동은 예쁘고도 깜찍했다. 점장은 자신의 매장 워크인 냉장고를 자물쇠로 걸어 잠갔다. '식자재가 필요하면 나한테 말하고 내가 열어주면 확인하고 식자재를 불출한다'는 것이다. 그리고 매일 음식물 쓰레기통을 뒤졌다. 그 중 쓸만한 것들이 보이면 직원들을 혼냈다. 쓸만한 것들을 버리지 말고 수율을 최소화하라고 얘기도 했다. 제일 놀란 것은 한 달이 지난 무렵 버려진 소스를 모아서 개봉한 것이었다. 한 달 동안 버려진 소스를 모아뒀다가 직원들 앞에서 공개한 것이다. 금액으로 따지면 무려 50만 원 정도. 직원들에게 "왜 짜서 쓰지 않냐"고 화도 내고, 야단도 쳤다. "이렇게 운영하니 식자재 원가가 높지 않냐"며 소리를 지르기도 했다. 이런 일련의 활동이 2개월 후 성과로 다가왔다. 식자재 원가가 2% 이상 줄어든 것이다. 그리고 내게 자신 있게 얘기했다.

"내가 마지막으로 한다고 했죠?"라고 말이다.

워크인 냉장고를 잠근 이유는 직원들의 절도가 있었다고 했다. 쓰레기통을 뒤진 이유는 사용할 수 있는 부분들을 편리상 그냥 버린다고 했다. 소스는 비닐팩을 긁어서 사용할 수 있음에도 불구하고 대충 짜서 버린다고 했다. 그래서 그런 행동을 했다고 말이다. 그렇게 식자재 원가는 개선을 보았다.

'문제는 항상 내부에 있다.'는 논리와 '고객한테 주는 것은 아끼면 안 된다.'는 생각이 정리가 되었다. 이 2가지는 아직도 유효한 음식점의 운영논리로 삼고 있다. 월마트의 창업자 샘 월튼는 '우리의 사명은 고객에게 가치를 제공하는 데 있다. 가치는 품질과 서비스뿐만 아니라 절약도 포함된다. 우리가 1달러를 낭비하면 고객의 주머니에서 1달러를 도둑질하는 셈이다.' 라고 말하였다. 샘 월튼도 내부의 비효율성을 지적하고 내부의 비효율성이 고객들에게 피해로 돌아감을 지적한 것이다. 문제는 늘 내부에서 시작된다.

음식점을 하면서 고객에게 주는 음식을 아끼라고 말 한 적은 한번도 없다. 그래서는 안 된다. 더러는 음식 양이 적다고 하면 더 드리라고 하는 편이다. 고객들이 메뉴의 양이 부족해 보이면 먼저 드리기도 했다. 한참 크는 아이들이 스테이크 양이 적어 보이면 더 구워서 줬다. 때로는 어린이들 메뉴 값은 받지 않기도 했다. 고마워했던 고객들은 항상 다시 돌아온다. 그래서 나는 아직도 '고객들에게 주는 건 아까워하지 말자'를 주창한다. 음식점은 제공하는 식자재를 아끼다가 오히려 망한다. 식자재 원가가 높은 이유는 사례에서처럼 내부에 원인이 있다. 업체에서 공급되는 식자재의 단가,

직원들의 식자재에 대한 인식, 내부직원의 절도, 레시피대로 조리되지 않는 메뉴 등 원인을 내부에서 찾아야 한다. 식자재 원가를 비롯해서 비용에 대한 대한 답은 내부에 있는 경우가 많다. 내부를 개선해야 한다. 모든 일들이 그러하다고 생각한다.

음식점의 손익계산서를 들여다 보면 가장 눈에 띄는 것이 인건비와 식자재 원가와 임대료의 수치들이다. 이런 비용구조는 스스로 답을 찾기가 힘들다. 대한민국 자영업자 수 600만 명 시대. 외식업을 옥죄는 것이 하나, 둘이 아니지 않는가? 치솟는 임대료, 예측하기도 힘든 들락거리는 식자재 원가, 매년 가파르게 상승하는 최저임금 등은 대한민국 자영업자들을 한숨쉬게 한다. 음식점을 운영하는 자영업자들의 한숨이 거치길 희망해본다. 우리 말고 정부와 지자체에도 강도 높은 결단을 촉구해본다.

하루하루 작은 실천들이 모여서 습관이 된다. 습관이 된 행위는 결과로 나타난다. 습관은 하루 아침에 바뀌지 않는다. 작은 실천들이 중요한 이유다. 구성원들의 작은 습관들이 모여서 우리의 문화가 되고, 문화는 성과로 귀결된다.

아, 그 점장 보고 싶어지는 오늘이다. 자영업으로 음식점을 하고 있다고 한다. 한번 놀러 오라고 하면서 전화를 하면 받지를 않는다. 음식점이 바쁜가 보다 생각한다. 그래도 다행이다.

잘 하고 있지? 정말 꼭 보자. 보고 싶다.

12.12 쿠데타의 전말

기나긴 무신정권의 시절을 뛰어넘을 작정으로 자신을 '혁명의 전도사'라 칭하며 유신정권의 심장을 향해 총을 쏘았다. 그게 우리가 말하는 10.26의 전말이다. 반대에서는 아직도 무신정권이 필요하다고 항변하는 이가 있으니 그가 12.12사태로 모든 권력을 장악하고 체육관선거를 통해 다시 무인만이 이 땅의 주인임을 강조하며 다시 등장한다. 제법 긴 시간을 보냈다.

쿠데타는 국민의 의사와는 관계없이 무력 등의 비합법적인 수단으로 정권을 빼앗으려고 일으키는 정변이다. 성공한 쿠데타만이 생존을 결정지을 수 있다. 성공하지 못하는 쿠데타는 돌이킬 수 없는 죽음의 강을 건너야 한다.

2009년 12월 12일, 2010년도 사업계획(어느 회사는 경영계획이라고 한다.) 작성이 한참이던 시기에 좋아하던 선배, 사업부장으로부터 점포의 폐점 지시가 내려왔다. 나는 그 점포를 담당했던 영업팀장이었다. 사업계획 작성 시기에는 올해의 사업을 통해서 부진했던 부분을 정리하고, 내년의 사업방향성을 선정하며 또한 중장기계획마저 고뇌를 통해서 만들어 낸다. 외식업을 하는 우리 역시 브랜드의 과오와 방향에 대해서 작성하는 시기가 12월이다. 부진 점포에 대한 폐점 역시 전략의 한 방향임을 거스를 수 없는 것이다. 입점 사이트의 잘못된 결정이던, 점포의 운영 역량 부족에 근거한 것이던 간에 브랜드를 끌어가는 한 방법으로써 폐점은 필요한 것이라고 본다. 폐점도 전략 중의 하나다. 하지만 나는 내가 운영하는 점포의 폐점을 인정하기 싫어한다. 내 성격상의 문제만 이기도 하지만 폐점은 잘못된 결정이나 잘못된 운영에 대한 부분을 인정하는 것이기에 나는 그런 것을 견딜 수 없는 선택으로 간주했다.

12월 12일로 기억한다. 마지막 통보가 내려 온 날이다. 당시 사업부장이었던 선배로부터 전화가 왔다. 내가 맡고 있는 지역의 B점포를 연말까지 운영하고 폐점을 하라는 지시였다. 나는 B점포에 대한 2가지 생각을 가지고 움직이고 있었다. 하나는 건물주와의 임대료 협상이었고 하나는 프로젝트를 통한 점포 매출의 향상이었다. B점포의 임대료는 수수료율 즉 매출의 11%를 임대료로 산정하고 있었다. 프로젝트의 목표상 매출이 상승하면 내고 있는 임대료 역시 상승하는 구조였다. 이 문제는 건물주를 만나서 고정임대료로 변경하자고 제안을 해서 해결하고자 했다. 월 평균 2억을 조금 못하던 점포는 월 2천만 원 정도의 임대료를 낸다. 만약 내가 프로젝트를 성공해서 3억이 되면 임대료를 3천3백만 원을 내야 하는 것이다. 이건 내겐 큰 승부수였다. 그래서 현재 내고 있는 평균 임대료가 2천만 원 정도 되니 2천2백만 원 정도인 고정 임대료로 가자고 제안했다. 건물주도 손해 볼 일은 아니었다. 건물주와 3번의 협상을 해서 합의안을 도출했다. 나는 머리에 월 매출 3억, 영업이익 흑자전환을 이미 그리고 있었다.

그리고 하나는 매출활성화를 위한 각종 연회와 유명인 인사 초청, B점포의 하드웨어적인 부분을 최대한 수정하고 공략했다. 이건 폐점 지시가 내려오기 전 6개월 이상의 공을 들여가며 만들었던 내 작품이 완성되고 있을 시점이었다. 그래서 나는 폐점을 완강히 거부했다. 물론 그 선배 혼자서 폐점을 결정했을 리 없다는 것도 알고 있다. 사업본부장과 모여서 의논하고 결정을 했을 것이고 대표이사께 보고가 되고 지시가 내려왔다는 사실도 알고 있었다. 사업본부장은 한번도 그 점포를 방문하지 않았다. 그건 책을 읽지 않고 독후감을 쓰는 거나 마찬가지다.

거부하는 내게 선배는 고성으로 응수했고, 나도 뜻을 굽히지 않았다. 하지만 선배는 폐점을 통보하고 전화를 끊었다. 나의 폐점불가에 대한 생각을 재고조차 할 수 없다는 선배의 최후통첩이었다. 내가 그날 B점포 3층에서 전화를 받았고 통화 후 현기증을 느꼈다. 분노의 마음도 가라 앉힐 수가 없었다. 하지만 방법을 찾아야 했다. 나는 B점포의 턴어라운드에 자신이 있었다. 상당 부분 진행이 되어 내년이면 결실을 맺을 수 있다는 판단을 했다. 80% 이상 성공에 대한 자신감이 있었다. 그랬기에 무조건 방법을 찾아야 했다. 폐점은 안되었다. 그것도 심리적 결정이 아니라 상당 부분 논리적 근거를 마련하고 대안책을 세워야 했던 것이다.

한 시간 정도 좋지 않은 머리를 돌려가며 대안을 찾았다. 대표이사는 나의 마음을 알아줄 거라 생각을 했다. 마지막 결정이었다. 바른 방법은 아니었지만 현명한 방법이었다. 내가 그동안 보여줬던 열정과 업무처리 방식에 대해 많은 부분 인정해 주셨던 대표이사였다. 나의 고결한 뜻을 알아주실 거라 생각을 했던 것이다. 이 방법밖에 없었다. 그리고 나는 정리된 내 생각을 관철하기 위한 쿠데타를 자행했다. 나의 보신을 위한 쿠데타가 아니라 내가 운영하는 점포와 프로젝트에 모든 것을 걸었던 후배들을 지키기 위한 쿠데타였다. 어쩌면 하극상이다. 또한 항명이다. 비합법적이고 조직논리에 맞지 않을 수도 있다. 하지만 나는 생각대로 처리했다. 전화를 드렸다.

며칠 후 대표이사께서는 이런 말씀을 주셨다고 한다. "박팀장이 B점포 살린다고 하니까 폐점하지 마시오."라고. 그리고 그 내용이 내게 전달되었고 나는 B점포 주위를 몇 키로 달렸다. 그리고 전화 한 통이 걸려 왔다. 선배다. 이번에는 더 큰 소리다. "네 맘대로 해" 그리고 전화는 끊어졌다. 그런데 그 호통을 듣고 나는 왜 더 기뻐했을까? 이렇게 말했다. '그래, 내 맘대로 할거다.'

그리고 이런 결론에 내렸다. 잘못된 결정을 통해서 입점사이트로 출점을 했다고 하더라도 다른 하드웨어적, 소프트웨어적인 것의 변화를 통해 점포는 살릴 수 있다는 것이다. 구성원들과 숙의과정을 거쳐 활성화 프로젝트도 진행하지 않고 입점사이트가 잘못됐다는 판단을 내리면 안 된다. 잘못된 출점이 훌륭한 역량으로 극복할 수 있다는 점을 발견한 것이고 '도구의 결함이 장인의 우수성으로 극복된다'라는 결론에 다다르게 되었다. 두 번째는 현장중심의 영업구조를 만들어야 한다는 결론에 이르렀다. 그 당시 사업본부장은 그 점포를 한번도 방문하지 않았다. 그냥 과거의 수치를 통한 미래를 예단한 것뿐이었다. 우리는 간혹 그런 오류를 범하기도 하는데 그 사업본부장이 그러했다. 선배가 존재한다는 것은 미처 후배가 파악하지 못하는 것들을 캐치하면서 리딩하는 것이다. 현장에 한 번도 나와보지 않고 자신의 두뇌와 감을 동원하여 의사결정하는 리더의 오류를 범해서는 안 된다는 생각이다.

조직에서의 의사결정은 다양한 방법으로 존재한다. 합의, 협의, 지시와 통보 등 다양하다. 여기에서도 간과하지 말아야 할 것이 바로 쓴소리를 하는, 반대 의견을 제시할 수 있는 조직이 되어야 한다는 것이다. 반대 의견이 없고, 쓴소리가 없는 조직은 파국을 향하기 마련이다. 그래서 간혹 구성원으로서 쓴소리도 하고, 반대 의견도 내야 한다. 필요하다면 나처럼 항명을 하기도 해야 한다. 그래야 조직이 건강해진다. 내 생각이다.

B점포는 몇 개월 후 흑자점포가 되었고, 나는 다른 영업팀으로 떠났다. 그리고 2년이 지나고 나는 그 회사를 떠났다. 그리고 B점포가 그룹에서 주는 가치실천의 대상후보에 올랐지만 상을 받지는 못했다는 얘기를 들었다. 월평균 2억 원이던 점포가 3억 원이 넘는다는 내용은 그다지 놀랍지 않은 소식이다. 당시는 쿠데타였지만, 몇 개월 후에는 혁명으로 이름이 바뀌어 있었다.

이래도 폐점을 하시겠습니까? 모든 외식리더들에게 묻고 싶다.

데드라인(Deadline)

매년 11월이면 내년을 계획하는 사업계획의 시간이다. 이 시간이 다가오면 두렵다. 사실 사업계획을 작성하는 것이 내년도를 계획하는 것이니 즐거움이고 설렘이어야 하는데 이런 포비아를 안겨준 사건으로 인한 홍역을 앓는 듯 11월은 늘 두려운 시간이다.

11월 한 달간 모든 사업계획을 작성한다는 것은 결국 업무에 대한 데드라인이 정해졌다는 것이다.그래서 모두가 11월은 사업계획을 위해서 분주히 움직인다. 최종 결정권자까지 사인이 나야 하니 부서별로 계획을 서두른다. 모든 사업계획의 취합과 당시 대표이사의 결제까지 딱 한 달이다. 또 중간에 변경이 되거나 결정권자의 생각에 따른 수정을 감안하면 15일 안에 마무리가 되고 1차 보고가 완료되어야 한다. 11월이 직장인에게 가장 숨가쁘다.

그 해도 우리는 서둘렀다. 1차 보고를 15일 안에 완료하기 위해 숨가쁘게 사업계획에 매진했다. 대표의 변심도, 대표의 트리플 A형의 성격도 알고 있다. 그리고 우리는 정확히 이 주 만에 사업계획 1차보고를 완료했다. (그럼 그렇지 통과될 리가 있나.) 우리는 이틀에 한번 꼴로 사업계획을 수정했다. 무려 7차례나 수정을 했고, 이틀에 한번씩 밤을 새워서 작업을 했다. 조금의 변경도 아니고 갈 때마다 너무 다른 방향과 틀어진 숫자 등으로 사업계획의 방향이 이리저리 왔다 갔다를 무려 7차례. 그 해 보름 동안 나는 정확히 6일을 집에 들어가지 못했다. 사우나에서 방황했다. 선 잠도 자고, 라면으로 야식을 해결하곤 했다. 물론 나만이 아니고 우리 구성원들 모두가 그랬다. 새벽까지 수정과 수정을 거듭하고 다음날 아침 보고를 했다. 또다시 수정을 하고 보고를 했다. 정확히 7차례의 보고 후 사업계획이 완성되었다. 가끔 상사가 죽도록 미울 때가 있다. 뒤통수를 가격하고 싶을 때도 있다. 그 때 그랬다.

'변죽이 죽 끓는 듯 하네. 진짜.' 그리고 마음속으로 외쳤다. '살이나 쪄라.' 비열한 복수를 혼자서 강행했다.

모든 업무는 데드라인이 있어야 한다. 업무를 완성했다는 것은 업무의 질적인 요소와 더불어 기한 안에 완결하는 것이다. 데드라인이란 '죽음의 경계선' 즉 '삶과 죽음의 경계선'을 뜻한다. 경계선이 명확히 그어져 있다는 것. 그것은 필사적이 될 수밖에 없음을 뜻한다. 업무도 이와 같이 데드라인이 명확해야 한다. 그리고 그 업무의 질적 요소와 더불어 데드라인이 정확하게 지켜져야 업무가 완성되었다고 할 수 있다. 그 당시 우리는 정확히 6번의 밤을 새우고 사우나에서 잠을 청한 것은 사업계획의 데드라인이 있었기 때문이다. 만약 데드라인이 없었다면 우리는 그와 같은 행위를 하지 않았을 것이다. 그래서 데드라인을 생각했다. 일에는 반드시 데드라인이 있어야 한다.

이는 경영학에서 파킨슨의 법칙(Parkinsom's Law)으로 설명된다. 이 법칙은 '업무를 완수하는 데 주어진 시간만큼 업무는 늘어진다.'는 법칙이다. 따라서 업무는 일정 시간이 주어졌을 때, 한정된 시간이 있을 때 업무에 더 집중하며 더 많은 일들 해내는 것을 말한다고 볼 수 있다. 이게 데드라인과 일맥상통한다.

한참 인기를 끌었던 [남자의 자격]에 나왔던 이경규 씨가 '청춘에게 고함'이라는 강연에서 자신이 A방송국 모 프로그램에서 쫓겨 났을 때의 이야기를 했다. 배신감에 사로잡혀 너무 힘들었다며 눈물을 글썽이는 모습을 보였다. 그리고 자신을 벼랑 끝에 세웠다고 하고, 다시 이 프로그램에서 재기했다고 했다. 멋지게 재기하고 싶었다고 했다. 그저 그런 개그맨이 아닌 영원히 기억되는 개그맨이 되고 싶었다고 말했다. 그 장면을 보면서 가슴이 뭉클했던 기억이 난다. 더러는 죽음의 경계선까지 본인을 세워야 할 상황이 있다. 살면서 경험하게 된다.

업무를 잘하려고 할 때, 그리고 우리가 슬럼프에 빠질 때 우리에게 가장 필요한 것은 절박함에 있다고 생각한다. 그 절박함이 우리를 죽음에서 구하고, 어려움에서 구한다고도 생각한다. 그래서 절박함은 피해야 될 것이 아니라 오히려 즐겨야 하는 것이 아닌가도 생각한다. 나도 결핍을 느낄 때마다 혼자서 커피를 마시거나 거리공원에 앉아서 눈감고 사유를 한 적도 있다. 무작정 명동과 강남 거리를 배회하면서 이 집, 저 집을 둘러보면서 뒤지기도 했었다. 모든 서적을 펼쳐 놓고 잡생각을 하기도 하고, 헤드폰을 끼고 음악을 듣기도 한다. 메뉴를 개발할 때도, 마케팅을 기획할 때도, 브랜딩에 대한 고민을 할 때도, 사람에 대한 생각을 정리할 때도 모두 데드라인을 생각하면서 업무에 임한다. 데드라인이 없는 업무는 업무가 아니다. 절박함에서 꽃은 피어난다. 궁하면 통한다. 나는 이 말을 믿는다.

더군다나 창의성이 필요한 업무에 대해서는 더욱더 절박함으로 나를 몰아넣는다. 그 절박함이 바로 데드라인에서 기인한다. 정해진 기간 안에서 절박함으로 몰아갈 때 창의성은 터져 나왔다. 시험 치기 전 10분 동안의 공부가 최고의 성적을 가져오듯 자신을 데드라인에 세우고, 절박함에 세우고 업무를 수행할 필요가 있다. 물론 그런 절박한 수행과정에서 실수는 있을 수 있다. 하지만 시도하다가 실수를 하는 것은 용서가 될 일이다. 하지만 시도조차 하지 않고 절박함을 가지지 않는 행동은 용서할 수가 없다.

나는 그 해 사업계획 사건으로 업무를 이렇게 정리했다.

'업무를 계획할 때 데드라인을 정하자.'
'데드라인을 정함으로써 우리의 창의성은 더 많이 발휘된다.'
'실수는 용서할 수 있으나 시도조차 하지 않는 것은 직무유기다.'

오늘도 우리는 업무의 데드라인으로 죽음의 경계선을 넘나들고 있다.

박팀장 나오라 그래!!

앞선 글 '12.12 쿠데타의 전말'과 연결되는 이야기다. 같은 사건이다. 같은 이야기 속의 다른 이야기이다.

내가 죽을 것 같으니 수단과 방법을 가리지 않아야 한다는 생각이 지배적이었다. 물론 비도덕적, 비신사적 행위를 하지는 않는다. 비신사적, 비도덕적 행위를 제외하고 모든 방법을 동원해야 했다. 내가 맡은 이 점포, 매월 적자가 1천만 원은 넘었다. 사실 개인사업자라면 몇 개월 만에 망하고 길거리에 나앉아야 한다. 신문지 덮고 지하철에서 자야 할지도 모른다. 나는 어떻게든 해결해야겠다는 일념으로, 반드시 적자를 개선해야겠다는 일념으로 가슴에 손을 올리고 태극전사가 되어야 했다. 마지막이라는 생각으로 비장한 각오를 다졌다.

첫 번째 일은 건물주를 찾아가는 것이었다. 적자를 개선하기 위해서는 단지 임대료를 깎는 것으로 해결되지 않는다. 그래서 이 점포를 어떻게 운영하겠다는 프로젝트성 준비는 모두가 마무리가 되어 있었다. 이후 비용적인 부분을 해결하기 위한 조치의 1순위가 임대료에 대한 협상이었다. 이 점포 매출의 11%를 임대료로 낸다. 계산을 해보니 월평균 2천만 원 선이다. 프로젝트가 성공했을 경우 수수료로 이만큼의 임대료를 낸다면 약 3천만 원에 육박한다. 프로젝트에 대한 성공은 내가 80% 이상을 장담했었다. (건방진 생각이지만 나는 늘 51%의 육감이 있으면 행위로 옮겨야 한다고 생각한다. 자신감은 제법 이나 성공을 가져다 준다.) 가장 좋은 방법은 현재의 임대료 수준 월 2천만 원을 수수료가 아닌 고정 임대료로 전환하는 것이었다. 월 매출이 3억일 경우 수수료 11%를 낸다면 월 3천3백만 원의 임대료를 내게 되고, 고정비로 2천만 원 정도 낼 경우 차액은 1천3백만 원이다. 연간으로 계산하면 약 1억5천만 원의 임대료가 절감되는 셈이다. 안 할 이유가 없었다. 매출에 대한 자신감은 있었다.

건물주를 만나러 가기 전 대안을 찾았다. 물론 현재의 수준인 2천만 원으로 고정임대료를 하자고 하면 건물주 입장에서는 수수료와 차이가 없어서 별 재미를 느끼지 못한다. 따라서 나는 월 2백만 원 정도 임대료를 더 올려주는 선 즉 2천2백만 원 정도로 제안을 했다. 이 제안은 건물주 입장에서 나쁠 게 없다. 그리고 건물주는 흔쾌히 허락을 했다. 남은 기간은 월 2천2백만 원으로 고정임대료다. 만약 프로젝트가 성공할 경우 상당한 이익이다. 월 2백만 원을 더 올려주었지만 그래도 월 천백만 원 정도는 절감할 수 있다. 실로 큰 돈이다. 다만 프로젝트가 실패하면 나는 끝장이다.

이제 프로젝트만 성공하면 된다. 프로젝트는 메뉴의 개편, 서비스방식의 변경, 단체고객의 연회, QSC 등 다방면에 걸쳐서 진행이 되었고, 매출은 3개월이 지난 시점부터 서서히 오르기 시작했다. (대충 올랐겠지가 아니다. 정말 열심히 노력했다.) 그리고 6개월이 지난 시점부터 100% 이상을 달성했고, 지속적으로 매출은 그 이상으로 가파르게 상승했다. 따라서 임대료의 조정은 성공적이었다. 프로젝트의 진행도 성공적이었다.

건물주는 정확히 5개월 정도가 지났을 때 사무실로 찾아왔다.

"박팀장 나오라 그래."(친하게 지내서 이렇게 부르곤 했다. 세상 나이로 따지면 한참 선배이셨다.)

그래서 박팀장인 내가 나갔다.

"아이고 오랜만이세요. 사장님."이라고 하니 "내가 너 꼬임에 넘어가서 손해를 많이 본다."라고 하신다. 내가 다시 말씀을 드렸다. "사장님, 짜장면에 군만두 하러 가시지요."

그리고 우리는 사무실 뒷골목 짜장면 집으로 향했다. 근데 이 분, 건물주 참 좋으시다. 다 먹고 계산대로 향하면서 내가 이런 말을 건넸다. "짜장면 값은 제가 낼게요"라고 하니, 건물주님 이렇게 말씀 주신다. "또 그건 아니지"하시면서 본인이 직접 계산하셨다. 이런 건물주만 있으면 장사할 만 한데 말이다. 한 번씩 속으로 얘기하곤 했다. "사장님, 건물주님 감사합니다." 지금 세상의 관점으로 보면 '착한 건물주'다. 아주아주 착한 건물주. 아직도 이 분과 연락을 한다. 얼마 전 얼굴도 한번 뵈었다. 세월이 흘렀는데 여전히 그대로이시다. '짜장면 값 정도는 내가 내야지'하는 이런 고운 마음씨 덕에 늙으시지 않는 것 같다.

'조물주 위에 건물주'라는 말이 맞다. 대한민국 임대료, 세상 물정과 다르게 너무 높이 올라가 장사하기가 어렵다. 이모님들이랑 노동하면서 음식 정성껏 만들고, 고객들 식사 대접하고 서비스하면서, 냉난방비 아껴서 장사해서 건물주들에게 다 돌아가는 것 같아서 속상하다. 가진 사람이 더 가지게 되는 자본주의 구조가 더러는 음식 장사하는 내게 아픔을 준다. 우리는 진짜 힘들게 먹고 살려고 음식장사를 한다. 음식을 통해서 아름다운 세상을 만들려고 하는데 높은 임대료가 살아가는 힘을 빼는 것 같아서 못내 아쉽다. 적정한 구조란 없는 것인가?

또 살 길 찾아서 골목, 골목으로 들어가서 상권을 만들어 놓으니 이제는 대기업이 진출해서 골목길의 임대료를 다 올려놓는다. 골목길의 시작은 소박한 골목길 사장님들이다. 어렵게 맛집, 소상공인집, 자영업자들이 옹기종기 모여서 넉넉한 골목상권 만들어 놓으면 또 대기업에서 막 들어온다. 그리고 임대료는 천정부지로 치솟게 한다. 그래서 젠트리피케이션(Gentrification, 도심이나 상권에 사람들이 몰리면서 개발이 가속되고 임대료가 오르면서 살던 원주민이 바깥으로 내몰리는 현상, 여기서는 골목장사를 시작해서 상권을 만들고 형성한 상인들이 내쫓기는 현상을 말하기 위해 제시)이 심각하게 일어난다.

'진짜, 대기업들 이러면 안 되는데..'

이렇게 외쳐본다.

"건물주분들, 같이 먹고 삽시다. 음식장사 진짜 힘들어요. 우리는 앵벌이가 아니에요."

영업이익의 6%

우리 매장의 직원은 90명이었고, 많을 때는 100명이 넘었다. 매출은 월평균 5억을 넘어섰고 12월 성수기에는 7억을 넘기기도 했다. 패밀리레스토랑이 선전하던 2000년대 초반, 우리는 많은 고객들과 몸부림치면서 일하기 일수였다. '하루에 3천만 원의 매출을 올리려면 접시를 몇 개를 닦아야 하는지 아느냐? 스테이크를 몇 개 구워야 하는지 아느냐?' 등의 농담 섞인 우리들의 대화 내용은 거의 무용담 수준이었다. 하루 매출이 아주 적을 때는 천만 원 정도, 이 정도의 매출이 간혹 나오기도 했는데 이럴 때 우리는 매장 망하는 거 아니냐는 걱정할 정도였다. 지금 대부분의 레스토랑들이 들으면 아마 신화 속의 얘기로 들릴지 모르겠다.

그 당시 패밀리레스토랑 점장들은 중소기업 사장 이상의 파워와 여유를 가지고 있었다. 출근하면 바(Bar)에 앉아서 아메리카노 한잔의 여유로움을 마시고, 신문을 보면서 세상의 동정을 살피는 것으로 일과를 시작했다. 옆에서 우리는 오늘도 몰아칠 고객들의 발걸음에 분주히 테이블을 정리하고 식자재를 준비했다. 세상의 계급이란 어느 곳에서나 존재하듯 말이다. 그래서 나는 점장이 빨리 되어야 했고 되고 싶었다. 우리는 점장이 되어야 할 이유를 여기에서 찾고 있었다.

영업이 잘되면 잘 될수록 회사는 더욱 채찍질을 가한다. 고생한 대가에 대한 인센티브 제도가 날이 갈수록 강화되고 정교화 되어갔다. 또 타 경쟁사는 점장들에게 매월 현금수익의 4%를 인센티브로 준다고 했고, 어디는 매월 초과 달성분의 10%를 준다는 소리도 간혹 듣기도 했다. 우리도 예외는 아니었다. 한참 경쟁이 치열했던 패밀리레스토랑의 난타전 속에서 우리 브랜드 점장의 인센티브는 더욱더 높아졌다. 영업이익을 더 확보하라는 회사의 방향이 그러했고, 좋은 점장들을 경쟁사로 뺏기지 않으려는 회사의 속사정도 이해는 했다. 하지만 이제 영업이익의 6%까지 인센티브가 치솟았다. 점장들의 인센티브를 향한 열정도 대단해졌고 비용절감이라는 명분 아래 '이건 아니다' 싶을 정도의 행위도 눈에 띄기 시작했다.

M점포 점장의 경우 연봉이 4천만 원인데 인센티브가 6천만 원이라고 한다. 그래서 연봉이 1억 원이라고. 전설 속의 얘기가 아니다. 그 당시의 연봉을 생각하면 인센티브 수준은 상상을 초월한다. 이런 기형학적인 구조를 누가 만드는지 새삼 놀라울 따름이었다.

전설 속의 이야기이고, 경쟁사의 이야기였지만 점장이 세척하는 직원에게 고무장갑을 사주지 않아서 엄마의 고무장갑을 가지고 와서 식기를 세척했다느니, 점장이 종량제 봉투를 사주지 않아서 쓰레기를 나눠 가지고 가서 지하철 쓰레기통에 버렸다느니, 유리창을 닦기 위해서 거리에서 무가지로 배포하던 구인광고지를 한 부씩 가지고 출근했다느니 하는 것은 전설이지만 경쟁사로 경쟁사로 소문이 무성했던 터였다 .이래서 바쁠 때 근무하던 직원들을 한가해지면 3시간 쉬고 오라고 하는 행위 즉 시급을 주지 않는 아르바이트 꺾기가 성행했던 것 아닌가? 이런 것들에 대해서는 우리는 의문을 던져야 한다.

'밀코비치의 보상'이라는 책에서 소개된 완두콩 제조회사의 이야기를 빌리고자 한다. 콩에서 벌레가 생겨서 품질이 떨어지는 현상이 발생했다. 완두콩회사에서는 벌레 제거 작업에 들어갔다. 직원들에게 잡은 벌레 수에 따라 보너스를 주는 제도를 도입했다. 보너스를 주자 많은 벌레가 잡혔다. 그런데 직원들이 출근하면서 벌레를 가지고 와서 완두콩에 붙이는 사태까지 벌어졌다. 아주 극단적인 예지만 올바른 보상에 대한 메시지를 명확하게 주는 사례다.

당시 내가 보았던 보상과 인센티브에 대한 생각도 '밀코비치의 보상'이라는 사례와 같았다. 많은 점장들이 경제적 보상에 즉 외적 동기에 의해서 자극을 받고 있었다는 생각이 들었다. 우리 말에 '제보다 젯밥에 관심이 더 많다'라는 말과 동일하다. 제사의 의미는 잊어버리고 밥에만 관심이 있는 상황, 일의 의미보다는 경제적 보상에 대해서 관심이 많은 점장들. 그래서 고객가치가 훼손되었고, 구성원들의 가치 또한 훼손되었다. 모두는 아니었지만 상당수가 그러했다.

구성원들이 특히 리더의 경우 인센티브, 경제적 보상 등 외적 동기에 의해서 자극이 되면 안 된다는 것이다. 리더들이 가지고 가야 할 것 항목 중 내적 동기에 대한 부분, 즉 경제적 보상 등 외적 동기에 의해서 자극을 받는 것이 아니라 스스로 일의 의미와 일에 대한 철학, 직업에 대한 생각, 조직의 가치 등 내적 동기에 의해서 자극을 받아야 한다는 것이다. 이것이 곧 셀프 리더십이다. 리더들은 그렇게 일을 해야 한다. 스스로가 스스로를 자극하고, 이 자극이 구성원들에게 선한 영향력으로 다가가는 구조, 그것이 우리가 일을 하는 의미이다.

누군가는 1억의 연봉을 받고 있을 때 시급 3천 원의 박복함으로 구슬 땀을 흘리고 일 했을지 모른다. 또 누군가는 한가한 시간이라며 시급을 희생당하며 '아르바이트 꺾기'를 당했을지 모른다. 엄마의 고무장갑으로, 지하철의 쓰레기통에 쓰레기를 버리면서 눈물을 삼켰을 수도 있다. 우리는 세상에서 모두 리더들이다. 사실 '일의 의미'와 '일에 대한 철학', '내가 가지고 가야 할 가치관'을 위해서 살고 있다. 하지만 돈을 남기는 것이 모든 것이 되어버렸던 그 당시의 모습을 생각하면 '내가 그때 무엇을 보며 살았나'라는 의구심이 들 정도다.

리더들은 스스로 셀프 리더십을 구사하면서 모든 구성원들에게 선한 영향력을 주어야 한다. 그리고 경제적 보상만이 아니라 스스로 일의 철학과 일의 의미, 가치에 대해서 가르쳐야 한다. 이것이 직업의 의미이고, 노동의 의미라고 생각한다.

큰 스테이크가 큰 실수를 부른다

갑자기 후배들이 담배를 끊자고 했다. 정말 이런 경우가 느닷없다는 표현이 맞다. 갑자기 불어닥친 금연 열풍에 어리둥절하다. 나는 끽연가였다. 아니 애연가였다. (아주 오래 전 얘기지만 지금은 담배연기가 너무 싫다.) 그리고 10만 원씩 돈을 걸자고 했다. 모아보니 백만 원이었다. 한 달 후 성공한 사람이 가지고 가는 것으로 하자는데 이미 이건 내 돈이 아니라고 생각하고 시작했다. 그럴 자신도 별로 없었다. 그리고 금연이 시작되었다. 나는 사실 영문도 모른 채 후배들에 의해서 이끌려 갔다. 내가 담배를 피면서 담배를 끊겠다고 생각한 적은 한 번도 없었다. 그 때가 처음이었다. 그들이 담배를 끊고자 했던 이유도 묻지를 않았다.

그리고 생각을 했다. '담배가 뭘까? 왜 필까?' 생각의 결론은 이러했다. 흡연을 오래해서 운동을 하면 숨이 차고, 아들이랑 뽀뽀를 하려면 담배 냄새에 아들이 싫어하고, 아들에게도 좋지 않았다. 오래 사는 것이 중요한 것이 아니라 건강하게 살다 가자는 생각이 들기도 했다. 그리고 세상에는 담배보다 재미난 것들이 훨씬 더 많다고 생각했다.

후배들은 내 생각과 달랐다. 한 달 후면 그 백만 원이 자기 돈이 되면 어떤 것을 할지 고민했고, 자기 돈이 된 것처럼 환한 웃음을 지어 보이기도 했다. 나는 하루, 이틀을 참았고 그러다 보니 일주일이 되었다. 정말 힘들었다. 들고 있던 야구공을 던지기도 하고, 무작정 축구공을 발로 차기도 했다. 누워서 사탕과 과자를 야금야금 먹기 시작했고, 한번은 방안의 벽도 주먹으로 치곤 했다. 그리고 참았다. 한번은 숨이 차서 미칠 지경이었다. (당시는 몸에 이상이 생긴 줄 알았는데 지금 생각하면 금단증상이었다.) 한 달 후 결과는 어땠을까? 나는 성공했다. 아니 나만 성공했다. 후배들은 돈 백만 원에 관심이 있었고, 나는 다른 동기요인에 의해서 자극이 되었다. 결론적으로 돈이 아닌 내적 동기에 의해 자극 받은 나만이 성공한 것이다.

댄 애리얼리(Dan Ariely)는 인도인의 연구에서도 내적 동기와 외적 동기의 결과에 대해서 설명한다. 동기요소에 의해서 성과와 보상의 상관관계를 만들어서 설명했다. 인도인들을 3개의 그룹으로 나누고 목표달성과 성과 보상에 대해서 제시한 후 연구를 했다. 그룹은 아래와 같다.

A그룹 : 목표 달성 시 4루피 제공 약속

B그룹 : 목표 달성 시 40루피 제공 약속

C그룹 : 목표 달성 시 400루피 제공 약속

당시 인도인의 하루 일당이 4루피 정도였으니 각각 B, C 그룹은 10일 치의 일당과 100일 치의 일당을 목표 달성 시 받는 것이다. 큰 보상금액이다. 보상만 놓고 보면 C 그룹의 성과가 가장 좋아야 한다. 결과는 어땠을까? 100일 치의 일당이면 직장인 누구라도 정말 열심히 해서 목표를 달성하려고 하지 않겠는가? 결과가 궁금하다. 결과는 일반적인 생각과 달리 정반대의 결과가 나왔다. 6개 게임을 진행했는데 모두 일관되게 보상이 높을수록 성과가 떨어지는 것으로 나온 것이다.

댄 애리얼리는 이렇게 정의했다.

'큰 스테이크가 큰 실수를 부른다(Large Steak and Big Mistakes)'

태어날 때부터 갖고 있는 동기로 스스로 좋아서 하는 행동은 내적 동기라고 하고, 외적 동기란 외부의 보상에 의해서 생기는 동기를 말한다. 즉 상을 주면 나타나는 행동은 외적 동기가 높아서 나오는 행동으로 설명할 수 있겠다. 금연과 인도인의 사례로만 보면 보상이 크게 될수록, 보상에 모든 신경이 집중될수록 성과가 하락한다. 보상에 의한 외적 동기에 주의가 분산이 되고, 목표가 변경되기 때문이다. 결국 업무의 성과는 내적 동기가 강해야 하지, 외적 동기(보상)에 의한 자극이 일시적이고 효과가 크지 않다는 것이다. 따라서 리더나 구성원들이 외적 동기에 의해서 좌지우지되지 않게 일하는 의미, 일의 목표 등 내적 동기를 지속적으로 강화해야 한다.

'돈 백만 원 줄 게가 아니고, 이 일을 통해서 우리가 얻는 것이 무엇인지를 설명해야 한다.'

주위의 모든 성공한 사람들은 보면 외적 동기에 의해서 자극을 받지 않았다. 모두가 나와 승부하고, 내가 목표가 된 경우가 많다. 그리고 표현할 수 없는 광기(狂氣)를 가지고 있다. 외적 동기에 의한 광기가 아니라 내적 동기에 의한 광기인 것이다. 모든 리더와 일하는 우리는 스스로를 자극하는 내적 동기를 키우는데 노력을 기울여야 한다. 나도 그렇게 되고 싶고, 후배들도 그렇게 만들고 싶다. 내적 동기가 나를 키우는 원동력이었으면 한다.

"후배들아… 아직도 담배피고 있냐? 그만 끊어. 나는 백만 원으로 아들 책 사줬다."

33.33333%

브랜드 매니저였던 상사는 출근하면 바로 매장으로 전화를 건다.

"요즘 뭐해요? 매출도 안 좋은데?"

이렇게 점포 점장에게 전화를 걸어 질책 주기를 시작으로 하루 일과를 시작하던 그 분.

점포의 매출이 하루, 하루 드라마틱하게 바뀌지 않음을 우리는 알고 있는데 그 분은 모르실까? 그리고 어떤 점포의 매출과 이익이 좋아지면 바로 평소에 전혀 보지 못하는 이상 야릇한 미소를 띄운다. 그러면서 이런 멘트를 했다. "사랑은 움직이는 거야." 브랜드 매니저였던 그 분에게는 정말 매출과 이익만 보였다. 직원들이 무슨 생각을 하는지, 현장의 메뉴와 서비스는 어떤지? 고객이 인식하는 브랜드는 어떤지? 이런 것들을 전혀 고민하지 않았다. 늘 핸드폰을 들고 다니면서 실시간으로 매출을 확인하고, 다음날 매출이 부진하면 전화를 걸어 타박하기를 반복하는 하루, 하루였다. 여러 가지 것들이 조합되어 만들어지는 매출과 이익이 왜 그 분 눈에는 점장의 탓으로만 보일까 알쏭달쏭했다.

또 한번 비슷한 경영자를 만났다. 1년을 함께 하면서 비용 줄이고, 이익 늘리는 이야기 외에 어떤 얘기도 하지 않는 경영자였다. 매출이란 것이, 이익이라는 것이 말로 늘렸다 줄였다는 할 수 있는 것이 아니다. 사업을 해본 사람이면 누구나 알고, 직장을 다녀봤으면 누구나 아는 사실이다. 1년 내내 '비용 줄이고, 이익 늘리고'라는 말을 앵무새처럼 했다. 매출이라는 것은 그렇게 접근하는 것이 아니라고 오래 전부터 생각을 했다. 매출 안에는 구성원들의 일하는 문화도 있고, 고객들에게 비치는 우리 브랜드의 이미지도 있고, 현장의 QSC관리 역량도 있고, 마케팅과 브랜딩 활동도 있고, 조직 구성원의 만족도도 있다. 이 모든 것이 합쳐져서 매출이 형성된다. 그냥 매출을 늘리자고 하면 매출이 늘고, 이익을 늘리자고 하면 이익이 느는 것이 사업이 아니다. 그걸 왜 모를까?

모든 회사와 브랜드와 점포를 운영하는 경영자들 분에게 매출과 이익은 상당히 중요하거나 가장 중요한 부분임에 틀림이 없다. 하지만 모든 일에는 선행변수와 후행 변수가 있는 것이다. 선행변수를 잘 관리해야, 후행변수가 따라오는 그런 구조를 만들어야 한다. 음식점에서 나는 그 선행변수가 조직문화와 QSC라 생각을 한다. 그래서 후행변수로 매출과 이익이 오는 구조인 것이다.

음식점으로 좁게 접근해보면 더욱 쉽다. 점포의 매출은 점포의 조직문화, 훌륭한 QSC에서 시작한다. 잘 갖춰진 점포문화와 훌륭한 QSC는 점포의 매출과 이익에 기여한다. 이를 모두 밸런스 있게 운영하는 리더가 잘 하는 리더이다. 이를 점포의 밸런스 있는 운영이라고 말한다. 점포의 밸런스 운영이란 우수한 조직문화, 훌륭한 QSC, 매출과 이익을 33.3333333%씩 관리하는 것을 말한다. 어느 하나에만 너무 치중하면 어떤 부분이 부족해지기 마련인 것이다. 경영자가 돈 이야기만 하면 구성원들은 돈밖에 안 본다. 고객도 안 보게 된다.

외식업, 음식점뿐만 아니라 모든 업에서, 모든 조직에서 조직문화를 관리하는 것이 성공의 바로미터이다. 배려하는 문화, 협업하는 문화, 성과를 달성하고자 하는 강한 의지의 문화, 활동력이 왕성한 문화, 고객을 먼저 생각하는 문화 등 조직문화를 관리하는 것이 첫 번째 요소이다. 문화는 모든 것을 이긴다. 문화는 강하다. 두 번째로 훌륭한 QSC이다. QSC는 음식점의 본질이다. 본질이 강한 음식점은 반드시 성공한다. 늦더라도 대박 음식점이 된다. 잘 무너지지 않는다. 음식의 맛, 세련된 서비스, 환상적인 위생관리 등이 음식점의 본질이다. 이런 QSC가 완벽할 때 고객들은 환호한다. 세 번째는 매출과 이익이다. 사업을 형성하는 근간이다. 단기적인 이익과 장기적 이익 등 사업의 양면성을 잘 알고 이를 운영해야 한다. 이익은 사업의 충분조건은 아니지만 필요조건이다. 조직문화, QSC와 더불어 매출과 이익을 밸런스 있게 운영해야 한다.

그래서 나는 이 3가지를 33.33333%씩 관리하자고 하는 것이다. 매출과 이익에 편중되면 QSC를 놓치기 쉽고, QSC만 관리하다 보면 매출과 이익에 소홀할 수 있다. 매출과 이익 없이 사업이 성공할 수 없고, QSC 없이 음식점이 성공하지 못하는 것이다. 그리고 그 근간에 반드시 우수한 조직문화가 있어야 하는 것이다. 음식점은 관리포인트가 너무 많은 업종이다. 돌아보면 문제가 생기고, 문제를 해결하면 다른 문제가 생긴다. 경영자들이 포인트 잘 정리해서 관리할 필요가 있다. 그래서 재미있는 사업이기도 하다.

이를 우리는 33.33333%의 밸런스 운영이라고 한다. 경영의 백미다.

올리브영에서 화장품을 산 까닭은?

올해도 어김없이 겨울이 찾아왔다. 직장인들에게 겨울은 내년도 사업계획작성의 계절이요, 올해 실적과 역량에 대한 평가의 계절이다. 그래서 겨울이 늘 포근하고 따뜻하지만 않다. 한 해를 마감하는 그 시기만큼도 치열할 수 밖에 없는 구조, 그것이 직장인의 숙명이다.

2010년 겨울이었다. 사업계획을 완료하고, 다시 평가의 시기가 되었다. 미안하다는 생각이 들었던 그 해 겨울이었다. 나는 평가자로 섰을 때 한번도 소홀한 평가를 한 적이 없다. 모든 평가자료에 1년의 실적과 행위에 대한 기록들을 들추어 내어 우선 정리를 한다. 정리 내용을 바탕으로 소신 있는 평가 내용을 후배들의 평가지에 기록을 해준다. (평가자가 많을 때는 2백 명이 넘었으니 힘든 작업이었다.) 그것이 평가자로서 할 수 있는 최소한의 도리이고 예의라고 생각했다. 문제는 내 도리를 차치하고 내가 할 수 없는 부분에 다다를 때다. 대부분의 회사들이 상대평가를 평가의 툴로 사용한다. 과거 BSC(Balance Score Card), MBO(Management By Objectives), KPI(key

Performance Index) 등 다양한 툴을 사용해서 평가를 진행했고, 최근에는 OKR(Objectives and Key Results, 인텔에서 시작되어 구글을 거쳐 실리콘밸리 전체로 확대된 성과관리 기법으로, 조직적 차원에서 목표를 설정하고, 결과를 추적할 수 있도록 해주는 목표 설정 프레임워크다.)까지 도입되어 '평가의 객관성'을 확보하기 위해서 노력을 하고 있다. 하지만 상대평가로는 평가의 한계가 있다. 내 결론이다.

평가라는 것이 충분한 객관성을 확보하더라도 평가에는 반드시 오류가 생긴다. 또 그 오류를 잡기 위해서 노력을 해야 하는 것도 평가자의 몫, 우리의 몫이다. 그 오류 중에 내가 생각하는 가장 큰 오류는 상대평가라는 평가틀에 있다고 본다. 모두가 잘해도 상대평가는 누군가가 하위 등급을 받아야 하는 구조다. 모두가 90점이 넘는 평가를 받아야 할 때도 또 상대평가에 의해서 누군가는 하위 등급을 받아야 한다. 긴 시간 동안 직장생활을 하면서 가장 불합리한 제도가 상대평가라고 생각하고 있다. 아직도 그 생각은 유효하다. 그래서 내가 몸담고 있는 회사에 일부 절대평가제도를 도입했다. 그것이 맞다고 오랜 시간 생각을 해왔기 때문이다.

당시 회사가 채택한 평가제도 역시 상대평가였다. 동일한 직급에서 S, A, B, C, D 5개의 등급으로 나눠서 등급에 따른 연봉 인상률을 정하는 방식이었다. 평가 등급에 따라서 인센티브 비율까지도 달라졌으니 평가등급이 급여에 미치는 영향은 제법 무게감이 있었다. 2009년 성과에 대한 평가를 하다 보니(당시 맡고 있던 팀의 성과가 좋았다.) 대부분의 후배들이 좋은 성과를 기록해서 B등급 이하의 피평가자들이 나오지 않았다. 1차 평가의 결과이다. 여기서 문제가 생긴 것이다. 1차 결과대로라면 다시 평가자료를 수정해야 한다. 화사에서 요구한 등급에 따른 비율이 있다. 수치를 조정해 인위적인 평가등급을 배분해야 한다. 사실 너무 어려운 작업이었다. 처음에는 1차 평가가 나온 대로 올렸다. 생각했던 대로 반려되었다. 그래서 인위적으로 대폭 수정했다. D등급은 없더라도 C등급은 배분해야 한다는 것이 회사의 정책이라고 했다. 총3명의 인원을 C등급으로 배분해야 했다. 이 정도 되면 후배들의 얼굴이 내 앞을 가로막는다. '울며 겨자 먹기'로 3명의 후배를 C등급으로 배분했다. 그리고 평가면담의 시간이 왔다. 나는 적잖이 당황했고, 후배들을 어떻게 만날까 심한 고민에 휩싸였다. 우리 조금만 고생하자면서 다독이면서 치열하게 살아왔던 지난 한 해였다. 도저히 용기가 나질 않았다. 해줄 말도 없었다. 그들이 한 고생을 알기에 정말 면담이 막막하기만 했다. 내가 스스로 부끄러웠다. 나를 책망하라는 말 이외에는 해줄 말이 없는 평가였다. 그렇지만 평가면담을 안 할 수도 없다.

제법 긴 시간 고민하고 있는 와중 내 발걸음은 어느새 올리브영으로 향하고 있음을 발견했다. 올리브영으로 들어가서 화장품세트 3개를 샀다. 화장품이라도 하나 건네주면서 내 마음을 알아주기를 바랬다. 심적으로 절박했다. 화장품을 사 들고 면담자리에 우리는 앉았다. 내가 등급을 알려주었다. 한 명의 후배는 대성통곡을 했다. 대성통곡 앞에서도 나는 할 말이 없었다. 화장품도 숨겼다. 미안하다고만 10번을 말하고 일어났다. 고통스러웠다. 그렇게 3명과 면담을 하고 나는 유체이탈을 경험했었다. 그 이후로 2명이 퇴사를 했다. 1명은 해외로 유학을 가겠다고 했고, 1명은 다른 회사로 전직하겠다고 했다. 1명은 살아남아서 이후 몇 년간 건재했다. 그리고 보면 2명의 좋은 인재를 회사는 놓치게 된 것이다. 1명의 인재를 육성하는데 얼마의 비용이 들까? 그리고 그들이 향후 기여할 것으로 보이는 가치는 얼마나 될까? 인재경영이 필요한 부분이다. 그리고 평가제도에 대한 개선이 절실하다고 생각했다. 화장품 세트 2개는 건넸고, 하나는 버려졌다. 대성통곡을 화장품이 이길 거라고 생각하지 않았다.

모든 회사는 비용의 문제, 인건비의 문제로 인해서 절대평가가 아닌 상대평가의 툴을 사용한다. 그리고 경쟁을 시킨다. 잘했건 잘못했던 그 툴에 맞추다 보면 선의의 피해자는 반드시 생긴다. 그 피해자가 인재라면 더더욱 문제가 된다. 획일화된 평가의 잣대로 인재들을 줄을 세워서 등급으로 나누는 툴은 이제 폐기되어야 한다고 생각을 한다. 나는 절대평가의 주창자다. 절대평가만이 인재를 발굴하고 육성하는 제도라고 생각을 한다. 무엇이 맞다 틀리다의 문제가 아니라 한 만큼에 대한 보상을 위한 툴이라고 보기 때문이다.

앞으로 다시 올리브영으로 가서 그런 용도의 선물인 화장품을 사지 않기를 마음속으로 바란다. 선물은 의미가 있다. 있을 수 없는 미안함을 담은 선물은 아직도 마음의 상처로 남아 있다. 간혹 페이스북을 통해서 그들 3명을 만난다. 온라인에서도 언텍트인 상황에서도 피하고 싶은 것은 그들에게 가진 간절한 미안함 때문이라고 생각한다.

'후배들아. 상대평가 없는 세상에서 살자. 진실한 내 마음이다.'

텍사스존 안타(Gray Zone 업무)

늘 주말에 현장을 방문하는 것을 일상으로 생각한다. Area Manager의 보직을 맡고 난 이후부터 사실 주말이라는 것이 없을 정도로 늘 현장을 방문하고 개선점과 중요 포인트를 체크하는 것이 일상이 되었다. COO(Chief Operation Officer)를 하고 있는 지금도 그렇게 하고 있다.

8월 더위가 기승을 부릴 때 한 매장을 방문했다. 그런데 이 더운 여름날 에어컨이 고장이 난 것이다. 그래서 점장에게 물어보니 고장 난 지가 4일이 지났다고 한다. 무척이나 화도 나고, 이해가 안 되어 "그럼 4일 동안 수리업자에게 의뢰나 수리도 안하고 뭐했냐"고 하니 Area Manager에게 보고를 했다고 한다. 그래서 다시 Area Manager에게, 또 본사의 시설담당과장에게 전화를 했더니 문제를 알고 있었고, 조치를 했다고 판단했다고 한다. 누가 해결했는지에 대한 확인은 하지 않았다. 서로가 문제를 해결하지 않고 서로에게 떠넘기고 있었다. 서로에게 업무를 토스하는 순간 피해는 고객들에게 돌아갈 것이고, 또 회사에는 매출에 대한 피해가 갈 것이다. 이렇게 서로가 업무에 걸쳐져 있는 사이 각자는 무엇을 해야 하는지 명확히 해야 한다. 아니면 자기주도적으로 업무를 수행해야 한다.

한번은 병원이나 호텔이나 전화를 걸어서 문의를 하면 각기 다른 부서로 돌려가면서 고객을 지치게 하는 경우도 빈번하다. 흔하게 겪는 일이다. 고객의 입장에서 생각하지 않아서 발생하는 문제다. 각자의 역할에 대한 규정이 되어 있지 않아서 발생하는 문제다. 결국 이런 문제의 피해는 고객들에게 돌아간다. 고객과 대면하고, 고객을 맞이하는 업종에서는 이런 업무에 대한 분장과 고객의 입장에서 업무처리프로세스가 명확하게 규정되어 있어야 한다. 음식점도 서비스업도 모두 마찬가지다.

야구게임을 보면 빗맞은 타구가 내야수와 외야수 사이 어떤 선수도 잡을 수 없는 3각지대에 떨어지는 안타를 텍사스안타 또는 텍사스존 안타라고 한다. 1880년대 말 텍사스리그에서 이런 안타가 많이 나왔다고 해서 붙여진 명칭이다. 물론 내야수, 외야수가 서로 잡겠다고 하면 부딪혀서 부상의 위험이 있기는 하다. 따라서 이런 경우 소극적인 수비로 일관하기 쉽다. 그래도 나는 부상의 위험만 제외하면 '콜'을 통해서 누가 공을 처리할 것인지를 말하고, 한 명은 적극 가담하고, 한 명은 백업으로 근처에서 만일의 상황을 대비해야 한다고 생각한다. 이것이 텍사스존 안타를 막는 방법이다.

업무도 마찬가지이다. 일을 하다 보면 분명히 텍사스존(나는 이를 그레이존 업무라 한다.) 업무가 생긴다. 누구의 업무라고 명확히 규정지어지지 않고, 서로의 업무가 연관되거나 섞여 있는 그런 업무가 있다. 우리는 여기서 업무에 대한 명확한 방침을 설정해야 한다. 이런 업무의 경우 서로에게 업무를 미루는 것이 아니라 서로가 업무를 자신의 업무처럼 해결해야 텍사스존 안타를 맞지 않는다. 서로가 서로에게 기대어 '누군가가 해결해주겠지'라고 생각하는 순간 업무의 공백상태, 업무의 공황상태가 오고 만다.

이런 업무처리 프로세스 면에서 보면 '서울시의 다산콜센터'의 운영은 훌륭하다. 시민의 입장에서, 고객의 입장에서 업무가 처리되고 해결된다. 모든 민원이 다산콜센터 한 명이 해결하고 마무리까지 지어준다. 이런 프로세스를 음식점에도, 서비스업종에도 마련해야 한다. 서울시가 다른 시도와 틀리게 운영되는 부분이 바로 이런 민원해결 부분이다. 시민을 시민으로 보지 않고, 고객으로 보기에 가능한 운영방법이다. 음식점에 적용해보면 어떨까?

나의 업무와 더불어 서로에게 연관되고 협업해야 하는 업무 그리고 서로에게 걸쳐져 있는 업무는 주도적이고 적극적으로 해결의지를 가지고 업무에 임해야 한다. 그렇지 않으면 이 피해는 고객에게, 또 회사로 고스란히 옮겨진다.

텍사스존 업무(그레이존 업무)도 나의 업무이다.

대추가 저절로 붉어질 리가 없다

직장생활을 하는 동안 후배를 물리력을 동원해서 제압하려고 하지 않았다. 그런 생각도 없었다. 직책을 이용해서, 위력을 사용해서 후배들을 이끌고 싶지 않았다. 아직도 이런 생각들은 유효하다. 많은 것을 받아들이려 노력하고 있다. 한강이 넓고 깊은 것은 아주 작은 흐르는 물들을 다 받아주었기에 가능한 부분이기 때문이다. 버리고 거부해서는 한강이 될 수 없다. 나의 가장 막강한 인사권은 강등발령 정도의 수준이다. 내가 행사할 수 있는 인사권은 말이다. 그리고 실천하고 살고 싶었다. 함께 했을 때 더욱 빛난다는 생각을 가슴에 넣고서 생활하려고 하는 마음은 변화가 없다.

내 조직에 나의 소개로 들어온 K대리가 있었다. K대리가 입사 후 나는 K대리에게 특별한 관심을 두지 않았다. 소개로 들어온 직원을 챙기게 되면 오히려 미운 털이 박힌다. 그래서 챙기지 않았다. 어느 누구 하나라도 별도로 챙기는 느낌을 구성원들에게 주면 좋지 않다. 그냥 잘 하려니 하고 생각을 했는데 어느 날 보니 직원들의 눈빛이 예사롭지 않다. 그건 반감의 표시였다. 굳이 내가 소개해서 데리고 와서 보이는 느낌이 아니다. (사람을 소개하는 일은 참으로 어려운 일이다. 특히 배우자를 소개하는 것은 더욱 그렇다. 이런 인연에서는 벗어나고 싶은 게 나의 바람이기는 하다.) 그런 눈빛을 감지하고서도 나는 모른 체 했다. 시간이 흐르면 잘 적응하고 잘하겠지 싶었고, 그러기를 바랐다. 그런데 몇 개월이 지나도 직원들의 눈빛과 K대리의 생활태도에 변화가 없는 것 같아서 내가 조용히 커피 한잔 하자며 불렀다. 그리고 상황 얘기를 듣고, 내 생각을 전해주었다.

"먼저 사람의 마음을 얻어라. 일은 두 번째다."

"리더의 유형과 주변의 동료들에게 업무를 맞춰라. 내 스타일 말고 리더와 동료의 스타일"

이런 류의 커뮤니케이션을 했다. 알아 들었을까? 눈만 깜빡이다가 자리를 일어났다.

얼마가 지나고 후배 한 명이 "도저히 이 친구와는 같이 일을 하기 힘들다"고 내 자리로 와서 얘기를 한다. 얘기를 들어보면 업무보고와 업무소통이 너무 안 된다는 것이다. 보고와 소통, 어떻게 보면 같은 말인데 한 단어로 요약하면 소통이 안 된다는 것이다. 이 직원과 일을 못하겠다고 상사에게 와서 얘기하는 리더라면 오죽했겠나 싶었다. 그리고 두 번째 커피를 K대리와 마셨다. 이제는 소통에 대해서 얘기를 해주었다.

"가능한 많은 사람과 소통하고 공유하라"

"일의 가장 기본은 소통에서 시작되고 소통에서 마무리된다."

이런 류의 커뮤니케이션을 했다. 알아 들었을까? 이제 눈물을 흘린다.

그러던 중 어느날 결심한 듯, K대리의 1차 상사인 후배와 인사팀장이 찾아왔다. 도저히 안되겠다는 얘기를 했다. 모든 동료가 그렇게 생각하고 있다고 한다. 후배들이 이렇게 와서 안되겠다고 하는 것은 안 되는 것이다. 그리고 내가 마지막 면담을 하겠다고 했다. 그 때까지 조금의 희망을 가지고는 있었다. 사람을 버리는 것이 가장 현명한 선택임이 아님을 나는 알고 있다. 그리고 면담을 했다. 나는 이런 말이 K의 입을 통해서 나오길 바랐다.

"동료, 선배와 다시 한번 최선을 다할 기회를 달라"
"최선을 다해서 노력하겠다."
"나를 중심에 놓지 않고 동료를 중심에 놓고 업무를 해보겠다."

마지막 면담에 이런 말들이 나오길 바랐다. 우리는 세 번째 커피를 마셨다. 나는 현재의 상황에 대해서 정말 솔직하게 말을 했다. 그런데 알아듣지 못하는 것 같았다. 억울하다는 표현만 하고, 지금 이 상황이 놓여진 것에 대한 판단은 없는 듯 했다. 그리고 결정적으로 나에게 머리 속의 생각을 말했고 나는 K대리를 포기했다. "내 경력에 필요하니 여기 1년은 다녀야 한다." 고 계속해서 연발을 했다. 일을 잘하겠다는 것이 아니고, 소통을 잘하겠다는 것이 아니고, 노력하겠다는 것이 아니고 그냥 1년은 채워야 한다는 것이다. 나는 A를 얘기하고 있는데 K대리는 B를 얘기하고 있다. 너무 실망스러워서 나는 그를 포기했고 회사는 그에게 설득의 권고사직을 결정했다.

소통! 조직의 시작과 끝, 업무의 시작과 끝은 소통이다. 경영의 모든 것이 소통이다. 회의, 보고서, 협상, 대화 모든 것이 소통에서 시작된다. 그래서 리더들이 소통에 목을 매는 것이다. 나는 늘 우리 리더들에게 강조한다.

"상대방의 입장에서 소통하라."
"오버 커뮤니케이션 하라"
"전달로 끝내지 마라. 일의 마무리는 실천이다"
"100번 이야기하지 않으면 하지 않은 것과 같다" 이런 말을 말이다.

K대리는 소통에 실패했다. 설득의 권고사직의 결정을 내렸다.

나도 조직에서 한강처럼 되겠다는 부분의 수정이 불가피했다. 그러나 조직은 남아 성장해야 하지 않겠는가? 조직이 내 맘대로, 내 뜻대로 되지 않는다. 개인은 더욱 더 그러하다. 나는 내 가치관이 그날 흔들렸다. 그러나 '더 강한 조직을 만들어야 한다. 소통하는 조직을 만들어야 한다.'고 다짐했다.

"대추가 저절로 붉어질 리가 없다.
저 안에 태풍 몇 개,
천둥 몇 개
벼락 몇 개

저게 저 혼자 둥글어질 리는 없다
저 안에 무서리 내리는 몇 밤
저 안에 땡볕 두어 달

저 안에 초승달 몇 날”

장석주님의 ‘대추 한 알’이라는 글을 그려 본다.

기본적인 가정과 원칙이라고 생각하는 것들에 대해서
의문을 제기해보면 어떨까?
기존의 방식에 의문을 품고, 기존의 시스템에 문제를 제기해야 한다.
경영의 기본과 원칙이 빠르게 변화하고 있다.
기본과 원칙만을 신봉하는 순간 경영은 도태된다.
다른 시각과 태도를 세상이 원하고 있다.

5

브랜드가 되어간다는 것

삐에로는 우릴 보고 웃지

"빨간 모자를 눌러쓴
난 항상 웃음 간직한 삐에로
파란 웃음 뒤에는 아무도 모르는 눈물"

김완선의 '삐에로는 우릴 보고 웃지'라는 노래 가사다.

빨간 모자를 눌러 쓰고 눈물을 감추고 웃음 띤 얼굴로 고객과 다트게임을 즐긴다. 삐에로 복장을 한 직원들은 돌아가면서 1시간씩 게임을 진행하였다. 거의 대부분의 직원들은 삐에로 복장을 입는 것을 싫어했고 오로지 그 몫은 파트타이머들이 소화하게 된다. 직원들은 힘들고 슬픈 일이지만 고객들은 즐거운 과정이다. 게임도 즐기고 쿠폰도 제공받는 방식. 일방적인 사랑을 하는 방식이다. 다트 게임을 하고 나면 고객들에게는 M레스토랑의 쿠폰이 지급된다. 고객들은 춤추며 웃지만 사실 직원의 모습도, 브랜드의 모습도 슬프기 그지 없다. 쿠폰은 디저트 쿠폰부터 2만 원 상당의 메인 메뉴 쿠폰까지 아주 다양하다.

식사를 하고, 계산을 마친 후 진행되는 삐에로와의 다트게임이 진행되었다. 남녀노소 구분할 거 없이 모든 고객이 좋아했다. 간혹 당첨되는 2만 원의 메인 메뉴 쿠폰에 고객들은 춤을 추고 환호하기도 했다. 이렇게 M레스토랑은 쿠폰으로, 게임으로 고객들에게 즐거움을 주는 방식을 고수했다. 사실 나는 고객과 즐기는 다양한 이벤트에 대해서는 반기는 입장이다. 정상적인 방법이라면 고객과 즐기는 이벤트는 큰 만족을 전해주는 수단임이 분명해 보인다. 사실 쿠폰이 배포되고 이후에 한달 이내에 사용을 해야 한다. 고객들은 좋은 쿠폰을 들고 와서 사용하기도 했고, 디저트 쿠폰처럼 저렴한 쿠폰은 쓰레기통에 버리기도 했다. 좋은 쿠폰의 경우 회수율이 아주 좋았다. 말하지 않아도 당연한 결과다. 간혹 여러 장을 가지고 와서 사용하게 해달라는 고객들을 제외하면 이벤트는 성공적인 편이었고, 쿠폰 회수율도 적정했다.

문제는 점장의 쿠폰에 대한 사고방식에 있었다. 매출이 하락할 쯤 K점장은 쿠폰 배포를 늘리라고 지시했다. 더 좋은 메뉴를 넣은 쿠폰을 고객들에게 제공하라고 지시했다. 쿠폰은 지속적으로 늘어났고 더 높은 가격과 더 좋은 메뉴 쿠폰으로 바뀌었다. 삐에로도 고객들에게 더 좋은 쿠폰을 주머니에 넣어주기에 바빴다. 게임은 그냥 그런 요행 행위에 불과했다. 관심은 오로지 쿠폰에 있었다. K점장은 쿠폰을 배포하는 것 외에는 달리 매출을 늘리는 방법이 없었던 것으로 보였다. 고객에게 쿠폰을 제공하고, 고객은 쿠폰을 쓰고 이렇게 매출을 올리자는 것이 K점장의 방법이었다. 고객만족이니 훌륭한 고객경험이니 이런 류의 말은 생각조차 하지 않는 것 같았다. 그냥 주는 쿠폰 가지고 와서 잘 쓰고, 자주 오라는 식으로 고객을 생각하는 사고는 마음을 불편하게 했다. 문제는 시간이 지나면서 불거졌다. 고객들이 더 많은 쿠폰과 더 좋은 쿠폰을 요구하기 시작했고 이제 이겨낼 방법이 없었다. 그래서 더 좋은 쿠폰을 만들고 더 좋은 쿠폰을 고객들에게 나눠주기를 반복했다. 이제 디저트 쿠폰 따위는 고객들의 눈에 들어올 리가 없다. 디저트 쿠폰을 주면 쓰레기통으로 들어갔다.

이제 매장은 힘이 없어져 갔다. 브랜드도 힘이 없어져 갔다. 오로지 쿠폰을 사용하는 고객, 더 좋은 쿠폰을 요구하는 고객만이 매장을 방문했다. 그때부터 우리는 쿠폰을 마약이라고 불렀다. 쿠폰이 일상화된 브랜드가 성공할 리가 없다. 쿠폰은 중독이다. 중독된 고객은 더욱 더 좋은 쿠폰을 요구하게 된다. 중독 상황이 해제가 되면 점포는 생명을 다한다. 이게 쿠폰이다. 고객이 금단증상을 호소하듯, 매장도 금단증상을 호소한다. 쿠폰의 제공과 할인의 제공 이면에는 두 가지 역기능이 감춰져 있다. 우리의 상품과 서비스가 시장에서 경쟁하기에 일정 수준이 되지 않는다는 이야기이고, 쿠폰과 할인을 제외하면 고객들에게 제공할 다른 가치가 없음을 의미하는 것이다. 이 두 가지 역기능이 발휘되기 시작하면 브랜드는 브랜드로서의 가치를 상실하게 된다.

쿠폰과 할인은 마케팅에서 꼭 필요한 도구는 아니지만 간단하게 주의를 환기시킬 수 있는 도구가 되기도 한다. 잘 쓰면 훌륭한 도구로써 손색이 없다는 생각이지만 잘못 사용하면 점포에, 브랜드에 독이 될 수 있다. 점포의 이미지가 하락하게 만드는 요소, 브랜드가치를 하락하게 만드는 요소 역시 쿠폰이고 할인이다. 메뉴 쿠폰, 가격 할인 쿠폰, 1+1 쿠폰 등 외식점포에서 다양하게 사용하고 있지만 언제나 훌륭한 브랜드는 쿠폰이나 할인을 사용하지 않는다. 쿠폰이나 할인보다 경쟁사가 제공하지 않는 가치를 제공하고 있다. 보이지 않지만 그 가치로 고객과 소통하고 있다. 진정한 브랜드는 멋진 고객경험을 선사한다. 멋진 QSC로 고객들과 진검 승부를 한다.

K점장은 쿠폰을 제공함으로써, 더 큰 쿠폰을 제공함으로써 단기간의 매출을 회복하려고 했을 지 모른다. 긴 안목으로 브랜드를 보지 못했다. 당시 나는 이런 이야기를 K점장 스스로 하고 있다고 생각을 했다. 나는 다른 어떤 능력을 가지고 있지 않다. 점포에 문제가, 브랜드에 문제가 생기기 시작했다는 광고를 혼자서 하지 않았나 생각한다. 90년대 후반 2만 원 후반대부터 3만 원 초반대까지 가격을 형성했던 피자 브랜드가 최근 무제한 뷔페로, 6천 원 피자로 출시가 된 것은 바로 브랜드에 문제가 생겼다고 광고를 하는 것과 흡사하다. 고객가치에 집중하는 명품브랜드는 이런 류의 쿠폰과 할인을 남발하지 않는다. 이런 류의 마케팅을 하지 않는다. 긴 숨으로 브랜드의 가치를 만들어간다.

지속 가능한 브랜드, 지속 가능한 음식점, 지속 가능한 회사는 마케팅으로, 쿠폰과 할인으로 광고와 홍보로 전달하지 않는다. 이미 그런 시대는 지났다. 다만 고객들에게, 소비자들에게 브랜드가 전달해야 할 철학과 가치, 브랜드를 소비하면서 느낄 정서적 편안함을 전달할 뿐이다. 그런 점포가, 브랜드가 되어야 한다고 당시에 생각했다. 할인과 쿠폰이 난무하는 브랜드가 롱런하는 경우를 보지 못했다.

"난 차라리 슬픔 아는 삐에로가 좋아
난 차라리 슬픔 아는 삐에로가 좋아"

김완선의 "삐에로는 우릴 보고 웃지"를 부르면서 쓴 웃음을 지어본다. 나는 삐에로였다.

차라리 쿠폰을 주지 마라

한참 유행했던 드라마, '막돼먹은 영애씨'가 17편까지 나왔다. 17편까지 무려 13년동안 기획되고 시청자들에게 사랑을 받았으니 대단한 드라마라고 평가한다. 사랑을 받을 수 있었던 배경에는 드라마 배경의 평범함에 있다. 또 드라마 속 주인공들의 해학적인 면이 있기에 가능했다고 평가한다. 드라마 속 조연 중 한명인 라미란. 캐릭터가 재미있다. 드라마 속의 라미란은 쿠폰 수집광이다. 거리나 상가에서 나눠주는 쿠폰을 꼬깃꼬깃 가방에 넣어 다니면서 주위 동료에게 나눠주며 선심을 쓴다. 진심인 듯하다. 이렇게 연발한다.

"넣어둬, 넣어둬"

나는 이렇게 성심껏 쿠폰을 모으지는 않지만(지금은 앱에서 보관 가능해서 지류 쿠폰은 이제 오래된 유물로 취급된다.) 쿠폰의 매력에 대해서는 인정을 하는 편이다. 간혹 필요에 의해서 아직도 쿠폰을 발행하고 있다. 제휴업체의 요청도 있다. 쿠폰의 단기적인 매출증진방안으로써 즉답을 주기도 한다. 쿠폰의 발행은 고객의 방문주기를 줄이거나, 새로운 고객을 창출하는 방식의 한 일환이다.

쿠폰에 관한 내 사연이 하나가 잊혀지지 않는다. 봄의 길목에 있던 2011년 4월 어느 봄날 지인으로부터 받은 A샐러드바 레스토랑의 식사권을 가지고 그 매장에 직장동료와 식사를 하러 갔다. 매장에 도착하고 안내를 받아서 들어가는 길에 직원에게 "샐러드바 쿠폰 한 장은 쓰려고요"라고 말을 건넸다. 그리고 직원이 쿠폰을 살펴보더니 "아, 손님 이 쿠폰 어제까지였어요."라고 나에게 말을 건넨다. 그래서 내가 확인하니 하루가 지났다. 그리고 다시 직원에게 "에이, 하루 지났는데 쓰게 해주세요. 우리 일행이 4명인데"라고 했더니 "제가 결정할 권한은 없고요. 매니저님에게 물어보고 말씀드릴게요"하고 자리를 안내하고 매니저에게 갔다 온다. 그리고 직원의 하는 말이 "매니저님이 하루 지나서 안 된다고 합니다. 죄송합니다." 이렇게 말을 건넨다. 그래서 다시 한번 사정을 했지만 매니저가 안 된다고 했다며 해줄 수 없다고 얘기를 지속적으로 한다. 그 길로 바로 동료들과 건너편에 있는 다른 레스토랑으로 자리를 옮겨 식사를 마쳤다.

마음이 따뜻하지 못했고 참 불편했다. 그리고 다시는 그 레스토랑에 가지 않으리라 마음을 먹었다. 쿠폰이란 것이 고객들에게 방문을 해달라는 의사를 담아서 전달하는 것인데, 하루 지난 쿠폰을 쓰지 못하게 하는 그 매장의 입장이 야속하기만 하다. (내부 규정이 있었으리라 생각한다.) 그리고 그 매장은 기회매출인 8만 원 이상의 매출도 날려보낸 것이다. 이를 고객생애가치(고객이 평생 동안 브랜드를 이용하면서 지불할 것으로 생각되는 가치, CLV, Customer Lifetime Value)로 환산하면 몇 백만 원의 돈을 날려보낸 걸 수 있다. 안타깝다. 아직도 그 레스토랑을 가지 않는다.

쿠폰이라는 것이 동전의 양면과 같다. 쿠폰은 중독성이 있다고도 생각도 한다. (그래서 과거도 지금도 가급적 쿠폰을 발행하지 않는다. 할인도 거의 하지 않는다.) 쿠폰에 중독이 되어버리면 고객들은 다음에 정상적인 금액을 지불하는 것을 아까워한다. 그리고 지속적으로 더 좋은 쿠폰을 요구하기도 한다. 그래서 이걸 '쿠폰중독'이라고 명명한다. 또 음식점에서 테이블당 한 매 규정을 어기고 2장을 쓰게 해달라, 지난 것을 사용하게 해달라, 이건 왜 안되느냐고 우기는 고객들도 상당수가 있다. 그래서 부정적인 측면도 있는 것이다. 쿠폰은 고객이 재방문할 수 있는 요인을 제공하는 것으로 매출에 도움이 되는 긍정적인 측면도 있다. 신메뉴가 나왔을 때던, 행사를 할 때던 고객들에게 알려야 하니 이런 측면에서는 쿠폰은 유용하다. 고객들을 환기시키는 역할을 한다. 다만 쿠폰은 이런 긍정적인 면과 부정적인 면 2가지를 가지고 있어서 나는 동전의 양면, 양날의 검이라고 표현한다.

나는 쿠폰을 발행하는 것에 대해서 부정적이지만 발행한 쿠폰은 사용에 대해서 고객들에게 관대한 편이다. 직원들에게 늘 유효기간이 지났던, 2장을 쓰겠다고 하던 고객의 요구대로 해주라고 당부한다. 쿠폰 가지고 고객과 싸우지 말고, 어떻게 하면 더 맛있게 기분 좋게 식사하고 가시는지만 신경을 쓰라고 철저하게 당부한다. 쿠폰을 이용했지만 만족했다면 다음에 또 방문해 줄 것이고, 이런 기분 좋은 마음이 모여서 매장의 매출이 만들어진다고 판단하기 때문이다. 그래서 늘 그렇게 얘기했다.

"쿠폰 가지고 고객과 실랑이하지 말고, 그 시간에 고객들 서비스에 신경써라"고 말이다.

쿠폰은 과거도, 현재도, 미래에도 유효한 마케팅의 한 수단이고, 수단일 것이다. 쿠폰을 발급하지 않으면 가장 좋겠지만, 발급된 쿠폰으로 고객들과 실랑이하지 않는 것이 좋다는 판단이다.

모든 음식장사 하시는 우리들에게 외쳐보자.

"쿠폰은 우리가 발급했다. 오신 고객 기분 좋게 식사하고 가게 하자."

쿠폰에 대한 생각이다.

주유소 습격사건

유오성, 이성재, 강성진, 유지태가 주연했던 영화 '주유소 습격사건'은 1999년에 개봉된 아주 오래된 영화다. '예술가, 운동선수 등 꿈을 만들어가다가 원하는 방향대로 되지 않던 젊은이들이 주유소를 습격해서 턴다'는 유머가 있는 코믹영화다. 유쾌 발랄해서 몇 번이고 돌려서 봤다. 기억이 생생하다. 영화에서 나오는 대사가 머리를 떠나지 않는 것도 이 영화의 묘미다. 영화의 묘미는 대사에 있다. 그래서 대사 하나하나를 면밀히 듣고 하는데 이 영화에서 유오성의 대사는 내 머릿속에 길게 남아 있고, 여러 사람들을 통해서 회자되고 있다. 패싸움이 붙은 영화에서 유오성은 이런 대사를 한다.

"나는 한 놈만 팬다."

이 대사는 무지막지한 대사다. 무서운 대사다. 그 한 놈이 내가 된다면 뼈도 못 추스를 것 같은 무시무시한 말이다. 한 놈을 제외하고 주변 환경에 대해서는 신경을 쓰지 않겠다는 말이다. 누가 나를 공격하더라도 나는 한 놈만 골라서 패겠다는 것이니 그 한 놈이 되지 말라는 이야기이다. 재미있는 대사다. 이 대사를 평생 음미하면서 살고 있다. 음식점을 하다 보면(비단 음식점뿐만 아니겠지만) 주변에 경쟁 음식점이 생기기 마련이다. 없다가도 생기고, 있던 경쟁 음식점은 눈에 불이 키면서 덤비게 된다. 나도 예외는 아니었다. 그래서 이 영화 '주유소 습격사건'의 대사를 한 번씩 음미하곤 한다.

나는 늘 경쟁 음식점을 넓게 보지 않았다. 딱 옆집 한 놈만 이기면 우리 매출은 확보되리라 생각했다. 그래서 바로 옆집에 있던 음식점을 경쟁 상대로 놓고 이를 이기기 위한 전략을 펼쳤다. 없는 행사도 만들어서 하고, 보이지 않게 직원들을 경쟁사 앞으로 보내 음료쿠폰을 배포하기도 했다. 근처에 오는 고객은 어차피 우리 집 아니면 옆집이다. 이 고객들을 잡아야 한다. 그래서 옆에 있던 경쟁점포 앞으로 직원을 보내 우리 매장으로 안내하기도 했고, 음료쿠폰도 고객들에게 살짝 들이밀기도 했다. 그러던 어느 날이었다. 고객들에게 음료쿠폰과 귤 하나씩을 싸서 돌리다가 경쟁음식점 점장에게 들켰다. 그리고 경쟁음식점 점장이 나를 찾아왔다. 눈빛을 보면서 나는 질렸다. 딱 그 눈빛이다.

'난 한 놈만 골라서 팬다.'

내 논리가 그 점장에게로 빙의된 듯 했다. 그리고 쏟아지는 쌍욕, 나는 멱살을 잡혔다. 죽여 버린다고 했다. 나머지는 상상에 맡긴다. 한동안 경쟁 음식점으로 직원도 보내지 않았고, 쿠폰을 돌리지도 않았다. 잠시 참은 것이다. '사람 잘 안 변한다.'에 백 표 던진다. 시간이 한 달쯤 흘렀을 때 나는 또 다시 시작했다. 직원들에게 잘 타일렀다. 조심히 해서 하라고…

그렇게 나는 늘 한 놈만 패는 데 집중했고, 동네에서 제법이나 소문이 난 점포를 만들었다. 우리 매장에 손님이 가득하고, 거기 점포가 비어 있을 때 나는 늘 마음으로 쾌재를 불렀다. 비열하지만 승리하고 싶었던 한 점장의 심정으로 이해되길 바라면서. 물론 음식과 서비스는 당연히 그 음식점보다 월등했다. 나는 그렇게 내 점포를 만들어갔다. 이기고 싶었다.

경쟁자는 축복이다. 탁월한 경쟁자가 있다는 것, 삶을 돌아보고, 조직생활을 돌아보더라도 큰 축복이다. 내가 지금껏 직장생활을 하면서 버틸 수 있었던 것도 경쟁자가 있었기 때문에 가능했다. 내가 운영하는 음식점도 마찬가지다. 내가 이겨야 하고, 선의의 경쟁을 해야 하는 음식점, 브랜드가 있었기에 가능했다. 그래서 나는 경쟁자를 축복이라고 생각한다. 최근의 연구결과를 보면 경쟁사 사장끼리 친하면 둘 다 실적이 좋아진다는 연구결과도 있다. 그래서 경쟁자는 축복이고 선물이다. 나도 무수한 경쟁자들과 전쟁을 하듯이 직장생활을 하며 여기까지 왔다. 오늘도 머릿속에 경쟁자 한 명을 그리고 있고, 브랜드의 경쟁자도 그리고 있다. 축복이다. 경영학자였던 톰 피터스는 "훌륭한 경쟁사보다 더 좋은 축복은 없다. UPS와 페덱스의 경쟁 관계에서 볼 수 있듯이 훌륭한 경쟁사는 긴장의 끈을 놓지 않도록 해준다. 누군가 쫓아오는 사람이 없으면 절대 발전할 수 없다"고 말했다. 이 말에 공감한다. 경쟁은 발전을 시키는 원동력이 된다.

만약 그 점장님께서 아직 음식점을 하고 있고, 외식업을 하고 있고, 이 글을 읽고 있다면 지면을 빌려서 사과를 드린다.

"점장님, 죄송했습니다. 먹고 살려다 보니 그랬습니다."

나는 지금도 '옆집 한 놈만 팬다'의 논리를 후배들에게 주입하고 있다.

"다 필요 없고 한 놈만 죽이라."고 말이다.

사장님의 독설

돌아보면 사장님은 간혹 직원에 대한 독설로 애간장을 녹이곤 하셨다. (인품은 훌륭하신 분이다.)

우리가 반팔 셔츠를 꺼내 입을 무렵이었으니 무더운 여름이 오기 전으로 기억된다. 2007년 6월로 기억된다. 매주 영업팀장과 사업부장이 참석하는 주간보고는 월요일 오전에 열렸다. 브랜드의 전체 현황과 운영, 점포별 실적, 주간 별 계획, 직원 동향 뭐 이런 것들이 주제로 다뤄졌다. 나는 브랜드 운영에 대해서 관심이 많았고, 회사 운영과 브랜드 관리에도 관심이 많았다. 그리고 언제나 보고 자리에서 실적뿐만 아니라 브랜드에 관한 얘기들을 조금씩 언급했다. 브랜드이미지 관리도 많이 언급했다. (사실 건방졌다. 건방은 지금까지도 가지고 있는 생존방식이다.)

사건이 발생한 그날도 다르지 않았다. 사장님과의 보고자리에서 브랜드 전반적인 운영에 대해서 다소 익지 않고, 충분하지 않은 보고를 드렸던 것으로 기억한다. (사실 내용이 기억나지 않는 것은 그 다음의 사건으로 인한 것이었다.) 그랬더니 버럭 화를 내시면서 나에게 "너 바보야?"라고 말씀을 주셨다. 직장생활하면서 들을 수 없는 당시로는 꽤나 충격적인 말씀이었다. 누구에게나 자존심은 있지만 자존심이 강했던 나는 그 한마디에 의해서 충격을 먹었다. 꽤나 인품이 있으시고, 꽤나 직원들을 생각하시는 사장님의 말씀은 내 가슴에 비수가 되어 꽂혔다. 그리고 나의 충격과는 상관없이 계속 화를 내신다. 일그러진 표정과 초점 없는 눈빛이 그 당시 내 모습이었다. 자존심을 지키기에 다소 충격적인 상황이었다.

내 옆에 있던 동료팀장이 더 미웠다. 동료팀장은 '다음달에는 기본 다지기로 직원들 인사를 열심히 시키겠다. 기본기 충실한 매장을 만들겠다'고 너스레를 떤다. (이 친구는 풍향계다. 바람이 불면 부는 대로, 물이 흐르면 흐르는 대로. 늘 이렇게 살아간다. 정확히 풍향계다. 위로는 못해줄 망정) 그러니 사장님의 표정이 다소 누그러졌다. 그 말씀이 듣고 싶으셨던 걸까? 아니면 현재 돌아가는 실적과 운영이 못내 못마땅했던 것일까? 동료팀장이 사장님의 심정을 충분히 알고 있었던 걸까? 눈치가 빠른 걸까? 잘은 모르겠지만 그 친구는 무난히 그 한 주를 보내게 된다. 동료의 아픔은 나의 기쁨이 된 것처럼.

당시 나는 그 기본은 점포의 점장들이 해결할 문제이고, 나는 좀 더 높은 경지???의 브랜드 운영을 말하고 싶었던 거였다. 그래서 바보라는 소리를 들었다. 아직도 그 의도는 궁금하기는 하지만 알 도리가 없다. 사장님은 아마 내게 우리가 제일 소중하게 생각하는 것이 '기본에 충실한 브랜드'를 만들어주기를 바란 것일 수도 있다고 생각했다. 그게 아마 나의 말에서 녹아나오기를 원했던 것일지도 모르겠다. 그래 그게 실수였다. 맛있는 음식, 훌륭한 서비스, 고객을 미소 짓게 만드는 무엇인가를 해주기를 바랐을 거다. 아니면 굳이 '네가 무슨 브랜드 운영 걱정하냐'는 말씀을 하시고 싶은 건지도 모르겠지만. 사장님에게 한마디 하고 싶다.

"아무튼 나는 바보가 아니다. 왜 이러세요. 사장님"

미팅이 끝나고 한 시간 동안 회사주위를 맴돌았다. 초점 없는 눈빛으로, 내가 무슨 브랜드를… 이라는 자조 섞인 눈빛으로. 지금 생각하면 너무도 당연한 말씀을 하시고 싶어하셨는데 내가 그 포인트를 못 집어주었다. 브랜드는 '기본기'에서 시작한다. '업의 본질'에 대해서도 명확히 파악해야 한다. 음식점의 본질은 무엇인가? 음식점의 기본기는 QSC이다. 앞서 얘기한 것처럼 정성스럽고 맛있는 메뉴와 아주 세심하고 밝은 서비스, 식사하기 좋은 분위기와 인테리어, 그리고 고객을 위해서 뭘 할 수 있을지 고민하는 그런 브랜드. 그것이 음식점의 기본기다. 그 기본기에 대해서 말씀을 하고 싶은 신 거였다. 내가 틀리고, 그 친구가 맞았다. 브랜드는 기본기이다. 업의 본질도, 업에서 갖추어야 할 가장 기본적인 것에서 출발해야 한다.

브랜드는 본질에 충실할 때, 자기다움을 유지할 때 성공한다고 본다. 본질이 무너지고 자기다움이 없는 브랜드가 오래갈 일이 없다. 원칙을 정하고, 원칙을 준수하며 자기다움을 끊임없이 발산하는 브랜드는 오래간다. 지금도 고민한다. 기본기가 가장 잘 갖춰진 브랜드와 업의 본질을 가장 잘 실천하는 브랜드만이 이 치열한 경쟁시장에서 살아남을 수 있다고. 강민호는 '브랜드가 되어간다는 것'이라는 책에서 브랜드가 품고 있는 본연의 생각을 분명하게 이야기하고, 약속한 이야기를 지키는 것이 브랜드'라고 정의했다. 약속은 기본적인 본질에 대한, 브랜드가 하기로 한 원칙에 대한 약속이다. 그래서 요즘 브랜드의 기본 다지기를 하고, 단기적인 안목보다 장기적인 안목으로 사업을 바라는 훈련을 하고 있다. 이건 '바보 사건' 이후로 브랜드를 생각하는 관점이다.

사장님의 독설은 당시 내게 충격적이었지만 지금의 나를 있게 한 것이다. 그게 '사장님의 독설'이었다. 우리는 기본이 무엇인지를 잘 돌아봐야 한다. '업의 본질'이 무엇인지를 사업을 하면서 늘 돌아봐야 한다. 기본이 정답이기 때문이다. 기본이 브랜드를, 사업을 만들기 때문이다.

어떤 신하가 "임금님 귀는 당나귀"라고 숲에서 떠들었던 것처럼.
사장님 듣고 계시나요?

"나는 바보가 아닙니다. 왜 이러세요. 사장님."

메이커와 브랜드의 차이

값비싼 물건이 때로는 부끄러움이 될 때가 있다. 초등학교 2학년이던 시절 큰아버지께서 외국에 다녀오시면서 손목시계를 사다 주셨다. 나는 손목에 시계를 차고 학교에 갔다. 시계 덕분에 친구들의 시선을 한 몸에 받았다. 당시 손목시계는 그 시절과 환경에서 볼 수 있었던 물건이 아니었다. 그 귀하던 손목시계, 주목받는 게 부끄러워 손을 한동안 책상 안에 넣고 빼지를 못했다. 친구들은 아우성이었다. 시계 한번 보여 달라고 말이다. 물건이 부끄러움이 되었던 시간이었다.

중학생이던 시절에는 이모로부터 나이키 운동화를 선물을 받았다. 모두가 부러워했지만 나에게는 부끄러움이 되었다. 파란색 나이키 운동화에 형광색 나이키 로고, 지금 생각해도 그 설렘은 도저히 잊혀지지 않는다. 내가 중학생 시절에는 까발로, 스펙스, 슈퍼까미트, 월드컵 이런 정도의 메이커들이 유행했고 실제 우리가 이용할 수 있는 최선의 것이었다. 나이키, 그건 신의 선물이었다. 까발로, 스펙스, 슈퍼까미트, 월드컵과 정확하게 구분을 지어주는 보이지 않는 경계가 존재했다. 그게 돈인지, 명성인지 잘 모르겠는데 당시 그랬다. 무엇이 다를까? 나이키가 주는 보이지 않는 그런 영감과 고귀함은 어디서 오는 것일까? 한참 생각했던 기억이 난다. 나이가 들어서 공부하고 나니 브랜드 에센스, 브랜드 정체성 뭐 이런 개념으로 설명할 수 있겠다. 그렇다. 나이키는 중학생이던 시절 적어도 어떤 영감을 주는 그런 브랜드였다.

아직도 나이키는 내가 상대보다 좋다고 말하지 않는다. 그냥 이렇게 말한다. 'Just Do it'

당시 신발도둑도 참 많았다. 주말에 형도 신발(프로스펙스)을 빨아서 장독대에 올려 두었는데 잠깐의 틈에 도둑이 그걸 훔쳐갔다. 지금으로 생각하면 있을 수 없는 일이지만 그 시절 메이커를 선호하는 신발도둑이 있었다. 메이커를 아는 것이다.

브랜드라는 용어를 쓰면서 가끔씩 고민했었다. 우리가 부르던 메이커와 브랜드는 무엇이 다를까? 어릴 적에는 메이커라고 불렀고, 지금은 브랜드라고 부른다. 나는 그 구분점을 '책임감'에서 찾았다. 브랜드는 '책임감'을 가지고 있어야 한다. 고객들이 선택하고 우리는 선택 받는 그 기준점은 바로 '책임감'이라 생각한다. 브랜드는 반드시 책임감을 가지고 있어야 한다고 생각한다. 기업도 마찬가지이고, 브랜드도 마찬가지다. 고객들이 브랜드를 선호하고 사랑하는 이유는 그 브랜드가 가지는 고유의 책임감을 가지고 있기 때문이다. 그래서 고객들은 브랜드를 선호하고, 브랜드를 선택한다. 메이커에는 그런 책임감이 없었다.

우리가 회사를 운영하던, 브랜드를 운영하던 그 가운데에서 중요하게 생각해야 할 부분이 책임감이다. '나'라는 개인으로도, 조직구성원으로도, 사회의 일원으로도, 국가의 일원으로도 책임감을 가지고 살아야 한다. 그래야 내가 브랜드가 된다. 제품, 브랜드도, 기업도 책임감을 가져야 된다. 브랜드가 강하게 되는 것은 결국 '책임감'이다. 한 개인이 성장하고 성숙하는 것도 책임감이다. 그래서 나는 메이커와 브랜드를 구분 짓는 가장 중요한 요소를 책임감이라 생각한다. 최장순의 '본질의 발견'에서도 브랜드란 궁극적으로 소비자에게 일관된 품질과 경험을 제공하겠다는 약속으로 정의했다. 이 역시 책임감을 언급한 것이다. 우리의 삶에 적극적으로 개입하는 브랜드, 우리의 시간을 좀 더 가치 있게 채워주는 브랜드, 우리들의 생각을 일깨워주는 브랜드, 그렇게 새롭게 시대를 정의하고, 이끌어 나가는 브랜드, 이만큼의 영향을 미치는 브랜드를 우리는 가치 있는 브랜드라고 정의해도 좋을 것 같다. (강민호, 브랜드가 되어간다는 것) 그 브랜드의 이면에 '책임감'이 있다고 생각한다.

늘 나에게도, 나와 함께하는 동료후배들에게도 이렇게 얘기를 한다. '브랜드란 해야 할 것과 하지 말아야 할 것을 명확히 구분해서 실천하는 것'이다. 해야 할 것과 하지 말아야 할 것을 가지고 원칙을 세우는 것, 그리고 그 원칙을 준수하는 것 그것이 브랜드라 생각한다. 이 역시 '책임감'이다. 브랜드를 만들 때 늘 생각한다. 컨셉을 만들고, 우리의 색깔을 입히고, 우리의 정체성을 다듬으면서 그 속에 원칙을 세우려고 하는 한다. 그것이 브랜드가 되기 때문이다. 그것이 '책임감'이기 때문이다.

'브랜드는 약속이다. 브랜드는 책임감이다.'

태극기 휘날리며

태극기를 보면 몇 가지 상념에 잠기곤 한다. 몇 가지의 생각이 오버랩되면서 뇌에 각인된 생각들일 것이다. 태극기는 그렇게 어릴 적부터, 외식업을 평생의 업으로 하고 있는 내 삶의 일정부분을 지배해가고 있는 모습이다. 애국에 대한 생각이 그렇고, 영화 '태극기 휘날리며'도 그 역할을 했다. 지금은 태극기에 대한 혼란스러운 부분이 있다.

외식업과 태극기, 브랜드 포지셔닝

외식을 하다 보면 부진점포가 꼭 탄생하기 마련이고 우리는 이를 인공호흡기라도 끼워 다시 태어나게 해야 한다는 생각으로 '부진 점포 활성화 프로젝트'를 진행하곤 했다. 아니 지금도 진행하고 있다.

B레스토랑에 근무할 당시 J점포 역시 BEP(손익분기점)을 넘기지 못하는 수준에서 머물러 있었다. 한 달에 적자가 마이너스 2천만 원이던 J점포. 다시 인공호흡기를 끼우고 우리는 점포를 소생시켜야 하는 프로젝트를 진행했다. 가장 먼저 점장을 교체했다. (사실 사람을 교체하는 것은 가장 편하게 할 수 있는

작업이고 효과적인 작업이다. 하지만 우리는 구성원에 대한 존중을 해야겠기에 이 방법은 가장 나중에 써야 하는 방법이다.) 그리고 교체된 점장은 순차적으로 구성원과 점포의 조직문화 개선작업을 2개월 정도 진행한다. 그 후 점포의 QSC의 향상을 위한 다양한 노력을 구성원들과 하고 마지막으로 프로젝트를 통해서 하기로 한 20가지의 마케팅 활동들을 진행했다. 사실 한 점포에 20가지의 마케팅활동을 하기는 여간 힘든 작업이 아니다. 그래도 점장은 이를 성실히 수행했고 결국 BEP를 넘어서 월평균 매출이 2억 이하이던 점포가 매출이 4억이 되었다. 이 모든 일들이 1년 이내에 일어난 것이다. 대단한 성과물이고 외식업의 ABC를 아는 점장의 고군분투가 결국 성과창출의 바탕이 되었다. 그 당시 나는 외식업의 기준은 조직문화, QSC, 매출과 이익에 대한 관리가 균형 있게 이루어져야 한다는 기본을 다시 느끼게 되었다.

당시 프로젝트의 하이라이트는 태극기였다. 당시 그 지역을 넘어 대한민국에서 C레스토랑과 B레스토랑의 경쟁은 갤럭시와 아이폰만큼이나 치열했다. 그 점장은 마지막 승부수를 띄운다. C레스토랑은 미국으로부터 들여온 미국에 로열티를 주는 외국브랜드다. 하지만 B레스토랑은 한국 토종 브랜드로 외국에 로열티를 주지 않는 국내 유일의 패밀리레스토랑이었다. 그래서 이 점장은 매장 출입구 쪽에 대형태극기를 걸어 두었다. 그리고 'B레스토랑은 국내 토종브랜드입니다.'라는 카피를 던지며 지역주민들에게 강한 메시지를 던지게 된다. 국내 유일의 패밀리레스토랑 B레스토랑. 외국브랜드들이 판을 치던 레스토랑시장에 고객들에게 신선한 환기를 전해주었고, 고객들은 환호하고 반응하기 시작했다. 그 점장의 발상은 참으로 기특했다.

지역주민들 역시 토종브랜드에 대해 자극 받기 충분한 의식을 가지고 있었고 그 지역에서 C레스토랑의 매출이 따라올 수 없을 정도로 승리를 거두었다. 태극기는 고객들의 마음이었고, 브랜드를 포지셔닝 하는 하나의 매개체가 되었으며 우리 브랜드와 일체가 되었다. 고객의 마음속과 머리에 정리된 브랜드의 모습, 포지셔닝. 고객의 마음속에 B브랜드는 '외국에 로열티를 지급하지 않는 순수혈통의 브랜드'로 포지셔닝 되게 해주었다. 그렇게 J점포는 승리했다. '어떤 환경 속에서도 생존할 수 있는 방법은 있고 그 생존의 방법은 스스로 만들어가야 한다'는 진리를. 그리고 음식점은 항상 불우한 이웃과 함께, 지역주민과 함께, 더불어 가는 지역사회를 만드는데 일조해야 한다고 생각한다. 기업들이 CSR(기업의 사회공헌활동)을 진행하듯이 외식기업 역시 지역사회의 어려움과 함께, 이웃과 함께 했을 때 더 많은 사랑을 받을 수 있다고 생각을 하게 된다.

간혹 애국심에 호소하는 마케팅을 많이 본다. 그리고 애국심이 깊은 우리나라 사람들에게 통한다. 하지만 실패도 크다. 미국콜라의 아성에 도전하며 만들었던 8.15광복콜라, 애국심에 호소하면 만들었던 수많은 영화들, 애국심에 호소하면 만들었던 독도 탐방 관광상품들도 있다. 월드컵 때만 되면 애국심을 호소하며 수많은 업체에서 애국마케팅, 레드 마케팅도 선보인다. 그리고 많이 실패한다. 실패의 원인은 제품과 서비스의 질에 있다. 좋은 마케팅이 성공하려면 좋은 품질과 서비스가 기본적으로 마련되어야 한다. 이를 간과하고 애국심에 호소하는 것은 좋지 못하다. 좋지 못한 것의 결론은 실패다. 그래서 마케팅에 승부를 두는 브랜드는 실패한다. 고객들도 현명해졌다.

J점포가 큰 성공을 거둔 것은 애국심에 호소했던 바도 크지만 결국 애국심과 본질적인 부분이 함께 했기 때문에 가능했다고 생각한다. 함께 했기 때문에 큰 성공을 할 수 있었다고 생각한다. 마케팅을 하는 음식점에서는 깊은 시사점을 주는 부분이다.

'B 레스토랑은 국내 토종 브랜드입니다.' 정말 멋진 카피다. 내 인생의 카피다.

형광펜과 빨간 사과의 함정

20대 후반과 30대 초반 사람이 붐비는 공간을 할 일없이 거니는 적이 많았다. 강남뿐만 아니라 명동도 그랬고, 종로도 그랬고 시간이 나면 거닐었다. 물론 직장이 강남에 있어서 유독 강남은 많이 거닐었던 기억이 난다. 종로와 명동은 맡은 지역이라 많이 거닐었다.

당시 내가 거리를 거닐면서 많이 마주친 기억, 그것도 아주 선명히 남아 있는 기억이 있다. 길거리에서 어학원 수강 신청표에 형광펜을 끼워서 나눠주는 모습이다. 아르바이트인지, 어학원 직원인지는 분명하지 않지만 이런 모습은 강남에서나 종로에서나 흔하게 볼 수 있는 모습이었다. 학생이었던 시절도 그랬고, 직장을 다니는 직장인일 때도 그랬다. 형광펜은 아주 훌륭한 선물이자 아이템이었다. 그래서 어학원 시간표는 필요 없고 형광펜을 받기 위해서 수강표를 덤으로 받는 행위를 자주했다. 당시 가격으로 5백 원 정도 했으니 이런 호사가 없었다. 한 번씩은 왔다 갔다 하면서 3자루까지 받은 기억이 난다. 내겐 기분 좋은 이벤트이지만 그들에게 비용이었을 텐데 서로의 관계가 참 어색하다. 물론 왔다 갔다를 3번 정도 했으면 얼굴을 기억했을 법도 할 텐데 기억을 못 하는 눈치였다. 이렇게 강남과 종로의 어학원들은 복잡한 도시에서 하지 않아야 할 행동을 하고 있었다. 판촉을 하고 있었다. 과연 이렇게 불특정 다수를 위해서 비용을 집행하면서 마케팅을 진행하는 리더의 생각이 궁금했었다.

음식점을 하다 보니 매장이 오픈할 때면 신규고객을 위해서 이벤트를 해야 하는 의무감에 사로 잡힌다. (지금은 내가 결정할 수 있어서 오픈 행사를 하지 않는다.) 행사를 하지 않으면 오픈을 하지 않은 듯한 그 느낌에 모두가 사로 잡히는 것 같다. 그러던 어느 날 오픈 행사에 대한 새로운 사건에 접하게 된다. 상사로부터 지시가 내려왔다. 내일 아침 지하철역 입구에서 빨간 사과를 나눠주라는 특명이다. 정말 뜨악했다. '뜨악', 그리고 재차 이건 아닌 것 같다고 상사에게 말씀도 드리고, 마케팅 직원에게 몇 번을 얘기를 했지만 결정의 번복은 없었다. 매장으로 엄청난 사과박스가 들어왔다. (몇 박스인지 정확히 기억나지 않아서 그냥 엄청나다고 표현한다.) 사과 박스를 옮기는데도 힘들었다.

하는 수 없이 오픈 당일 아침 매장, 운영팀 직원들이 동원되어 백설공주나 먹을 만한 빨간 사과를 돌렸다. 지하철 입구에서 돌렸다. 문제는 여기에 있었다. 사과를 나눠주다 보니 정말 우리 고객이 되어야 할 사람들이 받는 것이 아니고 인근 상가의 아주머니들이 나와서 모두 받아 가는 것이다. 내가 "아주머니 하나만 받으세요." 이렇게 말씀을 드리니, 아주머니 왈 "젊은 사람이 참 팍팍하네. 하나만 더 줘" 이렇게 응수를 하신다. 그래서 하나 더 드렸다. 상가 아주머니들은 모두 작게는 2개 많게는 3개씩 받아 가셨다. 우리의 임무는 정확히 7시 30분에 시작해서 8시 20분 정도에 완료했다. 그

많던 사과는 불과 50분 만에 동이 났고, 주위를 둘러보니 상가 아주머니들이 신나게 깎아 드시고 계셨다. 나는 그 때 모든 상가 아주머니들이 백설공주로 보였다. (이렇게 혼자 말을 했다. 빨간 사과를 먹고 쓰러져라.) 허탈한 웃음 지으며 돌아왔던 기억이 스멀스멀. 가끔씩 빨간 사과를 보면 생각난다.

우리는 늘 마케팅을 하며 산다. 개인적으로도, 사회생활을 하면서도. 하지만 늘 꿈꾼다. 마케팅이 필요 없는 사람, 마케팅이 필요 없는 그런 브랜드와 회사. 언제쯤 실현 가능할까? 마케팅은 필요조건이긴 하지만 충분조건은 아니라는 생각은 변함이 없다. 그래서 최소한의 마케팅을 하는 것이 필요하다고 본다. 형광펜과 빨간 사과. 타깃도 없고, 특정한 대상도 없는 그리고 명확한 목표가 없는 마케팅은 오로지 비용일 뿐이다. 조급한 나머지 명분과 실리도 하나도 없는 마케팅은 하지 않는 것이 좋다. 마케팅이라고 칭하기도 부끄러운 이런 활동들은 과감히 없애야 한다.

마케팅을 최소화할 수 있는 브랜드와 조직, 그것이 우리가 추구해야 할 가장 이상적인 모습은 아닐는지.

세상사는 것은 참으로 힘겹기는 하다.
'대한민국 모든 직장인이여 파이팅하자.'
'마케터들도 파이팅하자.'

LSM(Local Store Marketing)에 대한 고찰

명동에서 점장 생활을 했다. 비가 오는 어느 날(명동은 비가 오면 길거리에도, 음식점에도 사람이 없다.) 손님이 없어서 창 밖을 바라보고 있는데 사업부장으로부터 전화가 왔다. (아마 매출을 찍어보고 전화를 했나 보다고 생각했다.) 전화를 받고 보니 역시 그랬다.

"매출이 이런 데 지금 뭐하고 있어요? 직원들 내보내서 전단지라도 돌려야지." 라고 말이다.

비가 오고 있는데 직원들에게 전단지를 돌리라고 하는 생각이 과연 정상적인 생각인지 모르겠다. 브랜드를 만들 음식점이 전단지를 돌리면서 만드는 행동을 하는 것은 아니라고 생각했다. (근데 나도 답답하면 한번씩 전단지를 돌리기는 했다. 궁여지책이라고 표현하는 게 맞을 듯. 그냥 나에게 위로를 주고 싶어서 전단지를 돌렸다.) 사업부장의 성화에 못 이겨 나가서 전단지를 돌렸다. 물론 전단지를 돌리면 몇 테이블은 들어온다. 아주 임시방편적인 생각이다. 음식점을 해본 사람이면 이게 얼마나 단순하고 단기적인 발상인지를 우리는 잘 알고 있다. 물론 전단지가 필요할 시점과 상황은 있지만 이게 일상화된 음식점은 브랜드로 가기는 어렵다. 더러는 쿠폰을 나눠주고, 더러는 가격을 할인하고, 더러는 무료로 메뉴를 제공하는 등의 행위. 아주 단기적인 처방임을 그 당시도, 지금도 나는 명확히 알고 있다. 아직도 단기적인 처방에는 질색한다. 명품은 시간을 견디며 하나씩 하나씩 가치를 만들어간다.

LSM을 돌아볼 필요가 있다. LSM은 로컬마케팅, 점포마케팅으로 칭한다. 인근 지역에 있는 제휴업체와 연계를 하거나, 지역 상황에 필요에 따라 마케팅을 행하거나 또는 점포자체 내로 할인과 쿠폰배포, 메뉴제공 등 점포 내에서 행해지는 마케팅을 우리는 LSM이라고 한다.

긴 시간 동안 LSM을 해보았다. 제일 좋은 성과를 창출했을 때가 매출 대비 2%의 고객유입이 생긴 사례다. 물론 쿠폰의 정도와 할인의 정도에 따라서 매출 기여도는 달라진다. 지역과 점포의 상황에 따른 LSM의 필요에 대해서는 동의를 하지만 무분별한 LSM으로 브랜드와 점포를 손상시키는 행위에 대해서는 인정하지 않는 편이다. 가장 효과성이 좋았을 때가 2% 정도였으니 다른 LSM은 보지 않아도 뻔하다. 단기적으로 2%의 효과가 있었을 줄 모르나 브랜드와 음식점의 이미지에 20% 이상의 손실을 가하는 LSM도 너무 많다. 그래서 나는 LSM을 싫어한다. 득보다 실이 많다는 판단이다. 특히 할인, 무료제공, 쿠폰제공 등의 LSM은 '음식점의 악'이라고 생각한다. 고객들이 쿠폰에 중독된다는 말은 그냥 나온 말이 아니다. 호환마마, 전쟁보다 무서운 것이 쿠폰이다. 정말 좋은 음식점을 만들고 싶으면 쿠폰, 할인 등을 버리고 가장 본질적인 음식과 서비스에 집중해야 한다. 장기적인 성공의 음식점을 만드는 초석이 그런 부분이다. 절대 함부로 쿠폰을 돌리면 안 된다.

음식점의 브랜드는 QSC라는 본질로 완성이 되고, 음식점의 브랜드는 장기적인 안목으로 만들어가야 한다.

'가격할인은 누구나 할 수 있는 마케팅의 마지막 수단이다.'
'쿠폰제공은 고객들을 병들게 하고, 음식점을 병들게 한다.'

우리는 이 부분을 명심하고 가장 자연스러운 맛있는 음식과 좋은 서비스가 제공되는, 전단지와 마케팅이 필요 없는 음식점을 목표로 행위해야 한다.

"전단지라도 돌리세요."라고 떠들어 되던 사업부장님은 어떤 생각이었을까? 이런 무지막지한 사람.

브랜드는 사람을 닮아간다

첫 직장을 10년 가까이 다녔다. 아니 더 다니려고 했었다. 고리타분하더라도 더 다니려고 했었던 게 솔직한 심정이다. 멋지게 표현하면 회사에 대한 로열티가 강했고, 치졸하게 보면 갈 데가 없었다. 그런데 어느 날 암초를 만났다. A사업부에서 B사업부로 발령이 났었고 신규사업부장과 함께 하게 되었다. 운영을 맡고 있던 우리가 모두가 신규사업부장보다 회사근속기간은 긴 상태였다.(뭐 이게 중요하나, 사장님의 인정이 중요하지) 사장님은 '이 분을 아주 신뢰한다' 주변의 얘기와 사장님의 눈빛을 통해서도 상황을 인지할 수 있었다. 그런데 그와 함께 하는 우리는 전혀 그러지 않았다. 리더라는 자리는 2가지는 기본적으로 갖춰야 한다. 그건 인성과 역량이다. 우리가 아무리 찾아봐도 그 인성과 역량의 양비론을 채우기에는 너무도 부족한 사람이었다. 후배들에게는 적어도 그랬다. 인성과 역량 대신에 낮에는 호통, 밤에는 술의 양비론을 갖춘 그였기에 우리는 따르지 않았다. (물론 사장님 앞에서의 행동은 완전히 다른 사람이었다.)

사장님은 달랐다. 그를 신뢰하고, 그를 인정하고, 그를 고속 승진까지 시키면서 우리의 수장으로 앉혔다. 지치고 힘들다고 모두가 호소하는데 그리고 그 얘기가 전해지고 있는데 당시 사장님은 우리를 모아두고 이렇게 말씀하셨다. “사업부장이 좋은 자질을 많이 가지고 있어”라고 말이다. 사장님의 그 말씀이 아직도 생생히 기억난다. “사업부장이 좋은 자질을 많이 가지고 있어” 그건 사장님 앞에서의 얘기이다.

그 당시 퇴사를 했던 많은 식구들은 회사에 대한 애정과 실력을 모두 갖춘 분들이었다. 진심이다. 그리고 우리는 일년, 이년 다른 회사에서 직장생활을 이어가고 있었다. 하지만 사랑했던 브랜드가 서서히 문을 닫고 브랜드의 존폐까지도 언급되고 있다는 소식을 들었다. 그 사업부장은 퇴사를 했다고 했다. 사장님에게만 안보였던 문제를 우리는 볼 수 있었다. 우리가 선견했던 것인지? 사장님의 사랑이 지극했던 것인지는 모르겠지만 적어도 개인적인 사랑과 사람에 대한 취향, 조직 관점에서의 사랑은 달라야 한다고 당시 생각했다. 한참 시간이 지난 지금 그 브랜드는 브랜드로서 존재하지 못했다. 수명을 다한 것이다.

‘사장이 브랜드다.’ ‘사람이 브랜드다.’

브랜드를 만들 때에도, 브랜드를 운영할 때에도 모든 곳에 리더의 생각이 전이된다. 음식의 맛도, 서비스도, 레스토랑의 컨셉도, 정체성도 그리고 리더가 가진 철학까지도 말이다. 어떤 브랜드매니저를 만나느냐에 따라서 브랜드는 확연히 달라진다. 브랜드는 사람이 만든다. 브랜드를 브랜드매니저가 만들고 고객들이 완성한다. 브랜드는 사람의 손에 의해서 언어와 디자인, 요소들이 만들어진다. 그래서 브랜드는 브랜드매니저를 닮는다.

음식점에서의, 외식업에서의 브랜드매니저는 스페셜리스트보다는 제너럴리스트가 맡는 게 좋다. 모든 것을 알아야 관장할 수 있다. 그리고 인성은 기본이다. 거기에다 브랜드를 움직일 철학까지 갖춘 브랜드매니저라면 그 브랜드의 미래는 장담할 수 있는 것이다. 모든 것을 다 갖춘 리더와 조직이라도 경쟁에서 도태될 경우가 있는데 이를 갖추지 않고 덤비는 리더와 조직은 100전 100패한다. 당연한 결론이다.

음식점이 가지고 가야 할 원초적인 것, 브랜드가 가지고 가야 할 원초적인 부분은 진정성이다. 이 진정성 안에는 리더와 구성원들의 철학과 사상이 반영되어야 한다. 그래야 브랜드가 살아서 움직인다. 특히 리더의 경우는 필수적이다. 철학과 사상을 가진 리더가 브랜드를 운영해야 한다. 리더의 생각과 말, 행위가 브랜드에 고스란히 반영되었을 때 브랜드는 만들어지고 성장한다. 그래서 음식점의 리더, 브랜드의 리더는 끝없이 인문학적 고찰과 철학적 사고를 할 수 있도록 스스로를 재무장해야 한다. 그것이 브랜드를 이끄는 리더로서의 책임감이다. 브랜드를 가꾸는 것은 결국 사람이다. 사람이 중요한 이유, 브랜드매니저가 중요한 이유이다.

"브랜드는 사람을 닮아가고, 맡은 사람을 흉내 낸다."

역사에 가정은 없지만 이런 생각을 한번씩 한번씩 한다. "아, 그 때 모든 조직원들이 남아서 그 브랜드를 운영했다면 지금쯤 어떻게 되었을까"하고 말이다.

인성과 역량의 양비론, '사람이 브랜드다.'

좋은 예술가는 모방하고 위대한 예술가는 훔친다

어렵게 만든 음식점 브랜드와 메뉴 그리고 서비스까지 어느 하나 쉬운 게 없다. 브랜드를 만드는 일은 창작의 고통과 긴 고심과 한숨의 역작이다. 하나의 브랜드에 모든 열정과 관심을 1년간 쏟아야 겨우 탄생할까 말까 하는데 이것도 시장에서 생존할지 미지수다. 메뉴도 마찬가지이다. 이제 대한민국에 없는 메뉴가 없다고 할 정도로 대부분의 메뉴들은 시장에 다 나와 있다. 서비스 또한 마찬가지다.

이런 고통의 역작들은 누구는 편하게 빼어간다. 아니 사실 훔치는 것이다. 샐러드바 레스토랑을 카피하는 것은 아주 쉬운 일이고, 우리는 주변에서 흔하게 보았다. 국내 샐러드바 레스토랑의 효시는 S라는 브랜드였다. S라는 브랜드가 한국에 오고, S브랜드를 그대로 카피한 A브랜드가 등장했다. 또 A브랜드를 카피해서 B브랜드가 나오고, 샐러드바 레스토랑은 한동안 격전지가 되었다.

'컨셉에 특허가 없다.'

최근 한동안 한국형 샐러드바 레스토랑이 등장했다. (금방 시들해졌다. 그 이유를 학습할 필요가 있다.) A브랜드를 만들어 놓고 보니 타사에서 B브랜드를 출시했다. 메뉴 조금 변경하고, 인테리어 조금 손봐서 브랜드를 론칭했다. 이 현상을 우리는 어떻게 받아들여야 하는가? 그리고 또 타회사도 또 다른 브랜드를 론칭했다. 또 다시 시장은 우후죽순이 되었는데 그 열기는 금방 시들시들해졌다. 아! 투자금이여! …

내가 음식점을 하면서 간혹 특허나 상호등록 같은 것에 심한 소외감을 느꼈다. 상호는 그렇다고 치더라도 음식점의 메뉴와 서비스는 금방 카피를 할 수 있는 상황에 직면해 있다. 우리가 고심해서 만든 브랜드와 메뉴가 옆집에서 금세 따라 하고 있고, 시장에서는 보호를 받지 못 하고 있다. 그래서 음식점을 하면서 소외감에서 빠져 나올 수가 없었다. 이 소외감은 지금도 현재진행형이다.

소외감을 가장 잘 해소할 수 있는 것은 '카피에는 진정성이 없다'는 나름의 결론으로 마음을 위로했다. 가장 맛있는 음식은 정성이고, 가장 멋진 인테리어는 손님이며, 가장 위대한 서비스는 시키지 않아도 먼저 다가가는 서비스다. 이렇게 결론을 짓고서 지금도 여념 없이 메뉴를 만들고, 컨셉을 만들고, 서비스를 만들고 있다.

남이 만들어 놓은 색다름을 쉽사리 훔치는 사업가와 경영자와 경쟁자들은 비난받아야 한다고 생각을 한다. 그리고 그렇게 사업을 하는 사람들의 생각에도 나는 반기를 들어야 한다고 생각한다. 그렇게 위안한다. 흉내는 낼 수 있으나 영혼까지 훔치는 것은 힘들다는 생각이다.

호박과 토마토는 몇 주 만에 자라 며칠, 몇 주 동안 열매가 열리지만 첫 서리가 내리면 이내 죽어 버린다. 반면 나무는 서서히 몇 년, 몇 십 년, 몇 백 년까지 자라고 열매도 수십 년 동안 맺는다. 건강하기만 하면 서리나 태풍, 가뭄에도 끄떡없다. (존 맥스웰, '사람은 무엇으로 성장하는가'에서 인용) 브랜드도 이와 같고, 명품도 이와 같다고 생각한다. 명품과 브랜드는 시간이 필요하다. 시간을 묵묵히 견디는 힘이 필요하다. 명품은, 브랜드는 그렇게 태어난다. '카피본은 절대 명품과 브랜드가 될 수 없다'고 생각한다. 그 안에 가치와 철학이 없기 때문이다.

경영학에서는 선두주자가 가질 수 있는 효과를 'Pioneer Effect'라고 한다. 파이오니어 이펙트를 누리기 위해서는 철저한 준비와 론칭이 필요하다. 시장에서 간혹 생기는 비도덕적인 현상에 대해서는 우리 모두는 눈감아주지 말아야 한다. 시장에서 공정한 경쟁이 필요하다. 그 공정성에 모두가 박수를 치기를 바란다. 우리 음식점 또한 그리했으면 좋겠다.

그래서 나는 피카소가 말한 '좋은 예술가는 모방하고 위대한 예술가는 훔친다.'는 말에 절대 동의할 수 없다. 훔친 자는 도둑놈이다. 적어도 나라도 그렇게 생각해야 한다.

손익계산서에 나와 있지 않은 것들

K대표이사를 모셨을 때는 참 행복했다는 생각이 지나고 나서야 들었다. K대표님은 간혹 팀장들을 모아서 마케팅시험도, 비전/미션시험도 보게 하고(테스트 하고 점수가 안 좋으면 혼남), 때로는 갑자기 불러서 근사한 식사도 사주시고, 때로는 노래방까지 동행해서 함께 즐겁게 어울려 주셨던 그런 분이셨다. 일년에 한 두 번씩은 꼭 팀장들을 모아서, 점장들을 모아서 식사자리를 마련해주셨다. 거기에다 한번씩 경영과 관련된, 의사결정과 관련된 사항에 대해서는 메일로 촌철살인의 메시지를 보내주시곤 했다. 그 이메일을 아직도 지우지 못함은 한번씩 다시 읽음으로써 마음을 다잡곤 하는 계기가 되기 때문이다. 늘 그리운 대표님이고 선배다.

K대표님을 오랫동안 보면서 가장 중점적으로 관리하는 부분이 조직문화라는 것을 깨달았다. '왜 일하는지'에 대해서, '주도적이고 주체적으로 일하는 것'에 대해서, '우리가 해야 할 것들'이 뭔지에 대해서, '할 수 있다는 의지'에 대해서, '직원들의 소중함'에 대해서 늘 관리를 해주셨던 것 같다. 이

K대표님과 함께 하는 동안 우리는 너무 좋은 성과를, 그리고 두둑한 인센티브도 함께 받았다. 무엇보다 많이 받았던 것은 '우리가 할 수 있다는 자신감'이었으며 '훌륭한 조직문화에서 일할 수 있다는 행복감'으로 기억된다.

그리고 다른 조직에서 Y대표이사를 만났다. 내가 직장생활하는 동안 가장 힘든 시간이었다. 직장생활 중에 가장 힘든 것은 무엇일까? 그 분에게 답을 찾았다. 함께 하는 시간 동안 계속 매출을 어떻게 늘리고, 비용은 어떻게 절감할 것이냐? 이익이 이래서 되겠냐? 언제 돈 많이 벌거냐? 이런 이야기를 일년 내내 듣는다. 줄곧 "매출이 깡패지, 실적이 깡패지."란 말을 무용담인 듯 이야기 하는 경영자. 미칠 지경이었다. 하루를 돈에서 시작해서 돈으로 끝나는 상사와 함께 하는 시간은 너무 고역이다. '왜 사느냐'고 묻지 않고, '먹기 위해 산다'고 하는 이야기와 똑같다고 생각했다. 없을 것 같지만 이렇게 무지막지한 경영자도 있다. 조직에는 얼마나 많은 이야기들이 오가야 하는가에 대해서 한번이라도 생각한 적이 있었을까?

조직생활을 하다 보면 브랜드에 대한 이야기도 해야 하고, 고객에 대한 이야기도 해야 하고, 조직문화에 대한 이야기도 해야 한다. 직원들의 이직률도, 직원들의 복지도, 우리의 업무방식도, 우리의 평가방식도 모두 이야기해야 한다. 물론 이익도 우리가 논해야 할 한 부분이긴 하지만. 어떤 브랜드를 어떻게 만들 것인가에 대해서는 관심이 없다. 브랜드를 어떻게 키워서 어떻게 어두운 세상에서 지속적인 건재를 과시하게 할 것인지에 대한 관심은 없다. 브랜드는 사람과 같다. 브랜드는 직원과 같고, 아기와 같다. 브랜드는 태어나는 것이 아니라 육성되고 키워지는 것이다. 그래서 브랜드는 사람이다. 그래서 브랜드를 보려면 그 브랜드 안의 사람을 보아야 한다. 다시 말해 브랜드를 구성하고 있는 사람의 생각과 철학을 보아야 한다. 브랜드는 사람을 닮기 때문이다.

이런 기본적인 사고를 할 때 우리는 이를 브랜드라 부를 수 있다. 세상에 얼마나 많은 브랜드들이 나와 있는가? 브랜드는 카피가 가능하다. 하지만 브랜드 안에 녹여져 있는 스토리와 가치와 철학은 절대 카피가 불가능하다. 그래서 브랜드의 사람과 사람이 가진 생각과 철학이 브랜드의 가장 기본적인 요소이다. 브랜드를, 조직을 만들어갈 때 선행되어야 할 조건이 조직 안에 있는 구성원들과 브랜드의 철학과 가치를 공유하는 것에서부터 출발해야 한다. '우리는 왜 이 사업을 하는지?', '이 사업을 통해서 우리가 시장에, 고객들에게 전하려고 하는 것이 무엇인지?', '우리는 어떤 방식으로 일하고, 어떤 성과를 만들어 갈 것인지?', '우리의 구성원들은 어떻게 성장시키고, 우리 조직은 어떤 방식으로 성장시킬 것인가?' 이런 철학과 가치에 기반해서 사업을 하고, 장사를 해야 한다.

내가 모셨던 K대표와 Y대표의 생각은 극명하게 차이가 났다. 한 분은 조직과 삶을 어떻게 만들어가야 훌륭한 삶인가를 고민하셨고, 한 분은 무엇을 먹을 지만 고민하셨던 것이다. 한 분은 장기적인 관점의 사업을 하였고, 한 분은 그날 먹을 것들 위주로 단기적인 사업을 했다. 경영의 신, 잭 웰치가 했던 말이다. "구멍가게를 운영하든 다국적 기업을 운영하든 기업의 건정성을 판단하는 데 유용한 세 가지 주요 지표가 있다. 첫째는 직원 만족도(Employee Engagement), 둘째는 고객 만족도(Customer Satisfaction)이며, 셋째는 현금흐름이다." 사업은 챙겨야 할 우선순위가 있고, 어떤 것이 선행지표가 되어야 하는지를 알아야 한다. 그것이 경영이고, 그것이 훌륭한 경영자가 되는 지름길이다.

우리가 보는 재무제표와 손익계산서에는 매출과 이익은 나오겠지만 재무제표, 손익계산서에 없는 브랜드 이미지, 브랜드파워, 조직문화, 조직의 역량, 구성원들의 생각과 비전, 미래에 대한 가능성, 세상과 사람의 변화 이런 것들은 손익계산서에 나오지 않는다. 경영자는 재무제표, 손익계산서에 매출과 이익과 더불어 다른 보이지 않는 것들을 함께 경영할 수 있는 사람이 되어야 한다. 그래야 진정한 경영자다. 선행지표와 후행지표에 대한 명확한 정의를 하고 경영을 해야 한다. 경영의 묘미가 여기에 있다.

K대표님을 생각하면 마음이 따뜻하다. 대표님은 사람을 경영할 줄 아셨던 분이다.

"야, 진우야 오늘 노래방 한번 갈까?"라는 그 멘트에 우리의 조직문화가 있었다.

브랜드와 신앙, 그리고 브랜딩

나는 학부에서 호텔경영학을, 세부전공으로 호텔식음료를 전공했다. 호텔경영학을 멋지게 공부하고 호텔에서 근무하는 것을 목표로 학업을 시작했다. 목표는 목표였을 뿐이었다. 목표를 이루기 위해서 학교를 다니며 방학마다 짬짬이 호텔 아르바이트를 했다. 아르바이트를 하면서 호텔은 평생 직업으로서 적합하지 않다는 판단을 내리게 되었다. 걱정이 태산이었다.

다시 대학원에 입학했다. 시간을 좀 더 갖기 위함이었다. 대학원을 졸업하고 나는 내 진로를 외식업으로 정했다. 아주 우연히 정했다. 솔직히 먹고 살기 위해서, 내 삶의 먹거리를 위해서 외식업을 선택한 것이다. 학교를 졸업한 후 내게 주어진 선택지는 많지 않았다. 아니 거의 없었다. 먹고 살아야 한다는 그런 생각만 있었을 뿐이다. 매슬로우의 '욕구5단계설' 중 가장 아래 단계인 '생존의 욕구'를 해결하기 위한 방책으로 이 직종을, 이 직장을 선택했다. 나의 선택은 M레스토랑이었다.

M레스토랑에서의 생활은 즐거웠다. 음식점에 근무하면서 나는 아주 색다른 경험을 하였고, 그 색다름은 외식업의 유혹에 빠지게끔 만들어 주었다. 불과 6개월만에 M레스토랑은 나에게 신앙이 되어 주었다. 그리고 신앙

이 되었다. 간절했다. 진실했다. 어느 날, 나는 숙연하게 M레스토랑의 로고를 프린트해서 액자에 끼웠다. 그리고 액자를 자취방 책상 앞에 걸었다. 매일 매일 아침에 일어나서 책상에 앉아 M브랜드가 나의 삶을 지배하고, 나의 삶을 개척해주기를 바랐다. 신앙인과 같은 기도였고, 묵념이었다. 다른 선택은 없다고 생각했다. 그리고 M브랜드가 나의 앞길에 등불을 밝혀주기를 바랬다. M브랜드가 하느님의 나라이고, M브랜드가 극락정토였다. 내게는 그랬다.

브랜드가 신앙이 되어 본적이 있는가? 종교처럼 아무 이유나 논리 없이 바라본 적이 있는가? 브랜드와 신앙은 흡사한 점이 많다고 생각한다. 브랜드 최고의 목표는 브랜드가 신앙이 되는 것이라 생각한다. 나에게는 이런 신앙과 같은 브랜드가 있었다. 지금은 떨어져 살고 있지만 아직도 내 마음속의 최고의 레스토랑이고, 설렘이고, 희망이고, 바람이었다. 그렇게 신앙처럼 다가온 M레스토랑은 죽어서도 잊혀지지 않을 것 같다.

브랜드는 종교와 유사한 점이 많다. 브랜드에는 매뉴얼이 있고, 종교에는 경전이 있다. 그리고 그를 뒷받침하는 신화와 이야기가 있다. 브랜드에는 스토리가 있는 것처럼 말이다. 또 브랜드와 종교는 우리에게 약속한다. 종교는 하느님의 나라와 영생을 누릴, 하늘나라와 극락정토가 있다고 말한다. 브랜드에 환상과 기대가 있는 것처럼. 브랜드에는 팬덤이 있고, 종교에는 팬덤인 신앙인이 있다. 그들이 유사한 점은 바로 아무런 조건이 없다는 것이다. 이게 브랜드이고 종교다. 브랜드는 이런 이야기와 신화와 팬심을 먹고 살아간다. 더 나은 삶을 보장해줄 것이라 생각하면서.

브랜드는 내부 구성원들의 자신감을 먹고 시작한다. 브랜드는 외부고객의 경험과 인정을 토대로 성장한다. 그래서 내외부고객의 자신감과 사랑으로부터 출발하며 브랜드에 대한 문화를 만들어 가면서 완성이 되어 간다. 이제 마케팅의 시대 즉 '나는 이런 좋은 사람이야'가 아니고 내외부 고객들이 인정하는 '너는 그렇게 좋은 사람이야'라는 브랜딩의 시대가 되었다. 앞서 이야기했지만 브랜드는 누군가의 희망이 되고, 누군가의 설렘이 되고, 누군가의 환상이 되어야 한다. 그래야 브랜드가 긴 수명을 가지고 살아갈 수 있다. 브랜드 동일화 과정에 있는 구성원과 고객이 많을수록 브랜드는 성장한다.

브랜드가 신앙 같은 존재가 되었을 때 영속성이 있다. 내부 구성원들에게도 신앙이 되어야 하고, 외부 고객들에게도 신앙이 되어야 한다. 그것이 브랜드의 궁극적인 목표이다. 신앙과 같은 브랜드를 만들어보자. 브랜드 스토리를 만들고, 브랜드의 철학과 가치를 만들고, 이 스토리, 철학, 가치를 내부구성원들에게 끊임없이 전파하여 길러진 우리의 자신감을 외부 고객들에게 전달해 보자. 브랜드는 긴 호흡으로 바라봐야 한다. 시작은 내부구성원으로부터다.

세상을 바꾼 많은 이들은 모두가 한 곳에 미쳐 있었다. 파브르는 곤충에 미쳐 있었고, 포드는 자동차에 미쳐 있었고, 에디슨은 전기에 미쳐 있었다. 우리나라는 대표하는 운동선수인 김연아는 피겨스케이팅에 미쳐 있었고, 손흥민은 축구에 미쳐 있었다. 두둑한 배짱으로 지금도 메이저리그를 평정하는 류현진은 야구에 미쳐 있었고 골프선수인 최경주와 박세리는 골프에 미쳐 있었다. 대동여지도를 그린 김정호는 지도에 미쳐 있었고, 한글 창제

한 세종대왕은 우리 글과 말에 미쳐 있었다. 세상을 하나라도 바꾸고자 했던 모든 사람들은 하나에 미쳐 있었다. 우리는 이를 '광기'라고 한다. 우리는 어디에 미쳐 있는가? 내가 하고 있는 일과 조직과 브랜드에 미쳐있는가를 봐야 한다. 나도 한 때 브랜드에 미쳐 있었다. 미치지 않으면 얻을 것이 없다. 미치지 않으면 완성하지 못한다. 내가 가꾸는 브랜드도, 음식점도 그러해야 한다. 아니 내가 미쳐서 브랜드를 보고, 음식점을 봐야 한다.

M브랜드 이제 대한민국에서 없어졌다. 긴 호흡을 하지 못했다. 사랑하고자 했던 브랜드가 내게는 짝사랑으로 마무리되었다. 다시 새로운 세상에서 만나길 기대해본다.

브랜드라는 것은

고객에게 건네는 무언의 약속이고 책임감이다.

해야 할 것과 하지 말아야 할 것을 구분 짓고,

원칙을 세우는 것이다.

그리고 그 원칙을 준수하는 것이다.

브랜드에는 반드시 책임감이 있다.

6

본질의 발견

회사후소(繪事後素)

2000년대 초 대부분의 레스토랑들이 뷔페스타일로 올인하는 듯 했다. 정말 하나 건너 하나가 뷔페로 가는 것이 아닌가 할 정도로 뷔페의 인기는 절정이었다. 그 선봉장은 씨푸드 뷔페였다. 해외에서 들여온 T브랜드를 필두로 모든 외식회사들이 뷔페로 전환하면서 폭풍 속으로 몰고 들어갔다. 음식의 퀄리티나 음식문화는 제외하고 메뉴의 다양성 측면에서 뷔페는 훌륭한 컨셉이다. 하지만 외식인으로 걱정을 한 것은 사실이다. 뷔페도 외식업의 한 종류이지만 이렇게 모두가 뷔페로 전환한다면 음식의 질적 · 문화적인 면을 생명으로 여기는 음식점들의 발전을 방해할 것이 분명하다는 생각이었다. 최근에서야 워낙 좋은 양질의 뷔페레스토랑들도 많이 생겼지만 그래도 '뷔페는 다양성의 면에서 좋은 것이지 가장 훌륭한 메뉴를 제공하는 컨셉은 아니다'라는 생각에는 변함이 없다. 음식점은 다양한 컨셉과 메뉴가 공존해야 발전할 수 있다고 생각한다.

내가 좋아하던 A레스토랑도 예외는 아니었다. A 레스토랑에는 자주 가는 편이었다. A 레스토랑은 아주 색다른 컨셉이고 직접 다니면서 원하는 메뉴를 주문하는 방식이었다. 그래서 재미도 있고, 직접 식재료도 볼 수 있어서 꽤나 신선한 컨셉이었다. A La carte(메뉴 하나 하나에 가격이 매겨진 일품요리) 주문 방식, 그리고 직접 주문하는 방식은 참 재미있는 컨셉이었다. 컨셉이 주는 묘한 기분, 그러나 절대 뒤쳐지지 않는 메뉴의 퀄리티와 오픈 주방, 모든 것이 완벽한 브랜드로 보였다. 지금의 말로 얘기하면 '최애 브랜드'였다. 적어도 내겐 그랬다. 하지만 이곳도 결국 뷔페의 쓰나미 속에서 벗어나지 못했는지 일순간 뷔페스타일로 전환이 되어 버렸다. 처음엔 고객으로 환호를 했다. 하나 하나 메뉴가격이 매겨지던 방식에서 모든 메뉴를 뷔페가격으로 먹을 수 있으니 금상첨화였다. 고객에게 가성비가 좋다는 것은 결국 업주입장에서는 부담해야 할 비용이 높다는 것이다. 그래서 걱정이 앞섰다. 광고는 더 요란했다.

'OO레스토랑이 월드뷔페로 바뀝니다.' 이름도 거창한 '월드뷔페'였다.

그러던 어느 날 방문에서 깜짝 놀라고 말았다. 그 좋았던 메뉴들이 메뉴 퀄리티는 물론이고 그 식자재의 양까지 모두가 줄어들고 있었다. 그리고 아연실색할 수 밖에 없었던 놀라운 사실 하나. 초밥 위에 새송이 버섯을 슬라이스해서 올려둔 것이다. 그 많던 활어초밥이나 생선초밥은 볼 수가 없었다. 다른 메뉴의 퀄리티도 말할 수 없을 정도로 무너져 있었다. '여기도 결국 비용을 견디지 못하는구나'라는 생각을 했다. 나는 그 길로 A레스토랑에 발길을 끊었다. 다양한 수단으로 뷔페를 선전하고, 가성비를 선전하던 그 브랜드. 실체는 없고 포장만 요란했던 그 사건은 내게 제법 큰 울림을 주었다. 음식점의 기본은 QSC에 있다. 결국 QSC가 좋지 못하면 어떤 포장된 이미지로 덮어도 결국 고객들의 반감만 일어날 뿐이다. 그래서 모든 사업은 기본에 충실해야 한다. 기본이 서야 모든 것에서 이길 수 있다.

나는 'QSC is All', 'One is All'이라는 말을 참 좋아한다. 모든 면에서 본질에 집중하자는 그런 내용, '하나가 모든 것을 나타낸다는 말, 하나가 무너지는 것이 모든 것이 무너지는 것이다'라는 말을 나는 좋아한다. 그리고 그렇게 사고하고 행동한다. 마케팅을 통한 포장은 잠깐 동안 고객의 환심을 살 수 있어도, 길게 승리하지는 못한다. 고객은 본질에 집중하지 못하는 브랜드를 금세 알아차리기 때문이다. 근본이 부족한 음식점은 아무리 마케팅과 홍보를 해도 그 실력은 금세 드러난다. 그래서 기본이 중요하다. 이 말은 회사후소(繪事後素)라는 말로 대변된다. '그림 그리는 일은 흰 바탕을 마련한 다음에 해야 한다'는 뜻으로 '내적인 아름다움을 먼저 갖춘 다음에 외적인 아름다움을 가꿀 수 있음'을 이르는 말이다. 도원선사의 말씀도 회사후소를 대변한다. "봄을 그리려 함에 버드나무 복숭아꽃이나 살구꽃을 그리지 말지, 그저 봄만을 그려라." 역시 무게감이 있다.

우리는 어떤 일을 하거나, 사업을 하던 간에 이 말을 명심해야 한다. 본질이 가장 먼저이다. 꾸밈은 짧다. 오늘도 잠시 A레스토랑을 생각하며 A레스토랑이 다른 방향을 모색하고, 본질에 더 집중했다면 지금은 어떤 모습일까 생각을 해본다. 참 아쉽다.

그래서 나는 이렇게 말하곤 한다.

'본질이 있은 연후에 꾸밈이 의미가 있다'

'마케팅은 짧고, 본질은 길다.'고 말이다.

사랑합니다. 고객님!

새로운 사업본부장이 취임했다. S대 출신에 영어도 유창하다고 했고 마케팅 관련 책도 한 권 냈다는 소문이 회사 내에 퍼졌다. 나는 수소문해서 그 책 제목을 알아냈고 퇴근 후 서점으로 달려가 그 책을 구매했다. 책은 소문에 비하면 100페이지 조금 넘은 소책자였다. 그래도 책은 그 사람을 알게 해주는 도구이니까 책을 구매한 후 바로 읽었다. 일이란 게 방향을 맞춰가면 더 훌륭하게 소화가 되니까. 책을 통해서 그분을 알고 싶었다.

그리고 여러 가지 문제와 변화들이 줄을 이었다. 조직은 늘 변화해야 한다. 그것도 고객에게 맞춰서 말이다. 그 변화도 구성원이라면 즐겨야 한다. 이 부분에 대해서는 100% 동의한다. 여러 가지 변화 중에 즐기기에는 힘든 변화가 하나가 있었다. 사업본부장이 가라사대 "고객에게 즐거움을 주기 위해서 직원들이 요들송을 불러주면 좋겠다"고 했다. 우리는 거의 2달간 모여서 요들송 연습을 했고, 저녁 8시 고객들 앞에서 연습한 요들송을 불렀다. (메뉴 만들고 있다가도 오더를 스톱하고 나갔다. 서빙하던 직원들도 올스톱하고 노래하러 나왔다.) 직원들은 정말 하기 싫어했다. 주문이 가장 많은 시간이었다. 요들송을 즐기는 고객들도 20% 남짓 되었다. 고객 중에는 데이트 하는 고객들, 미팅하는 고객들, 비즈니스하는 고객들 등 다양하다. 이 요들송이 반갑지 않은 고객들도 충분히 많았다.

나는 더 중요하다고 생각했던 게 있다. 고객을 위한 이벤트도 좋지만 주문이 한참 들어오고, 바쁘게 서비스를 해야 할 시간임에도 불구하고 요들송을 요구한 것은 본질에 벗어나는 행위라 생각했다. 더 중요한 것들을 다 버리고 이벤트에 집중을 한다는 것은 바람직하지 않다고 판단했다. 고객들이 진정으로 원하는 것은 맛있는 메뉴와 훌륭한 서비스다. 본질은 잊고 이벤트에 치중하는 것은 업의 특성을 모르는 처사였다. 기쁘게 부르는 요들송과 슬프게 부르는 요들송은 정말 다르다. 나는 그 때 알았다. 요들송은 슬프다.

그리고 또 하나의 사건이 있었다. 서비스의 차별화를 위한 인사말의 변경이었다. 맞다. 모든 조건이 동일한 상황에서는 서비스로 차별화하는 게 논리적으로 맞는 이야기이다. 이 부분도 100% 동의한다. 그런데 차별화가 이상하게 흘러갔다. 갑자기 인사말을 바꾸자고 하는 것이다. 그 인사말이 궁금해졌다. 그리고 이메일로, 전화로 전달이 되었다. 우리에게 떨어진 인사말은 "사랑합니다. 고객님!"이다. 청천벽력이었다. 그 가증스러운 표정으로 들어오시는 고객들에게 "사랑합니다. 고객님!"으로 응대를 해야 한다니 그리고 이 인사를 들은 고객은 어떤 표정으로 들어 오실까? 나는 사실 부끄럽고 두려웠다. 직원들에게 이런 인사를 시킬 수 있을까라는 고민도 했다. 부담스러웠다.고객들도 부담스러워 할 것이라 생각했다.

070번호로 들려오는 멘트. "사랑합니다. 고객님!" 그리고 우리는 전화를 끊는다. 그리고 전화번호를 차단한다. 나도 이 인사말에 고객들이 우리를 차단할 수 있다고 생각했다. 조직의 명령이니 따라야 했다. 어렵고 힘들고 슬프지만 고객들이 헛웃음을 짓거나 서로가 민망해해도 우리는 인사를 해야 했다. 어떻게 "사랑합니다. 고객님" 이렇게.

그리고 열심히 고객들이 비웃거나 말거나, 부담스러워 하거나 말거나 한 달을 "사랑합니다. 고객님!"이라는 인사를 아주 억지스럽게 했다. 서로가 어려워했다. 듣는 사람도, 말하는 사람도. 인사는 진정성이 있어야 한다고 생각을 한다. 음식점에서 고객들에게 드리는 인사는 웃음 띤 얼굴로 자연스러우면서 진정성 있게 하는 게 좋은 인사이다. 그리고 인사와 더불어 고객을 편히 모시는 서비스와 맛있는 메뉴로 승부를 띄워야 한다. 고객과 직원에게 부담스러움을 주는 서비스는 실패다. 최근 서비스의 적정성에 대한 논의도 활발하게 진행되고 있다. 서비스, 절대 부담을 주거나 부담을 느끼게 하면 안 된다. 서비스는 서로에게 부담을 주지 않는 적정성이다.

오늘도 우리 브랜드의 한 점포에서 메뉴 이벤트를 하겠다고 했다. 하지 말기를 당부했다. 메뉴 이벤트가 아니고 메뉴를 정말 제대로 만드는데 집중하라고. 이벤트는 두 번째 문제다. 음식점이나 음식점의 가장 큰 장점은 맛있는 메뉴와 서비스다. 본질에 집중해야 한다. 그리고 서비스는 진정성 있게 해야 하고 고객들에게 부담을 주지 않아야 한다. 사업의 성공은 본질이다. 본질은 우리의 관점에서 사업을 보는 것이 아니라, 고객의 관점에서 봐야 한다. 고객이 무엇을 원하는지에 대한 생각, 그 생각이 바탕이 되는 본질에 집중해야 한다. 본질을 놓치고 부가적인 것으로 만회해보겠다는 것은 장기적으로 사업을 보지 못하고 단기적으로 사업을 보는 것이다.

영화 '러브 액츄얼리'를 보면 주인공이 관심을 가지고 있던 여성에게 질문한다. "크리스마스 선물로 무엇을 받고 싶어요?" 그러자 여성은 이렇게 답한다. "필요한 것보다 제가 원하는 것으로 주세요." 서비스를 비롯한 사업의 본질은 우리가 하고 싶은 것이 아닌 고객이 원하는 것을 하는 것이다. 고객의 필요와 불편을 해소하는 것이 사업을 하는 이유이다. 이것이 본질에 충실하는 것이다.

스위스에 가면 꼭 요들송을 들어야겠다. 그리고 오늘도 "사랑합니다. 고객님!"이라고 걸려온 070 전화를 차단한다.

야구르트, 다시는 안 먹는다

어릴 때 야구르트는 훌륭한 간식이었다. 특히 OO야구르트는 마음이 좋은 아주머니가 전해주는 착한 간식으로 우리에게 인식되어 있다. 아직도 길거리에서 자주 본다. 어릴 적 우유는 좀 좋은 영양제와 간식이었고 달달하게 가격이 저렴한 야구르트는 그보다 좀 덜한 간식이었다. 학교에서 간혹 별 난 친구들은 야구르트 한 묶음(5개들이)을 사서 위쪽이 아니라 아래쪽을 치아로 뜯어서 먹는 기이함을 보기도 했다. 아무튼 어릴 적 우리에게 더 없는 간식이고 좋은 음료였다.

그런 야구르트를 끊은 지 15년이 넘었다.

매장에서 점장으로 근무하는 시절에 출근해서 가장 먼저 하는 일은 주방으로 들어가서 식자재를 체크하고, 주방을 돌며 위생 관련한 체크를 하는 것이 우선 순위의 업무였다. 습관이었고 해야 할 일이었다. 습관은 어떤 사건을 통해서 만들어지기도 하는 것이다. 이런 습관이 만들어진 배경에 하나의 이벤트가 있었다. 다니던 회사는 위생점검 관련한 문제(내부 점검 적발

시에도 법적 사항이 적발되면 1개월 감봉이었다.)가 발생하면 처벌이 엄격했다. 위생 관련해서 어떤 문제도 용납하지 않겠다는 의지였다. 현장에서 근무하는 직원들은 예민할 수 밖에 없는 문제다. 그래서 위생 관련해서 신경을 곤두세웠다. 꼭 감봉이 아니더라도 발견되면 위생관리를 못하는 관리자로 인식된다는 것 자체가 더 신경 쓰였던 부분이었다. 그럼에도 불구하고 매일 몇백 가지의 식자재를 혼자서 다 본다는 것도 어려운 일이기에 간혹 직원들과의 공조를 하기도 한다. 관리자들끼리 순환관리를 하기도 했다. 우리는 늘 묻고, 체크하기를 하루 종일 반복한다.

그러던 어느 날, 아침에 출근해서 직원에게 "음료 냉장고 전부 점검했지?"라고 물으니 "네, 매니저님 오전에 다 봤습니다."라고 하길래 믿고 음료냉장고는 넘겼다. '가는 날이 장날이라는 말은 맞다.' 그 날 위생사의 점검이 있었고, 아뿔싸 유통기한이 하루 지난 야구르트가 음료냉장고에서 나왔다. (유제품은 유통기한이 짧아서 아차하는 순간에 시간이 지나 버린다.) 어지러웠다. 관리를 잘못한다는 주위의 눈총과 다음 달 여지없이 10%가 삭감된 월급을 생각하니 어지러움이 느껴졌다. 더군다나 나의 직속상사인 점장까지도 감봉이다. 속으로 이렇게 생각했다.

'믿은 내가 OO이다." 월급 날 정확하게 10%(10원짜리까지 정확하게 계산된)가 삭감된 월급이 나왔다. 점장도 마찬가지일 것이다. 그 이후로도 나는 한번 더 감봉을 당했다. 생맥주의 유통기한.

'모두 다 죽여버릴 거야"

그 이후로 내게 밴 습관이 출근하면 바로 주방으로 들어가서 모든 식자재를 일일이 체크하는 버릇이 생긴 것이다. 그리고 다시 위생에 대한 정의를 나름 내렸다.

'위생, 아버지, 어머니도 믿지 마라.'

그래서 다시는 위생에 관한 직원들의 말을 믿지 않는다. 내 눈으로 직접 확인해야 안심하는 습관이 생겼다. 위생은 습관이다. 음식점에서 위생은 충분조건은 아니지만 필요조건이다. 음식을 만드는 사람으로서의 기본이다. 특히 법적인 상황인 유통기한, 보관방법, 원산지, 보건증, 직원들의 위생상태 등은 굳이 법적인 처벌 대상이 아니다 하더라도 고객을 모시는 입장에서 반드시 관리해야 하는 부분이라 생각한다. 지금의 시대 고객들은 위생에 대해서 더 예민해졌다. 환경의 문제에 예민해진 것보다 더 예민해졌다. 그래서 음식점의 영업이 잘 되기 위한 첫 걸음이라 생각한다. 나도 비위생적으로 보이는 음식점은 가질 않기 때문이다. QSC의 C가 Cleanliness이다. 잘 해야 한다.

나는 지금도 야구르트를 먹지 않는다. 다시는 먹지 않을 것이다.

"OO야구르트 아줌마 죄송합니다."

급냉삼겹살,
학교냉면, 한돈삼겹짜장면

대학교를 다닐 그것도 이제 시니어로 접어든 3학년쯤에 동기와 한참을 삼겹살집에 다녔다. 일주일에 두 번 정도 다녔으니 돈도 없을 시절에 제법 많이 간 편이다. 당시 두툼한 삼겹살이 180그람에 3,000원이었다. 소주는 한 병에 천원. 그러니 만 원이면 둘이서 삼겹살 3인분에 소주 한 병으로 넉넉한 저녁을 할 수 있었다. 단짝이던 동기와 나는 삼겹살 대신 제주 오겹살을 시켰다. 제주 오겹살은 삼겹살보다 5백 원 더 비쌌다. 그래도 그 맛이 일품이라 우리는 5백원을 더 주고 '제주 오겹살'을 시켰다. 메뉴명이 '제주 오겹살'이다. 오겹살이라는 용어도 생소하고 좋았지만 오겹살 앞에 제주를 붙임으로써 고기의 신선함을 강조한 느낌이 참 좋았다. 원산지가 주는 느낌도 참 좋았다. 그래서 우리는 늘 제주 오겹살을 시켰다.

최근 동네에 '돈식당'이라는 돼지 고깃집이 생겼다. 여기도 참 신선하다. 인테리어에 힘을 쏟지도 않았다. 과한 인테리어는 피하고, 메뉴에도 힘을 많이 뺐다. 하고 싶은 메뉴, 이리 저리 고객들에 구실 맞추려고 하는 메뉴다 뺐다. 힘을 뺐다는 이야기다. 메뉴가 단출하다. 고기는 딱 2가지. 여기도 '제주 오겹살'과 '삼겹살' 2가지 고기만 취급한다. 한번씩 삼겹살을 생각하면 이 집이 떠오르는 것은 삼겹살을 전문으로 하고 있다는 것에 있다. 입구에서는 더 번쩍이는 문구가 눈길을 사로 잡는다. 바로 '급냉 삼겹살 전문점'이라는 문구다. 냉동 삼겹, 냉동육 전문점 이런 문구를 많이 보아왔고 이제 서서히 지겨울 때가 되었다 싶었다. 근데 여기 돈식당에서 '급냉삼겹살전문점'이라는 문구를 들고 나왔다. 조금의 변화가 대단한 흥미를 유발한다. 급냉을 본 순간 나는 '신선하다'는 느낌을 지울 수가 없었다. 냉동은 조금 덜 신선해 보인다. 하지만 급냉은 신선해 보였다. 선선하다는 말이 맞다. 냉동 삼겹살 앞에 '급'을 붙여서 '급냉'이라 명했다. 신선한 발상이고 신선함이 밀려왔다.

이렇게 메뉴명을 잘 지어서 고객들에게 어필하는 브랜드와 음식점들이 많이 늘어났다. 그만큼 외식업 사장님들의 운영방안과 생각이 깊어지고 넓어지는 것이다. 스쿨푸드의 학교냉면과 신비국수, 어느 파스타집의 할머니 콥샐러드와 장작화덕피자, 동네 중국집이 한돈삼겹자장면과 한돈탕수육 등 유명 산지와 스토리를 가지고 메뉴명을 짓는 그런 음식점들이 많다. 개인적으로는 좋은 현상이라고 생각한다. 창의적인 사고는 힘들지만, 창의적인 생각들은 큰 변화를 준다.

메뉴나 브랜드는 이런 측면에서 같다고 생각한다. 메뉴가 기능적인 측면만 가지고 접근하면 가격을 책정하는데도 한계가 있다. 물리적, 기능적인 면에서의 가격은 인식된 한계의 가격을 넘어가기 어렵기 때문이다. 브랜드도 마찬가지라고 생각한다. 단순히 물리적이고 기능적인 측면만을 제공하는 브랜드는 가격 책정뿐만 아니고 브랜드 성장에도 한계점을 제공할 수밖에 없다. 그런 측면에서 메뉴와 브랜드는 환상과 꿈을 심어주어야 하고, 심미적인 면에 대한 강조를 해야 한다. 동네에서 파는 단순한 짜장면은 5천원을 넘기기 어렵다. 하지만 올리브유로 볶은 짜장면은 5천이 아니라 9천, 1만 원을 받아도 고객들이 그 가격을 허락한다. 분식점의 떡볶이가 단순한 떡볶이가 아니고 이천에서 재배한 쌀로 만든 떡과 순창고추장이 결합된 '신토불이 떡볶이'가 되었을 때 일상적인 가격의 범위를 넘어선다.

하워드 슐츠는 자신의 서적 '온워드'에서 '우리는 일상적이고 평범한 물건에 특유의 정서와 의미를 불어넣어 그 의미를 재탄생 시켜야 한다. 한마디로 상품에 영혼을 담아야 한다는 뜻이다. 그러면 굳이 말로 설명하지 않아도 그 상품만의 이야기가 계속 사람들에게 전달될 수 있다.'고 했다. 메뉴와 메뉴명이 주는 정서와 의미도 이와 같다고 생각할 수 있다. 하워드 슐츠의 말이 100번 맞다. 조금의 변화를 통해서 의미는 완전히 재탄생하게 된다.

브랜드도 마찬가지다. 브랜드는 고객들에게 꿈을 줘야 한다. 너무 익숙하고 잘 아는 브랜드 스타벅스는 커피 이상의 것인 제3의 공간을 고객들에게 제공했고 커피문화를 만들었다. 나이키는 'Just do it'이라는 슬로건으로 나이키가 지향하는 바를 꿈으로 승격시켰다. 스테이크 전문점 아웃백은 호주의 광활한 초원과 이국적인 나라로의 초대를 꿈꾸게 했다. 브랜드가 상품으로 이야기하지 않고 꿈과 희망과 동경으로 이야기했을 때 일상적인 가격 이상의 것을 지불 받게 된다. 이렇듯 메뉴명과 브랜드명은 고객들에게 기능성과 물리적인 면을 넘어서서 꿈과 환상을 심어주어야 한다. 그 꿈과 환상에 대해서 고객들은 우리가 생각하는 것보다 훨씬 더 많은 금액을 지불하게 될 것이다.

돌아서서 우리의 메뉴를 한번 살펴 보시기 바란다. 그냥 야채김밥은 아닌지? 그냥 김치찌개는 아닌지? 이런 메뉴명에는 환상이 전혀 없다. 다시 우리 메뉴와 브랜드를 세심히 들여다 보자.

스님의 결정, 오픈 하라

매장을 오픈할 사이트가 정해지고 나면 으레 사장님은 절로 가서 오픈 날짜를 받아 오신다. 많이 궁금했다. (주머니에 팀장들의 사주까지 들고 다닌다는 이야기도 있었고, 본인과 사주가 맞지 않으면 팀장 진급이 되니 안 되니 등 무수한 소문들이 난무했다.) 근데 정말 많이 궁금했다. 왜 절에 가서 스님에게 오픈 날짜를 받아오는지 말이다. (종교를 비하할 목적은 아니다. 종교는 분명히 이 땅에서 하고 있는 순기능이 있고 이를 존중한다.)

스님의 간택 때문에, 아니 사장님 때문에 공사기간과 상관없이 오픈 날짜가 당겨지기도 하고, 또 공사가 다 되었는데 미뤄지기도 했다. 공사가 안되었는데 당겨지면 여유를 두고 할 공사를 며칠 안에 마무리해야 하기도 하고, 공사가 마무리되었는데도 오픈 날을 기다리면서 직원들의 사기를 떨어뜨리기도 했다. 진짜 진짜 궁금했다. 왜 이렇게 오픈 일정을 스님에게 받아오는지? 그리고 스님이 찍어 준 날에 오픈하면 진짜 대박이 나는지도 말이다. 이 사실은 시간과 경험이 필요한 부분이었다. 시간과 경험이 증빙할 수밖에 없었다. 그래서 우리는 스님이 공사가 마무리 되는 날과 비슷한 날을 점지해주길 바랐다. 그게 우리가 할 수 있는 최선이었다.

음식점은 입지, 컨셉, 메뉴, 사람이 적절하게 잘 구성되어야 훌륭한 성과를 낸다고 배워왔다. 근데 왜 스님에게 이런 부분을 의존하고, 행운에 의존해야 하는지 이해가 가지 않았다. 사실 음식점은 입지, 컨셉, 메뉴, 사람이 완성되면 대박 행진을 하게 마련이다. 이걸 스님이 해결해주지 못한다. 그래도 우리는 보이지는 않는 어떤 힘에 의해서 우리의 미래가 잘 해결되길 바라는 심리를 가지고 있는지 모르겠다. 사장님은 그 심정이 우리보다 클 뿐이라면 애써 마음을 달랬다. 풍수지리나 어떤 보이지 않는 신통력은 사실 있을 수 있다. 하지만 음식점에서 이보다 중요한 것은 앞서 언급한 입지, 컨셉, 메뉴, 사람을 완성하고 고객을 위한 가치를 창출하는 것 그리고 내부 직원을 위한 가치를 창출하는 것이 성공의 지름길이다. 그게 나는 풍수지리보다, 신통력보다 훨씬 더 우위라고 생각한다.

그래서 나는 말하고 싶다. 음식점을 경영하면서, 직장생활을 하면서 그리고 사업을 하면서, 자영업을 하면서 가장 중요한 것은 어떤 요행을 바라는 것이 아니고 성실하고, 진솔한 마음으로 나의 업에 임한다면 그게 오히려 성공에 다가가는 지름길이라고 말이다. 함께하는 직원들의 가치를 창출해 주는 역할, 그리고 고객들을 위해서 가치를 창출해 주는 업의 본질에 충실하는 것이 성공의 지름길은 아닌지 말이다.

그 과거를 돌아보니 스님에게 오픈 날을 받아온 매장들은 대한민국에서 사라졌다. 스님이 신통치 못한 것인지? 아니면 입지, 컨셉, 메뉴가 신통하지 못했던 것인지는 알 수가 없다. 하늘에 판단을 맡길 뿐이다. 그럼에도 불구하고 사장님 이렇게 말씀하실지 모르겠다.

"그래도 내가 날짜를 받아왔으니 이 정도지, 아니면 큰일 날 뻔했어."라고 말이다. 뻔한 말이다.

고객은 패키지를 구매한다

고객이 매니저인 나를 불렀다. 보통 고객들이 부를 때는 좋은 일은 거의 없다. 99%가 안 좋은 얘기이다. 고객이 부르면 늘 불안한 마음을 가지고 테이블로 향한다. 이번에도 마음을 먹고 갔다. 고객 왈 "아저씨, 이거 한번 먹어봐요. 이걸 음식이라고 한 건지?" 속으로 이런 생각을 했다. '거의 다 먹었네' 이런 생각을 마음속으로 하면서 고객이 남긴 10%의 음식을 먹어 보았다. 근데 진짜 맛이 없다. 인정했다. "손님, 너무 죄송합니다. 음식 다시 해드릴게요. 아니면 다른 음식이라도 좀 드시겠어요?"라고 말이다. 뭐 이 정도에서 끝나면 아주 스무스하게 마무리되는 것이다. 음식 맛이 없어도 다 먹을 수 있는 경우가 많다. 나도 그런 경험이 많다. 그래서 다른 음식을 만들어서 고객에게 드리면서 해맑은 미소까지 함께 드리고 이 일은 마무리 했다. 2003년 봄의 일이다.

오랜 시간 음식점을 경영하면서 느낀 건데 음식점은 정말 관리 포인트가 너무 많다는 것이다. 어떤 고객들은 와서 "음식이 왜 이렇게 맛이 없어요." 라고 하고 어떤 고객들은 "서비스가 이래 가지고 장사 하겠어요?"라고 무심코 말을 내뱉기도 한다. 더러는 음식이 짜다, 음식이 달다, 직원들의 표정이 왜 이러냐? 등등 음식의 맛과 서비스에 대한 평가가 제 각각이다. 여기에다가 이물질, 생각지도 못한 이슈 사항 등도 늘 발생하곤 한다.

음식점은 어느 누구라도 한마디씩 건네기 딱 좋은 사업 아이템이다. 적어도 한마디씩 할 수 있는 업종이다. '주관적인 요소가 너무 많기 때문 아닐까' 란 생각을 하면서 나에게 잠시의 위로를 한다.우리가 간혹 착각을 하거나 또는 오판을 하는 경우가 있다. 아니 그런 분들도 계시고, 그런 경영자들도 간혹 보게 된다. 음식점이 서비스만 좋으면 되지 또, 메뉴만 맛있으면 되지 이런 류의 얘기들이다. 하지만 내 생각은 조금 다르다. 이제 기본적인 것은 물론이고 그 이상을 추구해야 한다. 이제 음식점을 대하는 고객의 수준도 높아졌고, 어떤 메뉴가, 어떤 서비스가 좋고 나쁜지는 판단할 정도의 수준은 충분히 되었다.

그래서 나는 요즘 고객들은 패키지(Package)를 구매한다고 생각으로 음식점을 정리하였다. 즉 메뉴 맛이 좋은 것은 기본이고, 서비스는 덤으로 좋았으면 좋겠고 그럴싸한 분위기와 인테리어에 예쁜 기물과 맛있게 담긴 음식 그리고 적정한 가격과 서로의 시간을 충분히 즐길 수 있는 아늑한 공간까지를 합쳐서 패키지(Package)를 구매한다는 생각이다. 어느 하나가 아주 앞서서 맛집으로 장사가 잘되거나 인상적인 컨셉을 가지고 있어서 잘 되는 음식점도는 있다고 판단한다. 하지만 긴 수명으로 음식점을 보면 패키지를 잘 갖춰 두는 것이 맞지 않냐는 생각이다. 만약 프랜차이즈나 체인사업을 한다면 이 부분에 대해서 더 세밀하게 갖춰져야 좋은 비즈니스모델이 탄생한다고 생각을 한다.

'고객들이 패키지를 구매한다'는 판단이라면 우리 음식점에 고객들이 왜 방문하는지에 대한 생각을 정리하고 정리된 생각에 대해서 많은 공을 들여야 한다. 메뉴와 메뉴판에 대한 공도 들여야 하고, 직원들의 서비스에 대한 교육투자도, 고객들이 사용하는 기물교체와 조명, 인테리어, 설비, 시설에 대한 정비 등 고객가치를 위한 지속적으로 해야 한다. 왜냐하면 고객들은 어느 한 부분을 구매하기도 하지만 대체로 패키지를 구매하기 때문이다. 패키지가 잘 갖춰져야 긴 수명을 가진 음식점이 되기 때문이다.

특히 우리 나라 소비자들은 음식에 대한 니즈(Needs)가 아주 빠르게 변화하고 진행이 된다. 따라서 장기적으로 사업을 하려면 지속적인 투자는 필수불가결하다. 고객들은 조금의 변화에도 금방 반응을 한다. 좋은 서비스 멘트 하나에도, 아주 훌륭한 맛에 대해서도 자그마한 프로모션에도 반응을 한다. 음식점을 구성하는 많은 부분에서 지속적이고 작은 변화를 주어야 하는 것도 이와 같은 이유에서다. 흐름을 쫓아가지 못하면 실패한다.

음식점은 컨셉(Concept) 과 퍼포먼스(Performance)로 구성된다. 컨셉은 브랜드가 나타내고자 하는 핵심요소를 정리한 것으로 브랜드아이덴터티(Brand Identity)라고 할 수 있고, 패키지라 명할 수 있겠다. 또 컨셉은 고객이 우리를 선택할 동기를 주기는 요소다. 그 말은 컨셉으로 고객을 유인할 수 있다는 얘기이다. 고객은 컨셉을 보고 시도하기를 하고, 그 시도를 평가하기도 한다. 퍼포먼스는 고객이 실제 매장을 경험하고 나온 느낌이나 기분이다. 즉 실제 경험한 상황에 대한 평가를 말한다. 컨셉과 퍼포먼스에 차이가 발생한다면 퍼포먼스가 컨셉보다 떨어진다면 고객들이 재방문을 하지 않게 된다. 그런 의미에서 음식점에서 가장 중요한 것은 QSC라고 하는 것이다. QSC의 경험에 따라서 고객들의 퍼포먼스가 달라지며 브랜드의 존속을 가져다 주는 부분이라 생각한다. 퍼포먼스 즉 패키지에 대한 고객의 상태가 음식점을 재방문하게 하는 원동력인 것이다. QSC, 인테리어, 분위기, 서비스, 맛 모두가 완전하게 고객에게 실현될 때 음식점 사업은 가능성이 있다는 것이다.

가장 좋은 사업은 지속적으로 투자를 하면서 수익을 창출하는 회사다.

그리고 음식점에서 컨셉, QSC, 퍼포먼스를 이렇게 정리해본다.

'좋은 컨셉은 고객이 구매를 시도하게 하지만, 좋은 QSC는 고객이 재방문하게 한다.'

모든 비즈니스가 이와 같을 것이다.

진심이 담긴 레시피가 가장 맛있는 레시피다

한번씩 꽤 까다로운 고객들이 온다. 100명 중에 한 번이거나, 200명 중 한 명이어서 그나마 다행이라고 생각한다. 매번 이런 고객들만 있으면 장사는 정말 힘든 과정이 되어 버린다. 마음도 몸도 힘들다.

이런 고객이 왔다. 평온한 날의 방문이었다. 문제는 음식의 간이었다. 음식의 맛은 간으로 좌우된다. 그날 고객이 처음으로 간이 세다는 주문을 직원을 통해서 전달했다. 그리고 음식을 들고 주방으로 가서 고객의 이런 요구 사항을 전달했다. (오픈 주방이어서 고객들이 볼 수 있는 구조다. 오픈 주방은 고객들에게 주방의 위생과 청결 상태, 음식이 만들어지는 과정을 보여줌으로써 신뢰를 주기에 아주 적합한 구조이지만, 간혹 잘못된 상태로 보여져서 오히려 역효과를 내기도 한다. 그렇지만 나는 오픈 주방구조를 선호하는 편이다.) 아무튼 홀 서버는 고객의 요구사항을 그대로 전달했다. 그날 음식의 간으로 인해서 3번을 조리했다. 먹어보니 정상적이었으나 음식의 맛과 간은 지극히 주관적인 것이다. 셰프의 입장도, 고객의 입장도 모두 이해가 가고, 공감이 간다. 이런 일은 간혹 생긴다.

레시피는 평균의 고객이 좋아할 만한 기준으로 잡은 음식의 표준조리법이다. 그러니 모두가 만족한 상태는 아닐 수 있다. 그래서 레시피가 모든 것을 다 소화해줄 거란 생각을 하는 요리사는 번번히 실패하기 일쑤다. 고객도 개인의 기호가 강한 경우는 사전에 직원에게 알릴 필요가 있다. 이 레시피가 지극히 개인의 기호를 충족할 것이라는 생각을 버려야 한다. 레시피는 보편적 기준이다. 하지만 늘 문제는 생기고, 또 문제를 해결해야 한다. 음식점에서 처음 일하기 시작할 당시에 포스에는 고객의 개인적인 기호를 입력하는 시스템이 없었다. 최근 포스에는 고객의 기호에 맞는 '간 세게', '양 많이', '소스 많이' 등 옵션이 20개에서 30개 이상이 된다. 다양한 고객의 기호를 반영하겠다는 의지이다. 이 부분에 대해서 동의를 한다. 다양한 문제가 생기고, 다양한 문제를 해결해주는 것이 서비스업을 하는 우리의 태도다.

최근 음식점을 다녀보면 이런 고객들의 니즈들이 반영된 곳이 제법 있다. 코엑스에 가니 한 중식당에는 '고객이 짜다면 짜다.'라는 문구가 계산대 뒤에 붙어 있다. 주인장의 사고가 참으로 좋다는 생각을 했다. 그리고 '맛이 없거나 직원들이 불친절하다면 블로그에 올리기 전에 주인장에게 연락주면 음식으로 대접하겠다'고 하는 광화문의 한 음식점, '불친절한 직원이 있다면 개인 핸드폰으로 연락을 달라'고 하던 국밥 집의 사장님까지 모두가 고객만족을 실천하는 경영주들이다. 이런 분들이 있어서 음식점이 발전하고, 고객들은 만족한다고 생각한다.

레시피는 보통과 보편의 결정판으로 만들어진 결과물이다. 그래서 특수한 사항이 반영이 되지 않은 것이다. 우리 음식점은 특수한 사항을 반영해야 한다. 그래야 발전할 수 있다. 그리고 이 특수한 사항이 아주 자주 일어나는 것은 아니다. 충분히 해결 가능한 것이기 때문에 고객의 사항은 해결해주는 것이 음식점의 도리이다. 나는 '고객이 레시피다'고 생각하는 사람이다. 음식점의 음식은 고객을 위해서 만들어지는 것이다. 그래서 '고객이 레시피인 것이다.'고 생각한다. 짜게, 맵게, 달게 모두 고객이 원하는 것을 해주는 것이 도리라 생각한다. 그래야 한다고 생각한다. 그러면 운영을 어떻게 하냐고 반문할지 모르겠다. 그렇게 고객을 맞춰 가면서 운영을 하면 된다. 물론 보편적인 맛으로 잡은 레시피는 유지해야 하지만 말이다. 그래도 '고객이 레시피다.'라고 생각한다. 그런 요구를 하는 고객이 그리 많지 않다.

'고객이 짜다면 짜다'고 한 주인장도, '불편하면 연락주세요.'라고 한 사장님도 모두가 레시피의 달인이다. 진정한 레시피는 다른 것이 아니라 고객의 마음을 읽는 진심이 담긴 레시피다. 진심이 레시피에 담겼을 때 가장 맛있는 맛을 낸다. 세상이 많이 변했고, 고객의 눈높이도 변했다. 밖에서 먹는 외식도 잦아졌고, 집에서 시켜 먹는 배달 음식도 많아졌다. HMR로, 밀키트로 외식시장이 한층 성숙했다. 고객의 니즈를 파악하기 더욱 어려워졌고, 보편화시키는 작업은 가속화되고 있지만 나는 늘 이런 말을 생각하면서 음식점을 하고 있다.

'고객이 레시피다.'

'세상에 가장 맛있는 음식은 진심이 담긴 음식이다.'

우문현답 1

C사에서의 2010년. 갑자기 B형님과 함께 타 사업부로 발령이 났다. B형님은 신규사업부에서 나는 B사업부에서 차출이 되어 'C사업부 살리기 프로젝트'에 투입이 되었다. 형님은 내게 한 권의 책과 하나의 아젠다를 건네주었다. 책은 다카하라게이치로의 '현장이 답이다' 였고 또 하나의 아젠다는 '홈런 말고 단타를 자주 치는 조직을 만들자'였다. 한 권의 책과 하나의 아젠다가 아직도 내 머리 속에 남아 있는 것은 내가 외식을 하면서 깊게 고민해야 할 답이 여기에 들어 있었기 때문이다. 아직도 나는 이 아젠다를 지우지 않고 숙지하고 있다.

B형님의 얘기를 추측해 보건대 책은 제목에서 말하듯이 외식업은 '현장에 모든 답이 숨겨져 있다'는 것이다. '단타를 자주 치자'는 아젠다는 이렇게 나름대로 해석을 했다. (물어보면 될 것을 굳이 묻지 않고 내가 답을 찾고 싶었다.) 야구에서 해설자들이 많은 점수차로 지고 있는 팀을 향해 간혹 "장타나 홈런 말고 주자를 자꾸 모아야 합니다."라는 말을 한다. 이 말은 홈런은 한번에, 단번에 점수를 올릴 수 있다. 하지만 계속 점수를 올려야 하는 상황이니 기

회를 연결하면서 많은 점수차를 극복할 수 있도록 하자는 말일 것이다. 결국 장타는 그러지 못한다는 얘기이다. 장타나 홈런 뒤에는 결국 기회가 상실되는 경우가 많다.

형님의 얘기를 돌아보면 결국 '단타로 직원들이 작은 성공경험을 하게 하고 작은 성공들을 지속적으로 연결하면서 기회를 살려 나가자는 이야기'라 생각했다. 지금은 이 말이 잊혀지지 않는 이유는 아마 외식업의 성공포인트를 제시한 아젠다였기 때문일 것이다. 형님의 인사이트에 지금도 박수를 보낸다. 근데 형님이 몇 개월 후에 다른 회사로 도망갔다. 나를 남겨두고. 그것도 아버지의 장례식에 와서 다른 회사로의 이직 소식을 전했다. 좋게 생각해보자 싶다가 그래도 그게 장례식장에 와서 할 소리는 아니다. '현장경영'도 '단타'도 같이 했을 때 의미가 있는 것이지.

우문현답은 경영에서 어떻게 해석될까? 우문현답(愚問賢答)의 뜻은 '어리석은 질문에 현명하게 답한다'는 사자성어이다. 경영을 하거나 즉 비즈니스를 하다 보면 곤혹스러운 경우도 생기고 예상치 못한 상황에 대해 대처해야 하는 경우가 심심찮게 발생한다. 우리는 이럴 때마다 현명한 처사와 재치 넘치는 기지를 발휘해야 한다. 그래서 인사이트를 기르고 내공을 기르는 것이다. 우문현답의 경영자적 자질을 갖추기 위해서 말이다. 절대 저절로 만들어지지 않는다.

나는 우문현답을 이렇게 해석하고자 한다. '우리의 문제는 현장에 답이 있다.' 이게 우문현답이다. 음식점을 다년간 해온 나의 입장에서는 늘 '현장이 답이다'라는 결론을 내렸고 이에 대한 실행력을 높이려고 노력한다. 현장에서 올라와 사무실에서 근무한지도 15년이 넘었다. 사무실에 앉아서 긴 시간 업무를 보고 있지만 시간이 허락하면 현장을 다니기 위해서 노력한다. 사무실에서는 정답이 보이지 않는다. 책상에서 현장은 절대 보이지 않기 때문이다. 그래서 나는 현장을 아주 자주 다닌다. 다른 음식점들도 다니면서 그들의 우수성을 살펴 보기도 한다. 왜 망하는지 직접 눈으로 확인도 한다. 왜 잘되는지도 현장에서 확인을 한다. 내가 하는 음식점도 현장에 답이 있고, 다른 음식점들에서도 나는 답을 찾을 수가 있다. 진실로 말하건대 '현장이 답이다.'

얼마 전 현장을 전혀 방문하지 않는 후배들을 보면서 "현장으로 가라"는 메일을 쓰게 되었다. 무수한 이론가, 공상가, 탁상공론가들을 보아왔다고 하면서 말이다. 이론가가 성공하지 못하는 것은 현장감각이 떨어지기 때문이다. 우리는 공상가와 이론가들을 너무 많이 보아왔고 입으로 일하는 자들도 너무 많이 보아왔다. 음식점은 입으로 하는 사업이 아니고 가슴으로 하는 사업이며 고객의 입을 통해서, 고객의 행위를 통해서 답을 찾아가는 비즈니스이다. 그래서 음식점을 하는 우리가 가장 중요하게 생각해야 하는 것이 현장이다. 이 논리는 음식점을 운영하면서 내가 생각한 아름다운 철학이다. 일본의 현장경영의 대가 다카하라게 이치로는 현장노트를 700권이나 썼다고 한다. 그만큼 치열하게 현장에서 답을 찾으려고 노력했다는 것이다. 실로 놀라운 경영자임에 틀림이 없다.

성공은 그냥 오는 것이 절대 아니다. 물론 사업이라는 것이 운도 따라야 하지만 성공은 착실히 한 계단 한 계단 밟아 올라가는 사람이 가질 수 있는 성질의 것이다. 사업도 사람도 견실한 성공은 착실함 속에 있다. 우연히 성공한 것은 갑자기 무너진다. 하지만 천천히 밟아 올라가는 성공과 성장은 쉽게 무너지지 않는다. TV에서 보여지는 방송을 통한 대박집은 방송빨이 잠깐 있을 수 있으나 본질에서 벗어난 음식점은 금세 매출이 무너진다. 하지만 음식점의 본질인 QSC를 통한 사업의 성장은 일순간에 절대 무너지지 않는다. 명심해야 하는 이야기다.

변화는 일상 속에서 늘 이루어져야 한다. 가장 안정된 조직은 늘 변화를 지속하는 조직이다. 그래서 우리는 변화를 즐겨야 한다. 변화가 심한 시대 플러스가 갑자기 마이너스로, 유리함은 불리함으로 강점은 약점으로 변하는 시대를 살고 있다. 위기는 그 내용보다는 위기를 대응하는 사고방식으로 결정된다. 이 변화의 시대에 우리는 변화를 즐기며 살아야 하지 않을까?

우리가 가장 변화를 많이 주어야 하는 것이 음식점의 현장이다. 따라서 음식점을 운영하는 비즈니스에서 '현장경영'은 너무도 중요하다. 우리 구성원들의 모습과 고객의 모습과 말과 행위에 모든 해답이 있다. 변화하는 조직은 절대 무너지지 않는다. 또 변화하는 조직에는 항상 깊은 생각을 하는 구성원들이 있다. 모든 경영학 서적에서 얘기를 한다. 조직을 사랑하는 자, 조직을 걱정하는 자는 지속적으로 끊임없이 문제의식을 가지고 해결책을 찾아서 생각을 한다. 불변의 진리다. 내가 겪은 모든 구성원들을 보면서 드는 결론이기도 하다. 아이디어의 창의성은 생각하는 자에게 주어지는 선물이다. 현장과 본사에서 근무하는 지원부서 직원 모두가 현장을 중심으로 생각하는 경영을 해야 한다. 또한 실천해야 한다.

현장이 답이다. 현장 없는 외식업이 없고 현장에, 고객에, 구성원에 의해서 답이 완성된다.

우문현답, '우리의 문제는 현장에 답이 있다'는 불변의 진리. 이를 머릿속에 되뇐다.

우문현답 2

S대를 나온 누가 봐도 똑똑했던 직원 A군. 진짜 똑똑했다. 하지만 나와는 결이 맞지 않는 후배였다. 결은 스타일을 의미하는 것이 아니다. 일을 대하는 방식을 이야기하는 것이다. A라는 직원에게 일을 시키면 다른 직원들이 3시간 할 일을 1시간만에 해버리곤 했다. 그리고 손에 턱을 괴고 잠을 청하기 일수였다. 또 잠시 졸다가 일어나서 삶은 계란 하나 까먹고, 또 먼산을 바라보다가 졸다가 하는 행위들을 반복했다. 시킨 일 이외에는 하지 않는 후배였다. 시켜야 하고, 시킨 일을 빠르게 끝내고 다시 몽상에 빠지던 그 후배였다. 이렇게 하는 일을 우리는 '반응형 업무'라고 한다. A는 S대를 나왔다.

나는 그 후배에게 일을 엄청나게 시켰다. 시키지 않으면 하지 않으니 계속해서 시켰다. 어차피 일해야 하는 시간이니 무진장 시키고, 질문도 많이 하고, 그의 생각을 듣기도 했다. 내가 불러서 일을 엄청 시키고 나면 자리로 돌아가 나를 보지 않는 쪽으로 머리를 돌려 내 욕을 했다는 후문을 나중에 들었다. 그럴 만했다. 내가 또 한가지 그 친구를 궁지에 몰아넣은 것은 이 후배가 절대 현장에 가서 현장의 얘기를 듣거나 돌아가는 상황을 파악하지 않는다 것에 있었다. 사실 음식점은 '현장의 소리'가 중요하다. 아니 음식점뿐만 아니라 현장을 가지고 있는 모든 업은 현장이 중요하다. 나는 프로스포츠 구단도 마찬가지라 생각한다. 우리 음식점은 현장의 직원들이 잘 하는 것에 있고, 프로 스포츠는 현장의 선수가 플레이를 잘하도록 하는 것에 있다. 그래서 프로 스포츠 프론트의 역할은 선수들이 플레이를 잘하게 만드는 데 있다. 음식점도 이와 같다고 생각한다. 현장의 직원들이 잘 운영하도록 도와야 한다. 그런 의미에서 현장방문은 중요한 항목이자 덕목이다. 그런데 이 친구 A는 현장에 갈 생각도, 현장의 얘기를 들을 의지도 없어 보였다. 그래서 계속해서 업무에 대한 공격으로 나와 결투를 벌였다.

사실 내가 이 부서로 오기 전까지 그 전 사업부장이랑은 잘 지냈다. 서로 공생관계였는지 모르겠지만 말이다. 나는 실력보다 노력하는 모습을 더 좋아했고, 또 시켜서 하는 일보다 스스로 조직을 위해서 일하는 사람이 더 훌륭하다고 생각했다. 지금도 그런 모습은 변함이 없다. 현장중시형 사고는 현재진행형이다. 이 후배 A는 이런 생각이 나와 한참이나 달랐다. 다르다고 틀린 것은 아니지만 내가 바라보는 음식점의 모습, 우리의 역할에서는 생각과 가치관이 확연히 다른 친구였다. 아직 변하지 않는 나의 철학. 즉 우문현답의 사고방식이다.

"우리의 문제는 현장에 답이 있다."

입으로 일하는 사람들이 조직에는 많다. 현장을 가지 않고 공상을 하는 이들도 많다. 그들이 크게 성공하지 못하는 것은 대책도 없는 이론만을 나열하고, 현장을 생각하지 않는 다분히 이론적인 생각들을 나열했기 때문이라고 본다. 세상에서 가장 쉬운 것은 훈수를 두는 것이다. 훈수는 그냥 막 둬도 누가 뭐라고 할 사람이 없다. 책임도 없다.

'NATO, Not Action Talk Only', 말은 하되 액션이 없는 사람들. 공상가와 이론가들이 가진 모습이다.

나는 아직도 '현장중시경영'을 주창한다. 무수히 많은 이론가와 공상가들의 논리가 성공으로 귀결되지 못하는 것은 결국 현장과 연결 지어져 있지 않기 때문이다. 입으로 일하는 사람이 너무 많다. 그들이 조직을 살릴 것 같지만 결국 망하게 한다. 많은 이론가와 공상가들이 현장과 연결된다면 이보다 좋을 순 없다. 좋은 스펙과 학벌, 좋은 실력까지 갖췄는데 조직을 성공으로 이끌지 못하는 이유를 현장중심적 사고가 없기 때문이라고 단정한다. 현장과 연결될 때 현장에 가서 직접 보고, 직접 경험하고, 직접 대화하고 우리의 문제, 고객의 문제를 찾아서 해결할 때 성공하리라 본다. 음식점은 더 그러하다. 마케팅, 인사, 재무, 전략, 구매 모두 현장으로 가야 한다. 그 현장에서 치열하게 얘기하는 소리를 들어야 한다. 그래서 아직도 단호하게 말한다.

"현장으로 가라, 시간만 나면 현장으로 가라. 새롭고 생소한 것들이 보일지니."

맛, 그것이 알고 싶다

음식을 하다 보니 새로운 메뉴가 나오거나, 또 기존의 메뉴를 업그레이드할 때 늘 최고결정권자에게 평가를 받고, 최종 피드백을 받아서 완성해야 한다. 웃픈(웃기고 슬픈) 일화다. 오늘도 메뉴개발실에서 열일해서 이런 스타일, 저런 스타일 그리고 우리 최고결정권자인 사장님에게 평가를 받아야 한다. 오늘은 탕면이다. 오늘은 어떤 일이 일어날까? 어떤 평가를 가지고 올까? 그리고 다시 개발을 해야 할까? 아니면 이대로 마무리될까? 입시를 앞두고 모의고사를 치르는 학생처럼 이렇게 긴장의 연속이다. 메뉴개발의 과정은 그러했다. 어느 택시 안에 걸려있는 '오늘도 무사히' 팻말처럼 우리는 서로의 안부를 묻는다. '오늘도 무사히'

사장님이 들어오셔서 메뉴를 기다린다고 연락을 받았다. 준비되는대로 가지고 오라는 비서의 통보. 우리 메뉴개발자와 열심히 탕면을 끓였다. 나는 여기서 꼼수를 늘 둔다.(2가지 타입을 가지고 들어간다. 하나는 사장님 스타일의 간, 하나는 고객들의 간으로) 그래야 위기를 모면할 수 있다는 고심의 역작인 것이다. (한번씩 이러는 내가 슬프기도 했다.) 너무 많이 떨린다. 트레이 위에 가지런히 놓인 숟가락 2개와 젓가락 두 개 그리고 2가지 타입의 탕면. 정리해서 올린 거 보면 오늘 한방에 합격을 할 것 같다. 그냥 느낌이다. 우린 느낌 아니까. 그리고 나는 트레이를 들고 사장님 방으로 들어갔다. 그리고 힘차게 외쳤다.

"사장님, 오늘은 기존 탕면을 업그레이드한 신규탕면입니다. 2가지 스타일로 준비했습니다."

그리고 사장님께서는 음식을 한 젓가락, 국물을 한 스푼 그리고 B타입 음식도 한 젓가락, 국물을 한 스푼 드신다. 그리고 바로 비수를 꽂는 말이 날아왔다.

"야, 너 메뉴 이 따위로 할 거야, 이게 메뉴야, 어떻게 이렇게 맛없게 만들어."

그리고 아무 말없이 트레이를 들고 방을 빠져 나왔다. 그리고 메뉴개발실장과 나는 한참을 서로를 보지 못했다. 한 몇 분의 정적이 지나고 우리는 서로를 보았다. 내가 먼저 말을 건넸다. "메뉴가 이 따위라는 말은 뭘 뜻하는 거야? 짜다는 거야, 맵다는 거야" 그러니 우리 메뉴개발실장은 이렇게 응수를 한다. "맛이 없다는 것은 뭘 말할까요?" 우리는 다시 생각을 모았다. 피드백과 커뮤니케이션 그리고 리더의 말. 아무리 봐도 애매했다. 맛이 없다는 기준과 메뉴가 이 따위라는 것의 기준. 부하로서는 알 수 없는 이런 애매모호한 말은 사실 돌아서서 평가하기도, 어떻게 액션을 취하기도 상당히 어려운 말이다.

리더의 피드백은 아주 간결하면서도 구체적이어야 한다. 그래야 실무자들이 이를 정확히 파악하고 앞으로의 일에 정상적으로 대입해서 행위로 옮길 수 있다. (그런 말의 행간을 파악하지 못해서 이러고 사나 보다.) 또, 리더는 결정하는 자리이다. 결정을 미루는 것은 리더가 하는 최악의 행위이다. 리더는 결정해야 한다. 틀린 결정이라도 빠르게 해야 한다. 애매모호하게 결정을 피하는 리더는 최악의 리더이다. 그 당시 내가 생각하는 리더의 커뮤니케이션과 결정은 2가지이다. 리더는 아주 정확하게 피드백을 주어야 하고, 잘못된 결정이라도 빠르게 결정해줘야 한다. 이건 리더의 덕목이다.

다시 생각을 추스르고 메뉴를 다시 만들었다. 변화를 주지 않았다. 변화가 필요없다고 생각했기 때문이다. 메뉴개발실장과 나는 결정했다. 그냥 똑같은 메뉴를 펄펄 끓이기로 말이다. 그렇게 합의하고 우리는 똑같은 레시피로 탕면을 펄펄 끓여서 들어갔다. (사실 달리 방법이 없었다. 우리가 만든 메뉴가 최선이라고 생각했기 때문이다. 건방지게) 그랬더니 사장님께서 이렇게 말씀하신다.

"그래 탕면이 이 정도는 돼야지.."

그런데 말입니다. 우리는 여기에 집중했습니다. 왜 똑같은 레시피로 만든 탕면이 좀 전과 지금이 다른가 하는 이유 말입니다. 그리고 머릿속으로 되뇌었습니다.

'탕면! 이 정도는 되어야지!!!'

맛, 정말 그것이 알고 싶다.

"우리 아빠 중국집 다녀"

초등학교 시절(내가 다닐 때는 국민학교라 했는데..) 짜장면은 내가 받을 수 있는 최고의 메뉴였다. 그것도 일년에 한 두 번 정도만 말이다. 당시 짜장면은 350원이었다. 늘 짜장면을 선택했고, 어머니는 중국식 우동을 선택하셨다. 아무튼 우리가 즐길 수 있는 최고의 메뉴는 짜장면이었다.

같은 반 친구였던 이OO은 아버지가 중국집을 운영하셨다. 아직도 이름이 선명한 동O반점. 초등학교에서 한 300미터 정도 떨어진 곳, 당시로는 큰 아파트 앞에 위치한 동O반점은 제법이나 장사가 잘 되는 곳이었다. 친하게 지냈던 친구는 간혹 친구 몇을 불러서 집에서 놀곤 했는데 친구 아버지가 한번씩 짜장면을 손수 만들어 주시곤 했다. 습관이라는 것이 무섭다. 나는 갈 때마다 친구 아버지가 짜장면을 주면 좋겠다고 생각했는데 친구 아버지는 3번~4번에 한 번 정도만 짜장면을 만들어 주셨다. 친구 아버지는 나의 마음을 알았을까? 아시면서 버릇될까 봐 간혹 한 번씩 주셨던 것일까? 아직도 그 마음과 생각이 풀리지 않은 채로 살아가고 있다.

고향으로 가면 친구네 중국집 앞을 지나기도 하고 일부러 다녀오기도 한다. 그 때마다 야릇하게 눈시울이 뜨거워진다. 그렇게 먹고 싶은 짜장면을 왜 간혹 주셨을까? 라는 아픈 마음도, 돈도 없고 먹을 것도 없이 자란 어린 시절의 모습에도 마음이 쓰이나 보다. 그래서 그 공간에 가면 마음이 아프다. 어린 시절 그런 아픈 마음 때문인지 나는 지금도 '음식은 아끼면 안 된다'라는 생각이 강하고, 음식으로 사람의 마음을 다치게 해서도 안된다는 생각을 가지고 있다. 그리고 죽을 때까지 이것을 실천하면서 살고 싶다.

외식업에 몸을 담고 있다 보니 다양한 브랜드를 운영하게 된다. 뷔페스타일의 레스토랑도, 중식 브랜드도, 한식 브랜드도, 또 양식브랜드도 다양하게 경험을 했다. 내가 몸담고 있던 스타일의 브랜드에 따라서 가족들의 식습관도 변화하기 마련이다. 중국 음식점도 제법이나 오래했다. 그러다 보니 자연스럽게 아이들은 아빠를 따라서 중국집을 드나들기를 아빠만큼이나 하게 된다. 너무 오래 다녔던 걸까? 이제는 짜장면을 평가하고, 짬뽕을 아들, 딸이 평가한다. 초등학생인 아들 딸이 오늘은 싱겁다, 짜다를 오늘은 만두의 육즙이 적다와 많다를 평가한다. 튀김이 어떻고…이런 류를 말들을 스스럼없이 한다. 또 이제 동네 중국집 음식은 맛이 없어서 못 먹겠다고도 한다. 사람은 철저하게 환경에 지배를 받는 것이 맞나 보다. 아마도 커서 성인이 되면 아빠가 사줬던 중국 음식과 아빠와 함께 했던 음식점은 그대로 기억 속에 저장될 것이다. 음식은 철저하게 추억이다.

어느 날 딸이 내게 와서 이런 얘기를 했다. "아빠, 오늘 학교에서 친구들이랑 아빠가 어떤 직업을 갖고 있는지 얘기를 했어. 친구가 아빠 뭐하냐고 물어 보길래. 내가 중국집 다닌다고 했어."라는 것이다. 그래서 내가 "친구가 뭐래?"라고 물으니 "응, 친구가 니네 아빠 짜장면 잘 만들겠다."라고 했단다. 한참을 웃었다. 맞다. 나는 중식브랜드를 운영하고 있었고, 중식에 대한 관심이 높은 그런 직업을 가지고 있는 아빠였다. 나는 셰프가 아닌데 말이다. 아이들의 눈에는 그렇게 보인다. 아빠가 맨날 중국집에만 데리고 가니 아빠는 중국집에서 짜장면을 만드는 직업을 갖고 있다고 생각을 할 수도 있겠다. 그리고 웃었다. 그리고 내가 한마디 더 보탰다.

"아빠 중국요리 잘 한다고 하지? 멋진 셰프라고."

그랬더니 딸이 "뭐 그런 얘기까지는 안 했어."

마음 속으로 '이런 말도 해주지'라고 생각했다.

'우리 아빠 오토바이도 엄청 잘 탄다고, 배달도 번개맨이야'라고 말이다.

환경은 생각을 지배할 수 있다. 생각에 지배당하며 오로지 그것만 보인다. 음식과 함께 대부분의 시간을 보냈다. 음식에 의해 지배당할 수 밖에 없으나 나는 늘 그런 지배 속에 묻혀지지 않기를 원해서 다양하게 세상을 둘러본다. 그것이 바로 독서다. 음식점 안에 갇힌 우리가 더 좋은 음식과 음식점과 더 좋은 브랜드를 만들려면 시야를 넓혀야 한다. 나는 그래서 오늘도 독서를 한다. 공부하는 직장인으로 남고 싶고, 외식인으로 남고 싶다. 더 좋은 음식점과 더 좋은 외식인으로 자부심은 버리고 싶지도 않다. 모든 외식인들이 그리 생각하면 좋겠다. 모든 직장인들이 그리 생각하면 좋겠다. 직업에는 귀천이 없다.

'망치만 든 사람에게는 세상의 모든 것이 못으로만 보인다.'

음식 맛있게 해라, 손님한테 잘 하고

회장님께서 직접 신임 대표이사의 취임식에 오셨다. 함께 했던 전임대표님은 쓸쓸한 퇴장을, 신임대표님은 당당한 입장을 했다. 회장님께서 직접 취임식에 오신 것은 이례적인 일이다. 신임 대표에게 힘을 실어주기 위한 포석으로 생각을 했다. 더 놀라웠던 것은 회장님의 인사말씀이었다.

"그동안 회사가 어떤 일을 하고, 어떻게 일해야 하는지 업의 본질도 모르면서 일을 하니 회사가 이 모양이 된 거 아닙니까?"라고 강한 톤으로 말씀을 주셨다. 강도 100%의 발언이다.

우리 모두는 눈빛으로 작금의 상황을 교환했다. 그 발언 이후 나는 '업의 본질'을 돌아본다. '업의 본질'은 아주 중요한 부분이다. '업의 본질'이라는 것은 어떤 욕망을 가진 어떤 문제를 해결해줄 것으로 생각하는 고객을 명확히 정의하는 것으로부터 출발한다. 고객을 정의하고 우리는 무엇을 하는 사람인지? 무엇을 하는 곳인지를 정의할 수 있다. 고객과 우리를 정의하는 작업, 그리고 우리 업의 가치와 철학을 만들어서 이를 전파하는 것이 '업의 본질'이라고 설명할 수 있다.

회장님은 이런 업의 본질에 대해서 말씀을 주신 것이다. 나는 업의 본질은 우리가 대상으로 삼은 고객들의 불편함을 해소하는 과정으로 정의하고 싶다. 현대백화점은 '생활제안업'으로 업의 본질을 정리하고 고객들에게 다양한 라이프스타일을 제공하는 것을 백화점의 본질이라 정의했다. 스타벅스는 커피를 판매하는 곳이 아닌, 집과 오피스를 떠난 제3의 공간으로 업을 정의함으로써 커피문화와 공간문화를 전파했다. 블루보틀은 매장에서 커피에만 집중하자고 고객들을 유혹했다. GS25는 '라이프스타일 플랫폼'으로 정의를 내렸다. 모두가 업에 대한 본질을 이야기한다.

나도 음식점을 운영하면서 후배들에게 강조한다. 우리는 음식과 서비스를 판매하는 곳이 아닌 고객들의 행복을 제안하는 '행복제안업'이라고 말이다. 우리가 고객들에게 행복을 제안하는 일을 하고 있다고 생각하면 단순히 메뉴와 서비스를 만들어서 제공하는 것이 아니라 고객들의 시간과 공간, 경험 등 모든 면에서 고객이 행복함을 느끼게 해야 한다는 더 넓은 생각과 행위를 할 수 있다고 판단했었다. 우리 음식점은 '행복제안업'이다.

또 존경하는 한 분의 회장님은 늘 우리에게 이런 말씀을 주신다.

"음식 맛있게 해라, 손님한테 잘하고"

일년에 이 얘기를 적어도 10번은 주신다. 아니 매번 만나 뵐 때마다 이런 말씀을 주신다. 쉬운 얘기, 누구나 할 수 있는 얘기 같지만 절대 쉬운 것이 아니다. 이런 철학을 가지려면 몇 십 년의 시간을 음식과 함께 보내야 한다. 업에 대한 이해도와 철학과 가치가 아주 명확한 말씀이다.

사우스웨스트 회장이었던 허브켈러허도 이런 말을 했다. "우리 회사는 직원들에게 '수익에 대해서는 걱정하지 마라. 고객 서비스에 대해서만 생각하라.'고 한다. 수익은 고객 서비스의 부산물이다. 수익은 본질적으로 목표가 될 수 없다. 그것은 여러분들 서로 간의 관계, 외부 세계와의 관계 맺음 방식과 그 노력에 의해 얻어지는 것이다."

훌륭한 경영자는 비슷한 생각을 가지고 있다. 늘 그들은 사업의 본질에 대해서 명확히 꿰뚫고 있고, 이를 구성원들에게 공유한다. 그것도 한 번이 아니고 100번이고 머리에 새겨질 때까지 계속한다. 아리스토텔레스도 말했다. "현상은 복잡하지만 본질은 단순하다." 이 말에 전적으로 동의한다. 우리가 업을 어떻게 해야 하는지를 명확히 알려준다. 경쟁에서 승리하는 가장 단순한 진리는 본질에 충실하는 것이다. 본질은 브랜드가 필요하지 않을 수 있다. 하지만 브랜드는 반드시 본질을 필요로 한다. 그래서 브랜드보다 본질을 더 중요시 해야 한다. 훌륭한 경영자인 회장님을 흉내 내본다. 그리고 후배들에게 늘 같은 메시지를 전한다.

"QSC is All" "QSC는 10점 아니면 0점이다."고 말이다.

이렇듯 업의 본질을 정하고, 업의 본질이 컨셉이 되어서 조직 안에서 살아 움직일 때 브랜드와 조직은 강력한 힘을 발휘한다. 음식점의 업의 본질을 다시 한번 생각하는 시간을 가진다면 좋겠다. 나는 늘 회장님의 말씀을 잊지 않는다.

"음식 맛있게 해라, 손님한테 잘하고"

음식점을 하는 우리에게 인이 되어 박혀야 될 말이다.

본질은 경쟁에서 이기게 하는 가장 단순한 진리다.

본질에 충실한 사업은 반드시 승리한다.

본질, 본질이 있은 연후에 꾸밈이 의미가 있다.

꾸밈은 짧고 본질은 길다.

에필로그

치킨집 사장으로 다시 만나자

음식점에서 일하면서, 외식업에 임하면서 그동안 수천 명의 면접을 보고, 사람을 뽑는 일을 반복해왔다. 내가 면접을 보고 채용을 하는 기준은 명확하다. 다른 특히 사항이 없으면 절대적으로 인성과 장기근속을 기준으로 사람을 채용한다. 인성이라는 것은 바꾸기 힘든 것이고 교육을 통해서 해결이 어려운 부분이라 가장 우선 순위에 두고 있다. 특히 음식점은 혼자의 테크닉보다 주위 동료들과 호흡하면서 일해야 함으로 인성이 뒷받침되지 않으면 어려운 직종이다. 그리고 두 번째는 장기근속할 수 있는지를 본다. 경력직의 경우 이직이 잦은 사람은 서류에서 우선 탈락시킨다. 음식점이 3D 업종이기도 하고, 채용이 빈번한 곳이라 이직할 곳들이 제법 있다. 그러다 보니 조금의 보수만 더 줘도 쉽사리 옮기는 경향이 있고, 조금 배웠다 싶으면 또 다른 곳으로 가거나 창업의 전선으로 뛰어든다. 흔한 일이다. 이런 직원을 뽑으면 채용 후 교육비만 들고, 함께 미래를 꿈꾸기도 힘들다. 요리와 서비스 테크닉은 교육을 통해서 가능하기에 나는 우선 인성과 장기근속의 여부에 80% 이상을 걸어 두고 면접을 본다. 이 2가지가 선행되었을 때 사람을 뽑는다.

면접을 보면서 반드시 묻는 질문도 있다. "5년 후에 그리고 평생의 꿈이 무엇이냐?"는 질문이다. 사실 음식점을 하고, 요리를 하고, 서비스를 하는 우리가 꿈꾸는 직업은 대동소이하다. 거의 2가지 부류이다. 20% 정도는 직장생활이 좋아서 경영자가 되거나, 회사의 중역까지 하고 싶다는 얘기를 한다. 대부분인 80% 정도는 일을 배워서 장사를 하고 싶고, 내 가게를 가지고 싶다고 한다. 80% 정도가 내 가게를 꿈꾸면서 어렵게 음식점에서 일을 배우고 싶어한다. 하지만 우리 음식점의 현실은 어떠한가? TV에 나오는 출세한 셰프나, 오너셰프 그리고 대박 프랜차이즈까지. 이런 모습들이 모두가 꿈꾸는 것인 줄도 모르겠다. 그래서 우리는 희망을 제조하면서 음식점을 하고 있다.

우리나라 자영업자 수가 약 6백40만 명 정도 된다(2020년 통계청 자료 기준). 그리고 여기서 음식점은 17%~20%를 왔다 갔다 하는 정도다. 20% 기준으로 놓고 보면 약 120만 명이 음식점에 종사하고 있다. 이를 평균 가족 수 3명으로 생각하고 곱하면 360만 명이 음식점 자영업자에게 생계를 맡기고 있는 것이다. 그야말로 엄청난 숫자이다. 그래서 두 집 건너 하나가 음식점이라는 말이 나온다. 우리나라 음식점 수가 대략 70만 개 정도가 되니 인구수대비 너무 많은 음식점이 있는 것이다. 그만큼 치열하다. 그래서 5년 안에 절반이 폐업을 한다는 말은 현실인 것이다.

실제 그렇다. 자영업자의 생존율은 20%, 6년 안에 폐업률은 50%, 10년 안의 폐업률은 85%에 달하는 것이 발표된 수치이다. 우리나라 치킨집은 실제 세계의 맥도날드 숫자보다 많다. 그래도 매일 주위를 다니다 보면 새로운 치킨 브랜드와 치킨집들이 생기는 것을 보면 우리나라 국민의 치킨사랑은 대단한 것 같다. 치킨집이 많다는 것은 경쟁이 치열하다는 것인데 고객의 입장에서 보면 너무 좋은 현상이다. 치열한 경쟁 속에서 가격은 내려가고, 새로운 메뉴는 지속적으로 나오기를 반복한다. 고객의 입장에서는 '맛있는 치킨을 저렴한 가격으로' 먹을 수 있으니 대단히 고무적이다. 하지만 자영업자들을 돌아보자. 이게 편히 받아들일 수 있는 얘기는 결코 아니다.

누가 퇴직하고 치킨집이나 음식점을 하다가 '죽어라 고생만 하다가 결국 퇴직금과 있던 돈 모두 날려 먹었다'는 것이 예사로워 보이지는 않는다. 방송에 간간히 나와서 자영업자들이 "죽지 못해서 하고 있어요."라는 말은 음식점을 하는 나의 가슴에도 절실히 와 닿는 이야기이다. 카페, 음식점, 치킨집, 편의점 모두 정말 힘들고 어려운 업종이다. TV에 나온 외식경영전문가는 B씨는 "정말 말리고 싶은 업종이 음식점이다."라고 하는 이유도 이와 같다. 그래서 음식점을 하겠다고 덤비는 주위의 많은 분들에게도 말리고 싶은 업종이다. 호락호락하지 않다. 절대로. 그래서 음식점을 하는 우리도 카페, 편의점, 치킨집, 음식점 모두 우리는 '밑바닥 비즈니스'라고 부른다. 생존이 너무 어려운 업종이기 때문이다.

그래도 우리는 아직도 음식점에 대한 미련을 버리지 못하고 밑바닥 비즈니스가 어떻게 '벤츠를 타고 다니는 음식점 사장님'이 되는지를 보여주려고 한다. 그게 또 우리 음식점 하는 사람들의 로망이기도 하다. 그래서 나 그리고 선배들, 후배들 모두에게 그 꿈을 가지고 고단한 생활을 견디자고 한다.

아니 좋은 음식을 많은 사람들에게 먹게 하고, 또 우리는 돈을 벌자고 한다. 좋은 셰프들도 많이 나오고, 좋은 음식점경영자들도 많이 나오고, 좋은 프랜차이즈 음식점들이 생겨서 어려운 자영업자들 돈 많이 벌게 해주고 이런 것이 우리의 꿈일 것이다. 그래서 아직도 우리는 꿈꾼다.

'음식점으로 흥하기를'

너무 준비가 안된 상황에서 음식점을 오픈하면 안 된다. 나는 지금 거의 20년 넘게 음식점 생활을 했다. 아직도 지식이 부족하다는 생각이 끊이지 않는다. 음식점이 쉽사리 할 업종은 절대 아니다. 긴 시간 준비하고, 다듬고, 트렌드도 파악하고, 메뉴의 질, 인테리어 공부, 상권에 대한 공부, 음식점의 성공 포인트 등 아주 다양한 학습 이후에 창업을 해야 한다. 많은 사람들이 준비나 공부가 안된 상황에서 음식점을 오픈해서 폐업률이 높은 것이다.

나는 음식점 브랜드를 만들고, 운영하기를 꽤 긴 시간했다고 생각한다. 그리고 같이 만든 브랜드가 대박이 나기도 하고, 주위 분들 중 돈을 많이 벌어서 강남에 빌딩을 한 채 샀다는 등의 얘기도 있는 얘기들이다. 이 분들이 쉽게, 급하게 음식점을 열었을까? 절대 그렇지 않다. 아주 긴 시간 준비하고 다듬기를 반복했다. 그래서 성공확률을 높인 것이다. 음식점 운영이 어렵지만 희망은 있고, 성공확률도 높다. 쉽게 보지 않으면 된다. 꾸준한 학습이 전제되어야 한다. 나는 이제 또 다른 브랜드를 만들어서 나의 인생 2막을 준비하려고 한다. 부족하지만 긴 시간 음식점과 함께 했다. 오롯이 나의 중년과 노후를 책임질 브랜드를 만들 것이다. 돈이 문제가 아니고 참 재미가 있다. 새로운 메뉴, 새로운 컨셉 또 거기에 음식점을 하는 동료들과 함께 하는 그런 생활. 그래서 색다른 음식점의 컨셉을 구상하고 있다. 잘 되리라. 우리 모두 잘 되리라 생각하자.

첫 직장에서 내가 퇴사를 할 때 너무 아쉬워했던 후배는 이런 말을 했다.

"형님, 형님하고 일하는 동안 너무 좋았어요. 우리 치킨집 사장으로 다시 만납시다."라고.

뼈아픈 농담이었다. 우리는 언젠가 다시 직장생활을 버리고 자영업자로 돌아가야 한다. 그리고 그 자영업으로 마지막 생까지 치열하게 살아야 한다. 아픈 말이지만 현실이다. 그래서 내가 꿈꾼 것이 있다. 건강한 음식점, 건강한 프랜차이즈, 건강한 비즈니스 환경. 이런 것들은 우리 모두가 만들어가야 할 미래의 모습이다.

"후배야, 미안하다. 나는 치킨집 사장 말고, 떡볶이집을 꿈꾸고 있다. 어쨌던 사장으로 다시 만나자!!!"

저자 박진우

학부와 석사과정에서 호텔경영학을 전공했다. 그리고 세종대학교에서 외식경영학 박사학위를 받았다. 학문으로서 시작했던 공부와 마음이 끌렸던 직업은 달랐다. 학문과 실전의 괴리였고, 머리와 가슴의 격차였다. 그래서 외식업을 선택했다고 한다. 음식점의 현장인 서버에서부터 요리, 그리고 점장과 지역장, 사업본부장까지 다양한 경력을 축적했다 또. 중소기업 프랜차이즈, 대기업의 브랜드 등 8개 브랜드의 수장을 거치면서 경영자로서의 경험과 역량을 쌓아왔다. 그럼에도 20여 년을 우여곡절과 버거움을 거치면서 여기까지 왔다고 어려움을 토로하는 이 시대의 직장인으로 보였다.

차가운 조직과 자본주의 사회 아래 경영이라는 삭막한 주제를 놓고도 '사람 중심의 경영을 어떻게 실천하며 살까'를 고심하는 흔적도 보였다. 또 한편으로 '시장의 경쟁에서 어떻게 이길까'란 전공의 주제가 묻어나오는 생각은 어찌할 수 없어 보인다. 합치할 수 없을 것 같은 사람과 시스템, 경영학과 인문학, 차가움과 따뜻함을 조합시키려는 고뇌에 찬 일을 하는, 그런 양면을 가진 사람인 것 같다. 조직의 성공이 결국 사람과 조직문화에 기반하며 발전한다는 이론을 겸비한 사람, 그래서 차가운 온기보다 따뜻한 온기가 느껴지는 그런 경영자인 것 같은 느낌을 지울 수가 없다. 그는 조직문화와 본질추구의 선봉자다. 또 외식업의 인문학적 경영을 주창하는 사람이다.

직접 외식사업을 하며 다양한 글, 칼럼, 책을 쓰고 있다. 또 소상공인, 외식기업들을 위한 강의와 컨설팅을 겸해서 하고 있다. 많은 일을 하고 있지만 그 안에 음식이 있고, 사람이 있다. 저서로 '외식경영노하우' '외식경영학' '외식점포마케팅매뉴얼' 등이 있으며 6번째 책 '직장인 레시피'를 2021년 5월 출간하게 되었다. 그동안 학문적인 책만 썼다면서 소상공인을 위한 7번째 책을 준비하고 있다고 전했다. 기대가 된다.

E-mail : jinair21@naver.com

Blog : blog.naver.com/jinair21

Facebook : www.face.book/jinwoo.park.10236

직장인 레시피

초판 1쇄 인쇄 / 2021년 5월 17일
초판 1쇄 발행 / 2021년 5월 24일

저자 박진우
발행처 형설출판사
경기도 파주시 회동길 37-23 · 전화 (031) 955-2361~4 · 팩시밀리 (031) 955-2341
발행인 장진혁
등록 라-제9호 · 1962년 5월 1일
홈페이지 http://www.hyungseul.co.kr
e-mail hs@hyungseul.co.kr

정가 18,000원

ISBN 978-89-472-8553-7 13190

좌충우돌

직장인 레시피